O CAPITALISMO NÃO É O PROBLEMA, É A SOLUÇÃO

UMA VIAGEM PELA HISTÓRIA RECENTE ATRAVÉS DE CINCO CONTINENTES

RAINER ZITELMANN
O CAPITALISMO NÃO É O PROBLEMA, É A SOLUÇÃO
UMA VIAGEM PELA HISTÓRIA RECENTE ATRAVÉS DE CINCO CONTINENTES

TRADUÇÃO
PATRÍCIA CORRÊA

O CAPITALISMO NÃO É O PROBLEMA, É A SOLUÇÃO
UMA VIAGEM PELA HISTÓRIA RECENTE
ATRAVÉS DE CINCO CONTINENTES
© ALMEDINA, 2022

AUTOR: Rainer Zitelmann

DIRETOR ALMEDINA BRASIL: Rodrigo Mentz
EDITOR DE CIÊNCIAS SOCIAIS E HUMANAS: Marco Pace
TRADUÇÃO: Patrícia Corrêa
REVISÃO: Letícia Gabriella

DIAGRAMAÇÃO: Almedina
DESIGN DE CAPA: Roberta Bassanetto

ISBN: 9786586618877
Janeiro, 2022

Dados Internacionais de Catalogação na Publicação (CIP)
(Câmara Brasileira do Livro, SP, Brasil)

Zitelmann, Rainer
O capitalismo não é o problema, é a solução /
Rainer Zitelmann; tradução Patrícia Corrêa.
São Paulo : Edições 70, 2022.

Título original: The power of capitalism
ISBN 978-65-86618-87-7

1. Capitalismo – História 2. Ciências políticas
3. Comunismo 4. Economia 5. Mercados globais
6. Socialismo I. Título.

21-89278   CDD-330.12209

Índices para catálogo sistemático:

1. Capitalismo : História 330.12209

Maria Alice Ferreira – Bibliotecária – CRB-8/7964

Este livro segue as regras do novo Acordo Ortográfico da Língua Portuguesa (1990).

Todos os direitos reservados. Nenhuma parte deste livro, protegido por copyright, pode ser reproduzida, armazenada ou transmitida de alguma forma ou por algum meio, seja eletrônico ou mecânico, inclusive fotocópia, gravação ou qualquer sistema de armazenagem de informações, sem a permissão expressa e por escrito da editora.

EDITORA: Almedina Brasil
Rua José Maria Lisboa, 860, Conj. 131 e 132, Jardim Paulista | 01423-001 São Paulo | Brasil
editora@almedina.com.br
www.almedina.com.br

AGRADECIMENTOS

Sou grato aos amigos e especialistas que leram e discutiram versões anteriores ou partes deste manuscrito comigo. Minhas discussões como Dr. Gerd Kommer, o falecido Dr. Thomas Löffelholz e o Dr. Helmut Knepel foram particularmente intensas. O Dr. Gerd Kommer é o autor dos melhores livros sobre os mercados financeiros que conheço. O diretor-gerente da Gerd Kommer Invest GmbH, ele me apoiou ao longo da escrita deste livro e seus comentários e conselhos foram inestimáveis. Minhas discussões com o Dr. Helmut Knepel, que é um ex-membro do conselho de diretores e do conselho consultivo da Feri EuroRating AG, e o Dr. Thomas Löffelholz, que foi o editor e editor-chefe do Die Welt durante meu período trabalhando como editor, foram particularmente úteis para me forçar a aguçar meu pensamento.

Devo agradecer a Christian Hiller von Gaertringen pelos valiosos comentários sobre o capítulo da África (e não só por isso). Depois de trabalhar como editor no *Frankfurter Allgemeine Zeitung* por 16 anos, ele agora trabalha como consultor para empresas que investem na África. Professor Dr. Karl-Werner Schulte, que é o fundador dos primeiros programas acadêmicos na Alemanha a oferecer cursos de educação executiva para profissionais do setor imobiliário e da IREBS *Foundation for African Real Estate Research* também me deram feedback e apoio valiosos.

O Prof. Dr. André Steiner, do *Potsdam Centre for Contemporary History* e autor da obra de referência padrão sobre a economia planejada da Alemanha Oriental, teve a gentileza de ler o capítulo sobre a economia da Alemanha Oriental. Eu também sou grato ao Dr. Stefan Wolle, que é o diretor acadêmico do GDR Museum em Berlim desde 2005 e escreveu vários livros sobre a história da Alemanha Oriental, por seu apoio.

Werner Pascha, que é professor de Estudos Econômicos do Leste Asiático/Japão e Coreia na Universidade de Duisburg-Essen, me deu conselhos valiosos sobre a economia sul-coreana. Rüdiger Frank, que é Professor de Economia e Sociedade do Leste Asiático na Universidade de Viena, generosamente compartilhou seu conhecimento sobre a Coreia do Norte. O Prof. Dr. Stefan Rinke, diretor do Instituto de Estudos da América Latina da Universidade Livre de Berlim, e Matthias Rüb, que é o correspondente da América Latina no Frankfurter Allgemeine Zeitung, tiveram a gentileza de analisar com um olhar crítico os capítulos sobre Chile e Venezuela.

SUMÁRIO

INTRODUÇÃO 13
    Experimentos de campo na história humana 13

CAPÍTULO 1
CHINA: DA *FOME* AO *MILAGRE ECONÔMICO* 31
    A grande fome 32
    O caminho da China para o capitalismo 43

CAPÍTULO 2
ÁFRICA: CAPITALISMO É MAIS EFICAZ CONTRA A
POBREZA DO QUE *AJUDA AO DESENVOLVIMENTO* 67
    Auxílio ao desenvolvimento: inútil, na melhor das hipóteses,
      e contra-produtivo, na pior 70
    Da economia de controle estatal para a economia de mer-
      cado livre? 74
    Corrupção: causas e consequências 77
    África: um continente em mudança 81
    Recursos naturais: uma bênção ou uma maldição? 83

Empreendedores da África e nova classe média 91

O papel da China na África 97

África: uma segunda Ásia? 101

CAPÍTULO 3

ALEMANHA: VOCÊ *NÃO* PODE ULTRAPASSAR UM MERCEDES EM UM TRABANT 107

A economia planejada socialista na Alemanha Oriental. . . . 108

"Economia social de mercado" da Alemanha Ocidental . . . 128

CAPÍTULO 4

COREIA DO SUL E DO NORTE: KIM IL-SUNG *VERSUS* A SABEDORIA DO MERCADO 143

Coreia do Norte e a doutrina de Kim Il-Sung e Kim Jong-Il 147

Coreia do Sul 157

CAPÍTULO 5

ARRISCANDO MAIS COM O CAPITALISMO: REFORMAS PRÓ-MERCADO DE THATCHER E REAGAN NO REINO UNIDO E NOS EUA 169

Reformas pró-mercado de Thatcher no Reino Unido 169

Reformas pró-mercado de Ronald Reagan nos EUA 186

CAPÍTULO 6

AMÉRICA DO SUL: POR QUE OS CHILENOS ESTÃO EM MELHOR SITUAÇÃO DO QUE OS VENEZUELANOS? 201

Venezuela: 'socialismo do século XXI' 202

Chile: do socialismo ao capitalismo de livre mercado 216

CAPÍTULO 7

SUÉCIA: O MITO DO SOCIALISMO NÓRDICO............ 231

Fase socialista da Suécia............................. 236

Suécia pós-socialista................................. 248

CAPÍTULO 8

LIBERDADE ECONÔMICA AUMENTA O BEM-ESTAR DOS
SERES HUMANOS 255

Os 12 componentes da liberdade econômica medidos no
índice.. 258

O índice de desenvolvimento humano 268

CAPÍTULO 9

A CRISE FINANCEIRA: UMA CRISE DO CAPITALISMO?.... 271

Federal reserve causa efeito catastrófico................. 272

Empréstimos politicamente corretos.................... 278

A crise da zona euro: a primazia da política 289

Uma falha de mercado?.............................. 293

CAPÍTULO 10

POR QUE OS INTELECTUAIS *NÃO* GOSTAM DO
CAPITALISMO 299

Anti-capitalismo como uma segunda religião 302

Construções teóricas *versus* emergência espontânea 310

Excesso de confiança na aprendizagem explícita 324

CAPÍTULO 11

UM APELO URGENTE PARA REFORMAS PRÓ-CAPITA-
LISTAS... 347

Redistribuição ou crescimento econômico? 349

Expansão da interferência do governo 353

CAPÍTULO 12

BRASIL: UM PAÍS REFÉM DA SUA NOVA GÊNESE DE MATRIZ

SOCIAL-DEMOCRATA 367

O governo Collor (1990-1992) 371

O governo Itamar Franco (1993-1994) 372

O governo Fernando Henrique Cardoso (1995-2002) 375

O governo Lula (2003-2010) 378

O governo Dilma Rousseff (2011-2016) 382

O governo Michel Temer (2016-2018) 384

CONSIDERAÇÕES FINAIS 387

REFERÊNCIAS 391

INTRODUÇÃO

Experimentos de campo na história humana

P ara muitas pessoas, o colapso de um regime socialista após o outro no final dos anos 1980 estabeleceu firmemente o capitalismo de mercado como o sistema superior. No entanto, o ressentimento anticapitalista — às vezes latente, às vezes expresso abertamente — não só persiste em alguns setores, como ganhou muito espaço após a crise financeira de 2008. Os políticos tomadores de decisão, comentaristas da mídia e intelectuais interpretam quase unanimemente a crise como uma falha do mercado, ou do sistema capitalista, que só pode ser resolvida por mais intervenção do governo.

Este livro foi escrito como uma resposta a esses pontos de vista e foi movido pela preocupação de que estamos prestes a renegar as bases sobre as quais se fundamenta nossa prosperidade econômica. Para muitas pessoas, "capitalismo" é uma palavra suja. Embora essas conotações negativas frequentemente remontem a muito antes da crise financeira, os proponentes de um mercado genuinamente livre recebem cada vez mais acusações de "radicalismo de mercado".

Uma economia moderna pode ser organizada de acordo com um de dois princípios básicos. No primeiro cenário, não há propriedade privada de terra ou meios de produção. Em vez disso, todos esses ativos pertencem ao Estado. As agências governamentais responsáveis pelo planejamento econômico decidem o que e quanto é fabricado. No segundo cenário, o direito à propriedade privada é garantido e os empresários operam dentro de um quadro jurídico para fabricar produtos que eles acreditam que os consumidores irão querer. Os preços que eles podem cobrar por seus produtos servem como uma medida da extensão em que suas suposições estavam corretas — em outras palavras, da extensão em que seu fornecimento de produtos estava alinhado à demanda dos consumidores por esses produtos. A primeira definição descreve um sistema socialista; a segunda, um sistema capitalista. Ao longo deste livro, o último termo será usado para designar uma economia de mercado genuinamente livre, em vez de uma versão atenuada, às vezes definida como uma economia de mercado "social" ou "eco-social".

Na realidade, nenhum dos dois sistemas existe hoje, ou existiu, em uma forma pura. Mesmo em países socialistas como a República Democrática Alemã (RDA), ou mesmo a Coreia do Norte, alguns indivíduos possuíam ou possuem propriedade privada, enquanto o plano econômico abrangente nunca suprimiu por completo todos os elementos do mercado livre. Sem esses elementos, as economias dos países em questão teriam sido ainda mais disfuncionais. Embora os preços existam teoricamente nas economias socialistas, a função que desempenham é radicalmente diferente de sua função nas economias capitalistas. Na verdade, eles se parecem mais com os impostos, como observou o economista Zhang Weiying.[1]

Por outro lado, nas economias capitalistas, existe um certo grau de propriedade pública e intervenção regulatória, enquanto os impostos representam essencialmente um sistema de redistribuição que tira dos ricos e dá às classes médias e pobres. A Suécia na década de 1970 é um exemplo extremo desse tipo de redistribuição, enquanto o Reino Unido durante o mesmo período oferece um sério estudo de caso que mostra os resultados econômicos negativos da intervenção governamental desproporcional e prova que limitar tal intervenção é crucial para aumentar a prosperidade.

Nenhum dos países apresentados neste livro opera uma forma "pura" de capitalismo. Em cada caso, a questão importante é a proporção ou equilíbrio entre a intervenção regulatória e a liberdade empresarial. O argumento central proposto neste livro é que aumentar a proporção de elementos capitalistas em uma dada economia geralmente leva a mais crescimento, o que aumenta o bem-estar da maioria das pessoas que vivem nessa economia. O desenvolvimento da China nas últimas décadas é um exemplo disso.

Muitos livros procuram sistematizar teorias para provar que um dos dois sistemas econômicos é superior ao outro. Este não é um deles. Em vez de abordar o assunto de um ângulo teórico, este livro toma a história econômica como ponto de partida. Ao contrário do socialismo, o capitalismo não é um sistema inventado por intelectuais. Em vez disso, ele evoluiu organicamente ao longo dos séculos, da

---

[1] Zhang Weiying, *The Logic of the Market: An Insider's View of Chinese Economic Reform* (Washington, DC: Cato Institute, 2015), 12.

mesma forma que as plantas e os animais evoluíram na natureza e continuam a evoluir, sem exigir nenhuma teorização ou planejamento centralizado. Entre as visões mais importantes do economista e filósofo Friedrich August von Hayek, está a constatação de que a origem do bom funcionamento das instituições deve ser encontrada "não na invenção ou design, mas na sobrevivência do sucesso",[2] com o processo de seleção operando "por imitação de instituições e hábitos de sucesso".[3]

O maior erro que une os socialistas de várias divisas com os homens e mulheres que dirigem os bancos centrais é a crença de que alguns planejadores mestres são mais capazes de determinar o que as pessoas necessitam do que os milhares de empresários, investidores e consumidores cujas decisões individuais, quando somadas, são, na verdade, muito superiores às de qualquer agência governamental de planejamento, banco central ou outro órgão de controle do Estado.

É por isso que as tentativas *"top-down"* (de cima para baixo) de impor uma economia baseada no mercado continuam em grande parte malsucedidas — embora os políticos sempre precisem estar envolvidos até certo ponto. Um olhar mais atento sobre a China mostrará que sua transição bem-sucedida para o capitalismo foi substancialmente devida ao crescimento *"bottom-up"* (de baixo para cima) e à adoção generalizada de práticas econômicas capitalistas — nenhuma das quais teria sido possível sem a tolerância *top-down* de tais práticas por parte de líderes como Deng Xiaoping. Deng e

---

[2] Friedrich August von Hayek, *The Constitution of Liberty: The Definitive Edition* (Chicago: University of Chicago Press, 2011), 111.

[3] *Ibid.*, 117.

O CAPITALISMO NÃO É O PROBLEMA, É A SOLUÇÃO

seus companheiros reformadores foram inteligentes o suficiente para não inventar um novo sistema baseado em ideais. Em vez disso, eles fizeram duas coisas: primeiro, ao invés de tentar proibir ou controlar os desenvolvimentos espontâneos em todo aquele imenso país, eles permitiram que eles evoluíssem organicamente. Em segundo lugar, eles analisaram cuidadosamente muitos outros países para ver o que estava funcionando e o que não estava — e então implementaram esse conhecimento em casa.

Neste livro, faço uma abordagem semelhante: ver o que funcionou e o que não funcionou. Comparo países em que tais comparações sejam mais possíveis porque têm muita história e cultura em comum: Coreia do Norte e do Sul, RDA e República Federal da Alemanha, Venezuela e Chile. O livro também mostra como o avanço do capitalismo e a retirada do socialismo transformaram a China de um país pobre, onde dezenas de milhões de pessoas morreram de fome há menos de 60 anos, na maior nação exportadora do mundo, onde a fome foi erradicada.

Enquanto os críticos de esquerda do capitalismo e da globalização culpam o capitalismo por causar fome e pobreza em várias partes do mundo, a história recente do continente africano fornece muitos exemplos para provar que o oposto é verdadeiro: o capitalismo não é o problema, mas a solução. O capitalismo provou ser mais eficaz no combate à pobreza do que a ajuda financeira. Estudos mostram que os países em desenvolvimento mais orientados para o mercado têm uma taxa de pobreza de apenas 2,7%, em comparação com 41,5% nos países em desenvolvimento sem um mercado livre.[4]

---

[4] *Ver Capítulo 8.*

Em geral, mais intervenção estatal significa taxas de crescimento mais baixas, em alguns casos até negativas, enquanto a história econômica recente dos EUA e do Reino Unido fornece evidências convincentes de que mais capitalismo leva a um aumento mais rápido da prosperidade para a maioria das pessoas. Na década de 1980, Ronald Reagan e Margaret Thatcher, dois líderes políticos que acreditavam firmemente nos benefícios do mercado livre, introduziram reformas que reduziram a influência do Estado na economia e melhoraram significativamente as perspectivas econômicas em ambos os países. Como mostra o exemplo da Suécia — discutido no Capítulo 7 —, às vezes os programas do estado de bem-estar social podem reprimir o crescimento econômico e precisam ser restringidos.

Nos últimos 70 anos, esses experimentos do mundo real produziram consistentemente resultados semelhantes — evidências avassaladoras apontando para a conclusão de que mais capitalismo significa maior prosperidade. Ainda assim, uma notável relutância ou incapacidade de aprender com esses resultados persiste em muitos lugares. Em seu *Lições sobre a Filosofia da História*, o filósofo alemão Georg Wilhelm Friedrich Hegel disse: "Mas o que a experiência e a história ensinam é isto — que os povos e governos nunca aprenderam nada com a história, ou agiram de acordo com os princípios deduzidos a partir dela".[5]

Mesmo que seu veredito seja muito severo, parece que a maioria das pessoas são incapazes de abstrair e tirar conclusões gerais da experiência histórica. Apesar dos numerosos exemplos de políticas

---

[5] Georg Wilhelm Friedrich Hegel, *Lectures on the Philosophy of History* (London: George Bell and Sons, 1902), 19.

econômicas mais capitalistas que levam a uma maior prosperidade (algumas das quais são discutidas neste livro, enquanto outras, como a Índia, não) e do fracasso de cada variante do socialismo que já foi testada sob condições do mundo real, muitas pessoas ainda se recusam a aprender a lição óbvia.

Após o colapso da maioria dos sistemas socialistas no início dos anos 1990, tentativas de implementar ideais socialistas ainda estão acontecendo em várias partes do mundo, na esperança vã de que "desta vez" o resultado seja diferente — mais recentemente, na Venezuela. Assim como foram cativados por experimentos anteriores semelhantes, muitos intelectuais em todo o mundo ocidental ficaram fascinados com a tentativa de Hugo Chávez de levar o socialismo ao século 21.[6] Como em experimentos socialistas de larga escala anteriores, as consequências foram desastrosas, conforme mostrado no Capítulo 6.

Mesmo nos EUA de hoje, muitos jovens se apegam ao sonho "socialista" — embora o sistema que eles têm em mente seja uma versão idealizada e equivocada do socialismo de estilo escandinavo em vez do comunismo da era soviética. No entanto, este livro demonstra que essa variante também foi totalmente desacreditada por seu amplo fracasso nas décadas de 1970 e 1980 (Capítulo 7).

Não estou muito preocupado com a nacionalização em grande escala de ativos e empresas que varre as nações ocidentais industrializadas. Em vez disso, o que me preocupa é o perigo muito maior e mais

---

[6] Ver *Hollander, Paul. From Benito Mussolini to Hugo Chavez: Intellectuals and a Century of Political Hero Worship*. Cambridge: Cambridge University Press, 2016, 253–259, para exemplos de adulação de Chávez entre os principais intelectuais.

imediato de uma redução gradual do capitalismo concomitante com um aumento dos poderes dos Estados de planejamento e redistribuição. Os bancos centrais já estão agindo como se fossem autoridades de planejamento. Originalmente estabelecidos para garantir a estabilidade do valor monetário, eles agora se veem empenhados na tarefa de neutralizar as forças do mercado. Ao abolir de fato as taxas de juros de mercado, o Banco Central Europeu desativou parcialmente o mecanismo de preços que é uma característica essencial de qualquer economia de mercado em funcionamento. Em vez de conter a dívida pública excessiva, isso apenas agravou o problema.

"A política de manter as taxas de juros baixas por um longo período de tempo irá distorcer cada vez mais os preços dos ativos e exacerbar o perigo de outro colapso econômico, seguido por uma crise financeira assim que essa política for alijada", adverte o economista Thomas Mayer.[7] Não é preciso uma bola de cristal para prever que essas crises serão atribuídas ao "capitalismo", embora sejam na verdade o resultado de uma violação dos princípios capitalistas. Um diagnóstico errado inevitavelmente leva à prescrição de um tratamento errado — nesse caso, ainda mais intervenção governamental em um mercado ainda mais enfraquecido.

Era uma vez um tempo em que os socialistas simplesmente costumavam nacionalizar as empresas comerciais. Hoje, os elementos de uma economia planejada são introduzidos de outras maneiras: aumentando a intervenção governamental nos processos de tomada de decisão comercial e uma série de medidas regulatórias e fiscais,

---

[7] Thomas Mayer, *Die neue Ordnung des Geldes. Warum wir eine Geldreform brauchen*, 3rd ed. (Munich: FinanzBuch Verlag, 2015), 228.

restrições legais e subsídios que reduzem a liberdade dos empresários. Dessa forma, o mercado de energia alemão tem se transformado gradualmente em uma economia planejada.

Isso só é possível porque muitas pessoas simplesmente não sabem — ou esqueceram — que o mercado livre é a base sobre a qual nosso nível atual de prosperidade se baseia. Isso é particularmente verdade para a geração *millennial*, cuja única experiência dos regimes socialistas na União Soviética e em outros países do bloco oriental vem dos livros de história, se é que vem. "Capitalismo" e "mercado livre" tornaram-se palavras sujas.

Em uma pesquisa da GlobeScan publicada em abril de 2011, os entrevistados em vários países diferentes foram solicitados a avaliar até que ponto concordavam com a seguinte afirmação: "O sistema de livre comércio e economia de mercado livre é o melhor sistema para fundamentar o futuro do mundo."[8] No Reino Unido, que apenas 30 anos antes havia passado de uma situação econômica desesperadora para um maior crescimento e prosperidade graças às reformas intransigentes de livre mercado de Margaret Thatcher, apenas 19% dos entrevistados concordaram fortemente. Em toda a Europa, esses números foram mais altos na Alemanha, com 30% dos entrevistados concordando fortemente. Na França, em que muitos dos problemas estão diretamente relacionados à opinião negativa da população sobre o mercado livre, esse número caiu para apenas 6%.

É reconfortante notar que essas porcentagens aumentam significativamente se incluirmos os entrevistados que concordaram "um

---

[8] Essas descobertas são citadas em Samuel Gregg, *Becoming Europe: Economic Decline, Culture, and How America Can Avoid a European Future* (New York: Encounter Books, 2013), 266 et seq.

pouco" com a proposta citada acima: 68% na Alemanha, 55% no Reino Unido e 52% na Espanha. Na França, por outro lado, 57% dos entrevistados expressaram desacordo. Nos EUA, a pesquisa mostrou uma queda na aprovação do sistema de livre mercado de 80% em 2002 para apenas 59% em 2011. Entre os níveis de renda mais baixa da sociedade, isso caiu novamente para 45%. O economista Samuel Gregg cita essas estatísticas em *Becoming Europe*, um livro que serve como uma terrível advertência aos americanos contra seguir o modelo dos estados de bem-estar social europeus.

As gerações mais jovens de americanos, em particular, expressam uma forte afinidade com ideias anticapitalistas. Uma pesquisa do YouGov de 2016 mostrou que 45% dos americanos entre 16 e 20 anos considerariam votar em um socialista, enquanto 20% até dariam seu voto a um candidato comunista. Apenas 42% dos americanos nessa faixa etária eram a favor de uma economia capitalista (em comparação com 64% dos americanos com mais de 65 anos). Ainda mais preocupante, na mesma pesquisa: um terço dos jovens americanos revelou a crença de que mais pessoas foram mortas sob o governo de George W. Bush do que sob Stalin.[9] Em outra pesquisa conduzida pela Gallup em abril de 2016, 52% dos americanos concordaram em que "nosso governo *deve redistribuir a riqueza por meio de altos impostos sobre os ricos*".[10]

---

[9] Cal Thomas, "Millennials Are Clueless about Socialism (Call It the 'Bernie Sanders effect')," *Fox News Opinion* (20 October 2016), acessado em 20 de Junho de 2018, www.foxnews.com/opinion/2016/10/20/millennials-are--clueless-about-socialism-call-it-berniesanders-effect.html.

[10] Bernie Sanders, *Our Revolution: A Future to Believe In* (New York: Thomas Dunne Books, 2016), 265, emphasis in original.

O CAPITALISMO NÃO É O PROBLEMA, É A SOLUÇÃO

Em uma pesquisa da Infratest dimap realizada na Alemanha em 2014, 61% dos entrevistados concordaram com a visão de que "não vivemos em uma democracia de verdade porque o poder está nos interesses comerciais e não nos eleitores".[11] Além disso, 33% dos alemães (41% na ex-RDA) concordaram que o capitalismo "inevitavelmente causa pobreza e fome",[12] enquanto 42% (59% na ex-RDA) concordaram que "o socialismo/comunismo é uma boa ideia que foi mal executada no passado".[13]

À medida que o colapso dos sistemas socialistas gradualmente se afasta da memória, muitas pessoas em todo o mundo ocidental parecem correr o risco de perder a consciência dos benefícios superiores do mercado livre. Isso é particularmente verdadeiro para os jovens, cujas lições de história mal abordaram as condições econômicas e políticas nos países socialistas.

Este livro foca em uma única questão: qual sistema econômico oferece a melhor qualidade de vida para a maioria das pessoas? A qualidade de vida é determinada, especialmente, embora não exclusivamente, pelo nível de riqueza econômica dos indivíduos e por seu nível de liberdade política. Embora a história forneça muitos exemplos de democracia e capitalismo andando de mãos dadas, há outros casos de regimes autoritários com uma economia capitalista: a Coreia do Sul ainda não havia se tornado uma democracia na época em que adotou o capitalismo, assim como o Chile. Apesar de todo

---

[11] Klaus Schroeder e Monika Deutz-Schroeder, *Gegen Staat und Kapital – für die Revolution! Linksextremismus in Deutschland: Eine empirische Studie* (Frankfurt: Peter Lang / Internationaler Verlag der Wissenschaften, 2015), 568.

[12] *Ibid.*, 574–575.

[13] *Ibid.*, 580–581.

o seu sucesso econômico como uma economia capitalista, a China ainda é governada por um regime autoritário. Quaisquer comparações feitas entre países neste livro são baseadas apenas nos critérios de seus respectivos sistemas econômicos e desempenho econômico. Isso não quer dizer que a liberdade política seja um aspecto menos importante de qualidade de vida — no entanto, está além do âmbito deste livro e merece uma investigação separada.

Por mais que eu discorde das premissas e dos argumentos desenvolvidos em *O Capital no Século XXI* de Thomas Piketty, em muitos aspectos compartilho suas críticas a muitas pesquisas atuais em economia, que demonstram uma "paixão infantil pela matemática e pela especulação puramente teórica e muitas vezes altamente ideológica, às custas da pesquisa histórica e da colaboração com as outras ciências sociais".[14] Em vez disso, Piketty defende "uma abordagem pragmática", que usa "os métodos de historiadores, sociólogos e cientistas políticos, bem como economistas", e descreve seu livro como "uma obra de história (tanto) quanto de economia".[15] Meu primeiro diploma é em história e ciências políticas e obtive dois doutorados, respectivamente em história e sociologia. Consequentemente, minha abordagem neste livro é a de um historiador.

A principal reclamação de Piketty é que a economia e as ciências sociais não se concentram mais na "questão distributiva": "Já passou da hora em que deveríamos ter colocado a questão da desigualdade de volta no centro da análise econômica."[16] Outros autores publicaram

---

[14] Thomas Piketty, *Capital in the Twenty-First Century* (Boston: Harvard University Press, 2014), 41.

[15] *Ibid.*, 42.

[16] *Ibid.*, 20

O CAPITALISMO NÃO É O PROBLEMA, É A SOLUÇÃO

críticas abrangentes ao conjunto de dados e erros metodológicos de Piketty,[17] forçando-o a retrair alguns princípios fundamentais de seu livro.[18] Meu objetivo aqui é meramente apontar que estou fazendo uma pergunta completamente diferente — uma que, em minha opinião, tem um significado muito maior para a maioria das pessoas do que a preocupação de Piketty com "desigualdades de riqueza". Se o capitalismo tende a aumentar ou diminuir o padrão geral de vida, parece-me muito mais importante do que qualquer aumento putativo na desigualdade de riqueza.

Piketty lamenta o aumento da distância entre pobres e ricos em termos de renda e riqueza no período de 1990 a 2010. No entanto, o fato é que, durante o mesmo período, centenas de milhões de pessoas — predominantemente na China, assim como na Índia e em outras partes do mundo — escaparam da pobreza extrema como resultado direto da expansão do capitalismo.

O que é mais importante para essas centenas de milhões de pessoas: que elas não estejam mais morrendo de fome ou que a riqueza dos multimilionários e bilionários pode ter aumentado em um grau ainda maior do que seu próprio padrão de vida? Como o primeiro capítulo deste livro irá demonstrar, o aumento do número de milionários e bilionários na China nas últimas décadas e as grandes melhorias no padrão de vida de centenas de milhões de pessoas são duas faces da

---

[17] Para mais detalhes, ver Jean-Philippe Delsol, Nicholas Lecaussin and Emmanuel Martin, eds., *Anti-Piketty: Capital for the 21st Century* (Washington, DC: Cato Institute, 2017).

[18] Ver Tom G. Palmer, "Foreword," em *Anti-Piketty: Capital for the 21st Century*, editado por Jean-Philippe Delsol, Nicholas Lecaussin e Emmanuel Martin (Washington, DC: Cato Institute, 2017), xv.V

mesma moeda. Ambos podem ser atribuídos diretamente ao mesmo processo, ou seja, à transição do socialismo para o capitalismo, de uma economia planejada para uma economia de mercado livre.

Sem dúvida, a globalização capitalista reduziu a pobreza em todo o mundo. Se o aumento da prosperidade em países anteriormente subdesenvolvidos levou a perdas de prosperidade entre os estratos de renda mais baixa nas nações industrializadas do Ocidente, isto é, Europa e Estados Unidos, é uma questão mais controversa. Deixe-me apontar duas coisas como resposta. Em primeiro lugar: se este é o caso, por que os trabalhadores de baixa renda estão agora competindo diretamente com os trabalhadores em países emergentes, conclui-se que — ao contrário de seu papel autointitulado de defensores dos direitos dos pobres em países da África, Ásia e América Latina — o movimento anti-globalização e anti-capitalista no Ocidente está primariamente defendendo o status quo privilegiado dos europeus e americanos. Em segundo lugar, a hipótese de que a globalização empobreceu parcelas da população na Europa e nos Estados Unidos é controversa em si. Um estudo de 2011 da Organização para a Cooperação e Desenvolvimento Econômico (OCDE) mostrou uma diminuição no rendimento real entre os 10% mais pobres da população desde a década de 1980 em apenas dois estados membros: Japão e Israel.[19]

Em muitos casos, as reportagens da mídia sobre o aumento alarmante da pobreza nas nações desenvolvidas ocidentais são baseadas

---

[19] Kristian Niemietz, "Der Mythos vom Globalisierungsverlierer: Armut im Westen," em *Das Ende der Armut: Chancen einer globalen Marktwirtschaft*, editado por Christian Hoffmann e Pierre Bessard (Zürich: Liberales Institut Zürich, 2012), 152.

em estudos que definem e medem a pobreza em termos relativos. Os relatórios oficiais sobre pobreza e prosperidade publicados pelo governo alemão, por exemplo, aplicam uma definição de pobreza que inclui qualquer pessoa que ganhe menos de 60% da renda média. Um experimento mental simples mostra que esta definição é duvidosa, na melhor das hipóteses: vamos supor um aumento linear de dez vezes na renda, enquanto o valor do dinheiro permanece estável. Aqueles na classe de renda mais baixa, que antes ganhavam 1.000 euros por mês, agora recebem 10.000 euros. Todas as suas preocupações com dinheiro acabariam. A vida seria ótima para todos. No entanto, a fórmula de 60% ainda se aplicaria, e o número de pessoas vivendo abaixo da linha oficial de pobreza permaneceria o mesmo.

Para os críticos do capitalismo do tipo de Piketty, a economia é um jogo de soma zero em que os ricos ganham o que a classe média e os pobres perdem.[20] Porém, não é assim que o mercado funciona. Os críticos do capitalismo estão sempre observando como a torta é dividida; neste livro, estou examinando as condições que fazem a torta crescer ou diminuir de tamanho.

Aqui está mais um experimento mental — vou deixar que você decida qual dos seguintes resultados você prefere. Vamos supor que você viva em uma ilha onde três pessoas ricas têm uma fortuna de 5.000 dólares cada, enquanto outras 1.000 têm apenas 100 dólares cada. A riqueza total dos residentes da ilha é de 115.000 dólares. Agora você decide entre duas alternativas: devido ao crescimento

---

[20] Ver Jean-Philippe Delsol, "The Great Process of Equalization of Conditions," em *Anti-Piketty: Capital for the 21st Century*, editado por Jean-Philippe Delsol, Nicholas Lecaussin e Emmanuel Martin (Washington, DC: Cato Institute, 2017), 8–9.

econômico, a riqueza total dos residentes da ilha dobra para 230.000 dólares. A riqueza das três pessoas ricas triplica para 15.000 dólares cada; eles agora possuem 45.000 dólares entre eles. Enquanto isso, a riqueza dos 1.000 residentes restantes da ilha cresce 85%, para 185 dólares *per capita*. A diferença de desigualdade entre os residentes mais ricos e os mais pobres aumentou consideravelmente.

No cenário alternativo, vamos pegar a riqueza total de 115.000 dólares e dividi-la igualmente entre todos os 1.003 residentes (114,66 dólares *per capita*). Como um dos pobres com uma riqueza básica de 100 dólares, qual das duas sociedades você preferiria: crescimento econômico ou distribuição igual? E o que aconteceria se, como consequência das reformas econômicas destinadas a criar maior igualdade, a riqueza total da ilha diminuísse para insignificantes 80.000 dólares, ou menos de 79,80 dólares *per capita*?

É claro que você pode objetar que o melhor resultado seria o crescimento econômico e um padrão geral de vida mais elevado em conjunto com maior igualdade. E foi exatamente isso que o capitalismo alcançou no século 20, como até mesmo Piketty admite. O experimento mental acima ainda é útil como forma de demonstrar uma diferença fundamental entre dois sistemas de valores concorrentes. Alguém que prioriza o combate à desigualdade ao invés de elevar o padrão de vida da maioria fará uma escolha diferente de alguém que acredita no contrário.

Se você está interessado principalmente em igualdade, este é o livro errado para você. Se você se preocupa em identificar as condições nas quais a maioria das pessoas está em melhor situação — se você acredita que importa se uma sociedade como um todo é rica ou pobre —, junte-se a mim em minha jornada através dos cinco continentes

O CAPITALISMO NÃO É O PROBLEMA, É A SOLUÇÃO

em busca de respostas. Karl Marx estava certo em sua afirmação de que os meios de produção (tecnologia, equipamento, organização do processo de produção, etc.) e as condições de produção (o sistema econômico) não estão apenas inextricavelmente ligados, mas mutuamente dependentes um do outro.[21] No entanto, ao contrário da alegação de Marx, o ponto crucial não é que o desenvolvimento dos meios de produção preceda as mudanças nas condições de produção. Mais importante: as mudanças nas condições de produção às vezes podem fazer com que os meios de produção se desenvolvam.

O capitalismo é a causa raiz de um aumento global dos padrões de vida, em uma escala sem precedentes na história da humanidade antes do surgimento da economia de mercado. Foram necessários 99,4% de 2,5 milhões de anos da história da humanidade para atingir um PIB *per capita* de 90 dólares internacionais há cerca de 15.000 anos (o dólar internacional é uma unidade de cálculo baseada nos níveis de poder de compra em 1990). Foi necessário outro 0,59% da história humana para dobrar o PIB global para 180 dólares internacionais em 1750. Entre 1750 e 2000 em um período que representa menos de 0,01% do período total da história humana, o PIB global *per capita* cresceu 37 vezes, aumentando para 6.600 dólares internacionais. Em outras palavras, 97% da riqueza total criada ao longo da história humana foi produzida nesses 250 anos.[22] A expectativa de vida global quase triplicou no mesmo curto período de tempo (em 1820, era de apenas 26 anos).

---

[21] Karl Marx, *A Contribution to the Critique of Political Economy*, traduzido por S. W. Ryazanskaya (Moscow: Progress Publishers, 1859), 15.

[22] Conforme calculado pelo economista da Universidade da Califórnia J. Bradford DeLong, citado em Zhang, *The Logic of the Market*, 24–25.

Nada disso aconteceu por causa de um aumento repentino na inteligência humana ou na indústria. Aconteceu porque o novo sistema econômico que surgiu nos países ocidentais cerca de 200 anos atrás se mostrou superior a qualquer outro antes ou depois: o capitalismo. Foi esse sistema baseado em propriedade privada, empreendedorismo, preço justo e competição que tornou possíveis os avanços econômicos e tecnológicos sem precedentes dos últimos 250 anos. Um sistema que, apesar de todos os seus sucessos, ainda é novo e vulnerável.

CAPÍTULO 1

CHINA:
DA *FOME* AO *MILAGRE ECONÔMICO*

Por milênios, a China sofreu fome após fome. Hoje, quase todo mundo tem o que comer e, em 2016, a China ultrapassou os EUA e a Alemanha e se tornou a maior exportadora mundial. No final do século XIX e início do século XX, 100 milhões de pessoas morreram de fome na China. Embora essas fomes tenham sido causadas por desastres naturais, o que se seguiu durante a segunda metade do século XX foi uma crise provocada pelo homem e com motivação política. Após sua ascensão ao poder em 1949, Mao Zedong queria transformar a China em um exemplo brilhante de socialismo. No final de 1957, ele proclamou o Grande Salto Adiante como um atalho para o suposto paraíso dos trabalhadores. De acordo com Mao, a China seria capaz de ultrapassar o Reino Unido em 15 anos, provando assim, de uma vez por todas, que o socialismo era superior ao capitalismo. Por meio do jornal oficial do Partido Comunista, a população foi informada do plano de "ultrapassar todos os países capitalistas em um tempo relativamente curto e se tornar um dos países mais ricos, avançados e poderosos do mundo".[23]

---

[23] Citado em Jung Chang e Jon Halliday, *Mao: The Unknown Story* (London: Jonathan Cape, 2005), 519.

A grande fome

A experiência socialista mais ambiciosa da história começou com dezenas de milhões de fazendeiros em todo o país sendo forçados a trabalhar em projetos de irrigação enormes sem descanso ou comida suficientes. Logo, um em cada seis chineses estava ocupado cavando para projetos de construção de barragens e canais em grande escala.[24] A remoção de uma grande parte da força de trabalho agrícola foi uma das várias razões para a fome que começou a se espalhar pela China. Os oficiais do partido foram cruéis em seus esforços para obter resultados: os moradores foram amarrados por roubar vegetais ou esfaqueados até a morte por não trabalharem o suficiente. Camponeses recalcitrantes foram enviados para campos de trabalho. Patrulhas militares armadas com chicotes percorriam as aldeias para garantir que todos trabalhassem o máximo que pudessem.[25]

Na época, a agricultura era a principal fonte de renda na China e os camponeses constituíam a maior parte da população do país. Durante o Grande Salto Adiante, a propriedade privada de qualquer tipo foi abolida, e os camponeses foram forçados a deixar suas propriedades e viver em barracas semelhantes a fábricas com até 20.000 concidadãos em sofrimento. Em toda a China, havia 24.000 desses coletivos ou "comunas populares" com uma média de 8.000 membros.

O próprio Mao editou — e elogiou como um "grande tesouro" — o estatuto da primeira comuna em Henan, que obrigava todas as 9.369

---

[24] Frank Dikötter, *Mao's Great Famine: The History of China's Most Devastating Catastrophe*, 1958–62 (London: Bloomsbury, 2010), 27.

[25] *Ibid.*, 32.

O CAPITALISMO NÃO É O PROBLEMA, É A SOLUÇÃO

famílias a "entregar inteiramente seus terrenos privados, [...] suas casas, animais e árvores" e viver em dormitórios "de acordo com os princípios de beneficiamento de produção e controle". As casas deveriam ser "desmanteladas [...] se a comuna precisar de tijolos, telhas ou madeira".[26]

Mao chegou a considerar "substituir (os nomes das pessoas) por números. Em Henan e em outras áreas, os camponeses trabalhavam nos campos com um número costurado nas costas. Os camponeses não só foram proibidos de comer em casa, mas suas *woks* e seus fogões foram destruídos." Em vez disso, a comida era servida em cantinas, que às vezes ficavam "a horas de caminhada de onde as pessoas viviam ou trabalhavam", obrigando-as a "mudar-se para o local da cantina", onde "viviam como animais, amontoados em qualquer espaço disponível, sem privacidade ou vida familiar".[27] Todas as manhãs, as brigadas de trabalhadores marchariam para os campos de batalha da produção sob bandeiras vermelhas e slogans motivacionais soando dos alto-falantes.

Este experimento resultou no que foi provavelmente a pior fome — e, definitivamente, a pior fome causada pelo homem — da história humana. Com base em números oficiais, o demógrafo chinês Cao Shuji estima que cerca de 32,5 milhões de pessoas morreram de fome em toda a China no período entre 1958 e 1962. De acordo com seus cálculos, a província de Anhui foi a que mais sofreu, com um número total de mortos de mais de 6 milhões, ou mais de 18% da população, seguido por Sichuan, onde 13% da população (9,4 milhões de pessoas) pereceram.[28]

---

[26] *Citado em Chang and Halliday, Mao, 529.*

[27] *Ibid.*, 529–530.

[28] Felix Wemheuer, *Der große Hunger: Hungersnöte unter Stalin und Mao* (Berlin: Rotbuch Verlag, 2012), 194–195.

Com base nas análises realizadas pelo serviço de segurança chinês e nos extensos relatórios confidenciais publicados pelos comitês do partido durante os meses finais do Grande Salto Adiante, o historiador alemão Frank Dikötter chega a uma estimativa significativamente mais alta de cerca de 45 milhões de pessoas em toda a China que morreram prematuramente entre 1958 e 1962. A maioria morreu de fome, enquanto outros 2,5 milhões foram torturados ou espancados até a morte.[29] "Outras vítimas foram deliberadamente privadas de comida e morreram de fome [...] Pessoas foram mortas seletivamente porque eram ricas, porque eram devagar, porque falavam ou simplesmente porque não eram queridos, por qualquer motivo, pelo homem que empunhava a concha na cantina."[30]

Pessoas foram punidas em grande número por expressar críticas. De acordo com um relatório do condado de Fengyang, na província de Anhui, 28.026 pessoas (mais de 12% da população) foram condenadas a punições corporais ou tiveram suas porções alimentares reduzidas; 441 morreram como consequência, enquanto outros 383 sofreram ferimentos graves.[31]

No prefácio de *Tombstone*, seu estudo investigativo de dois volumes sobre a Grande Fome que foi publicado em Hong Kong em 2008 e proibido na China, o jornalista e historiador chinês Yang Jisheng lembra: "A fome que precedeu a morte foi pior do que a morte em si. Os grãos se foram, as ervas selvagens foram todas comidas, até as cascas foram arrancadas das árvores, e excrementos de pássaros,

---

[29] Dikötter, *Mao's Great Famine*, xii.

[30] *Ibid.*, xiii.

[31] Wemheuer, *Der große Hunger*, 203.

O CAPITALISMO NÃO É O PROBLEMA, É A SOLUÇÃO

ratos e algodão foram usados para encher estômagos. Nos campos de argila de caulim, pessoas famintas mastigavam a argila enquanto a cavavam".[32]

Havia casos frequentes de canibalismo. No início, os aldeões desesperados só comiam cadáveres de animais, mas logo começaram a desenterrar vizinhos mortos para cozinhar e comer. Carne humana era vendida no mercado negro junto com outros tipos de carne.[33] Um estudo compilado — e imediatamente suprimido — após a morte de Mao para o condado de Fengyang "registrou sessenta e três casos de canibalismo apenas na primavera de 1960, incluindo o de um casal que estrangulou e comeu seu filho de oito anos".[34]

Vítima de seu próprio reinado de terror, a liderança do Partido Comunista preferiu levar em conta os falsos relatórios de colheitas fenomenais apresentados pelas comunas populares. As comunas que apresentaram cifras realistas receberam bandeiras brancas como forma de punição por falta de zelo revolucionário, acusadas de mentir e submetidas à violência. Nos anos anteriores, os camponeses haviam apresentado relatórios falsos em alguns casos, em um ato de rebeldia contra os aumentos de impostos dos grãos. Depois disso, qualquer pessoa que alegasse não ter o suficiente para comer era considerada inimiga da revolução socialista e agente do capitalismo. Simplesmente afirmar "estou com fome" tornou-se um perigoso ato de insurgência.[35]

---

[32] Citado em Felix Lee, *Macht und Moderne: Chinas großer Reformer Deng Xiaoping – Die Biographie* (Berlin: Rotbuch Verlag, 2014), 80.

[33] Dikötter, *Mao's Great Famine*, 320–321.

[34] Chang and Halliday, *Mao*, 533.

[35] Wemheuer, *Der große Hunger*, 169.

Fugir para um lugar que ainda tinha comida era proibido, levando a uma situação que era "pior do que sob a ocupação japonesa" (1937-1945), de acordo com um relato de testemunha ocular: "Mesmo quando os japoneses vieram [...] nós podíamos fugir. (Agora) estamos simplesmente trancados para morrer em casa. Minha família tinha seis membros e quatro morreram." Os quadros do partido também tinham o trabalho de impedir que as pessoas "roubassem" sua própria comida. Punições horríveis eram comuns; algumas pessoas foram enterradas vivas, outras estranguladas com cordas, outras tiveram os narizes cortados. Em uma vila, quatro crianças aterrorizadas foram salvas de serem enterradas vivas por terem pego algumas comidas apenas quando a terra estava em suas cinturas, após apelos desesperados de seus pais. Em outra aldeia, uma criança teve quatro dedos decepados por tentar roubar um pedaço de comida não madura. Brutalidade desse tipo surge em praticamente todos os relatos deste período, em todo o país.[36]

De acordo com a propaganda oficial do governo, a economia chinesa estava crescendo cada vez mais, constantemente alcançando resultados recordes em todos os setores e apresentando provas convincentes da superioridade inerente do sistema socialista. Mao era particularmente obcecado pela produção de aço como medida do progresso do socialismo, a ponto de memorizar os volumes de produção de aço alcançados por quase todos os outros países e estabelecer metas irrealistas em suas tentativas de superá-los. Em 1957, a China produziu 5,35 milhões de toneladas de aço. Em janeiro de 1958, o governo estabeleceu uma meta de 6,2 milhões de toneladas,

---

[36] Chang and Halliday, *Mao*, 531.

que quase dobrou para 12 milhões de toneladas em setembro do mesmo ano.[37]

Na época, o aço chinês era amplamente produzido em pequenos altos-fornos (muitos dos quais não funcionavam adequadamente e produziam materiais inadequados para o propósito) operados por moradores nos quintais de comunas agrícolas. Pilhas de lingotes de ferro feitas por comunas rurais, que eram muito pequenas e frágeis para serem usadas em laminadores modernos, eram uma visão familiar em toda a China.[38]

Isso levou a cenas absurdas acontecendo em todo o país, com quadros do partido indo de porta em porta para confiscar equipamentos domésticos e agrícolas. "Ferramentas agrícolas, até mesmo vagões de água, foram retirados e derretidos, assim como utensílios de cozinha, maçanetas de ferro e grampos de cabelo femininos. O slogan do regime era: 'Entregar uma picareta é eliminar um imperialista, e esconder um prego é esconder um contra-revolucionário.'"[39]

Qualquer pessoa que não conseguisse reunir o nível necessário de entusiasmo era "abusada verbalmente, empurrada ou amarrada e exibida" em público.[40] Especialistas que defendiam a razão e a moderação foram perseguidos. "Mao definiu o tom para desmerecer a racionalidade dizendo que o 'conhecimento do professor burguês deve ser tratado como um peido de cachorro, que não vale nada, merecendo apenas desdém, escárnio, desprezo'."[41]

---

[37] Dikötter, *Mao's Great Famine*, 57.

[38] *Ibid.*, 61.

[39] Chang and Halliday, *Mao*, 526.

[40] Dikötter, *Mao's Great Famine*, 60.

[41] Chang and Halliday, *Mao*, 526.

No final de dezembro de 1958, o próprio Mao foi forçado a admitir para seu círculo interno que "apenas 40 por cento é bom aço", todos provenientes de usinas siderúrgicas, enquanto os fornos de quintal haviam produzido 3 milhões de toneladas de aço inutilizáveis — "um enorme desperdício de recursos e mão de obra (que) desencadeou mais perdas".[42]

Apesar do fato de que um número crescente de camponeses foi recrutado para irrigação em grande escala e projetos de produção de aço em vez de trabalhar na terra, as comunas agrícolas continuaram a relatar produções recordes que eram totalmente exageradas. Em setembro de 1958, o jornal do Partido Comunista, o *Diário do Povo* (*"People's Daily"*), relatou uma produtividade média de grãos de 65.000 quilos por *mu* (660 metros quadrados) em Guangxi, quando 500 quilos teria sido uma estimativa mais realista.[43]

Essas alegações exageradas eram conhecidas como *"sputniks"*. Os campos de Sputnik, "geralmente criados com a transplantação de plantações maduras de vários campos em um único terreno artificial",[44] proliferaram na China. Como consequência, o governo aumentou suas exportações de grãos de 1,93 milhão de toneladas em 1957 para 4,16 milhões em 1959. "Em 1959, quando Mao anunciou que a produção de grãos havia atingido 375 milhões de toneladas na China, a produção real era provavelmente de 170 milhões."[45]

---

[42] *Ibid.*, 527.

[43] Ronald Coase e Ning Wang, *How China Became Capitalist* (New York: Palgrave MacMillan, 2012), 15.

[44] Chang and Halliday, *Mao*, 520.

[45] *Ibid.*, 15.

Pressionadas pela insistência do Partido Comunista em atingir suas metas econômicas, "custe o que custar", as comunas prometiam grandes quantidades de "grãos excedentes" ao Estado. "Com as plantações infladas, vieram as cotas de aquisição, que eram muito altas, levando à escassez e fome total."[46] Para piorar as coisas, a economia planejada criou um caos logístico que, por sua vez, fez com que grandes partes da colheita fossem destruídas por doenças nas plantações, ratos e insetos.[47]

Mao tentou resolver esse problema com outra campanha em grande escala, esta com o objetivo de livrar a China das "Quatro Pragas": pardais, ratos, mosquitos e moscas. Para isso, ele mobilizou toda a população para agitar varas e vassouras no ar e criar uma raquete que assustaria os pardais até que estivessem tão exaustos de voar que cairiam do céu. Essa campanha se mostrou tão eficaz que as pragas "antes controladas por pardais (e outras aves) agora prosperaram, com resultados catastróficos. Os apelos dos cientistas de que o equilíbrio ecológico seria alterado foram ignorados." Eventualmente, o governo chinês enviou um pedido "ultrassecreto" de 200.000 pardais do Extremo Oriente Soviético para a Embaixada Soviética em Pequim.[48]

Apesar do agravamento da fome, os chineses relutaram em perder prestígio pedindo aos seus aliados russos que suspendessem as exportações de grãos e adiassem o pagamento de suas dívidas. Da mesma forma, eram orgulhosos demais para aceitar ofertas ocidentais de ajuda.[49] Pelo contrário, mesmo durante a época de fome mais

---

[46] Dikötter, *Mao's Great Famine*, 128.

[47] *Ibid.*, 137.

[48] Chang and Halliday, *Mao*, 525.

[49] Wemheuer, *Der große Hunger*, 189.

severa, a China forneceu generosamente, e em alguns casos até doou, trigo para a Albânia e outros aliados. A política de "exportação acima de tudo" adotada em 1960 significou que, no auge da fome, todas as províncias foram forçadas a entregar mais alimentos do que nunca ao Estado.[50] Seja dirigida ao público nacional ou ao estrangeiro, a propaganda oficial do regime foi uma tentativa desesperada de manter as aparências, negando a existência de fome em um sistema socialista. Cálculos subsequentes mostram que uma mudança na política poderia ter potencialmente salvado até 26 milhões de vidas humanas.[51]

Cidadãos desesperados escreveram cartas a Mao e ao chefe de Estado, Zhou Enlai, presumindo que não soubessem da fome. Uma dessas cartas dizia:

"Caro presidente Mao, Zhou Enlai e líderes do governo central, votos de felicidades para o Festival da Primavera! Em 1958, nossa pátria deu um Grande Salto em todos os lugares [...] mas na parte leste de Hainan, nos distritos de Yucheng e Xiayi, a vida das pessoas não tem sido boa nos últimos seis meses [...] As crianças estão com fome, os adultos estão em angústia. Eles estão desnutridos, só pele e osso. A causa é o falso relato de números de produtividade. Por favor, ouça o nosso pedido de ajuda!"[52]

Os funcionários do partido que investigavam a situação no local se depararam com cenas terríveis. No condado de Guangshan, eles encontraram sobreviventes agachados nos escombros de suas casas, chorando silenciosamente no frio intenso. Por toda a China, casas

---

[50] Dikötter, *Mao's Great Famine*, 133.

[51] Wemheuer, *Der große Hunger*, 193.

[52] *Citado em ibid.*, 181.

foram demolidas para fornecer combustível para altos-fornos e fertilizantes. Em Guangshan, um quarto da população de 500.000 pessoas havia morrido e sido enterrado em valas comuns.[53] A escassez de alimentos foi agravada pela morte por fome de milhões e milhões de animais.

Mao e seus companheiros líderes do partido estavam cientes dos problemas, mas por muito tempo tentaram encobri-los ou negá-los. A declaração oficial do partido era que, como na guerra, esses sacrifícios eram um passo necessário e inevitável na gloriosa criação de uma sociedade comunista em um futuro próximo. Três anos de sacrifício não eram um preço muito alto a pagar por 1.000 anos de vida em um paraíso comunista. Em julho de 1959, Mao proclamou: "A situação em geral é excelente. Existem muitos problemas, mas nosso futuro é brilhante!"[54]

Ele estava bem ciente de que milhões teriam que morrer para realizar esse futuro brilhante, dizendo aos líderes soviéticos durante sua visita a Moscou em 1957: "Estamos preparados para sacrificar 300 milhões de chineses pela vitória da revolução mundial."[55] Em novembro de 1958, "conversando com seu círculo interno sobre os projetos de mão-de-obra intensiva, como hidrelétricas e fabricação de 'aço' [...], Mao disse: 'Trabalhando assim, com todos esses projetos, metade da China pode muito bem morrer. Se não a metade, então talvez um terço ou um décimo — 50 milhões — morre.'"[56]

---

[53] Dikötter, *Mao's Great Famine*, 117.
[54] *Ibid.*, 92.
[55] Citado em Chang and Halliday, *Mao*, 535.
[56] *Citado em ibid., 535.*

Lin Biao, a quem Mao designou como seu sucessor por sua lealdade supostamente inabalável, cunhou um *slogan* popular: "Navegar pelos mares depende do timoneiro. Fazer a revolução depende do pensamento de Mao Zedong." Porém, em seu diário particular, ele confidenciou sua crença de que o Grande Salto Adiante foi "baseado em fantasia e foi uma bagunça total".[57] Mao acabou sendo forçado a abandonar seu Grande Salto Adiante — o que não o impediu de pôr em movimento outro programa político igualmente desastroso alguns anos depois. Proclamada em 1966, a Revolução Cultural foi uma tentativa ainda mais radical de transformar a sociedade chinesa, durante a qual milhões de pessoas acusadas de propagar ideias capitalistas ou de criticar o Grande Salto Adiante foram condenadas a trabalhos forçados ou torturadas, e centenas de milhares foram mortas.

As dezenas de milhões de vidas humanas perdidas em consequência de outro experimento socialista fracassado não deveriam ter sido uma surpresa para os comunistas chineses, que, afinal, viram um desastre de proporções semelhantes acontecer na União Soviética na década de 1930. Como na China, as tentativas de coletivizar a produção agrícola causaram a morte de milhões de pessoas por fome. Infelizmente, os livros de História estão cheios de exemplos de experimentos socialistas fracassados, levando comunistas em outras partes do mundo a acreditar que seus próprios experimentos — em outro país e em outra era — estão fadados ao sucesso.

As consequências econômicas do reinado de Mao foram desastrosas. Dois em cada três camponeses tinham rendimentos mais baixos em 1978 do que durante a década de 1950. Um terceiro até viu sua

---

[57] Citado em Dikötter, *Mao's Great Famine*, 100.

renda cair abaixo dos níveis pré-invasão japonesa. Após a morte de Mao em 1976, seus sucessores seguiram de forma mais pragmática. Sentindo que o povo chinês estava farto de experimentos socialistas radicais, o sucessor imediato de Mao, Hua Guofeng, preparou o terreno para um homem que desempenharia um papel crucial na transformação da China: Deng Xiaoping. Os sucessores de Mao, Deng em particular, foram espertos o suficiente para levar a sério algumas palavras de sabedoria confucionista: "Por três métodos podemos aprender a sabedoria: primeiro, pela reflexão, que é a mais nobre; segundo, por imitação, que é mais fácil; e terceiro pela experiência, que é a mais amarga."

O caminho da China para o capitalismo

Tendo aprendido a lição da maneira mais difícil, os chineses agora começariam a olhar para o que estava acontecendo em outros países. Para os principais políticos e economistas chineses, 1978 marcou o início de um período agitado de viagens ao exterior para trazer informações econômicas valiosas e aplicá-las no país. As delegações chinesas fizeram mais de 20 viagens a mais de 50 países, incluindo Japão, Tailândia, Malásia, Singapura, EUA, Canadá, França, Alemanha e Suíça.[58] Na preparação para a primeira visita de funcionários do governo chinês à Europa Ocidental desde a fundação da República Popular, Deng se reuniu com o líder da delegação, Gu Mu, e vários de seus mais de 20 membros, "pedindo-lhes para ver

---

[58] Coase and Wang, *How China Became Capitalist*, 32.

o máximo que pudessem e fazer perguntas sobre como os países anfitriões administravam suas economias".[59]

Os membros da delegação ficaram muito impressionados com o que viram na Europa Ocidental: aeroportos modernos como Charles de Gaulle em Paris, fábricas de automóveis na Alemanha e portos com instalações de carregamento automatizadas. Eles ficaram surpresos ao ver o alto padrão de vida que até mesmo os trabalhadores comuns desfrutavam nos países capitalistas.[60]

O próprio Deng viajou para destinos como os EUA e o Japão. Após uma visita reveladora à fábrica da Nissan no Japão, ele comentou: "agora eu entendo o que significa modernização".[61] Os chineses ficaram especialmente impressionados com os sucessos econômicos nos outros países asiáticos.

> "Embora pouco conhecido, o dinamismo econômico dos países vizinhos em particular era visto como um modelo a seguir. A economia japonesa, que passou de um estado de destruição em 1945 para quebrar todos os recordes de crescimento na década de 1950 em diante, criando uma sociedade de consumo moderna, bem como indústrias de exportação competitivas, fez as conquistas de Mao fracas em comparação."[62]

Em sua visita a Singapura, Deng ficou particularmente impressionado com a economia local, que era muito mais dinâmica do que a

---

[59] *Ibid.*, 33.

[60] Lee, *Macht und Moderne*, 165.

[61] Coase and Wang, *How China Became Capitalist*, 33.

[62] Tobias ten Brink, *Chinas Kapitalismus: Entstehung, Verlauf, Paradoxien* (Frankfurt: Campus Verlag, 2013), 106.

chinesa. Lee Kuan Yew, o fundador de Singapura e primeiro-ministro de longa data, lembra:

> "Eu disse a Deng durante um jantar em Singapura em 1978 que nós, os chineses de Singapura, éramos descendentes de camponeses sem terra analfabetos de Guandong e Fujian, no sul da China [...] Não havia nada que Singapura tivesse feito que a China não pudesse fazer e que fizesse melhor. Ele ficou em silêncio então. Quando li que ele disse ao povo chinês para fazer melhor do que Singapura, eu sabia que ele havia aceitado o desafio que eu discretamente lancei para ele naquela noite, quatorze anos antes."[63]

As descobertas das delegações foram amplamente divulgadas na China, tanto dentro do Partido Comunista quanto entre o público em geral. Tendo visto com seus próprios olhos o alto padrão de vida dos trabalhadores no Japão, por exemplo, os membros das delegações começaram a perceber até que ponto a propaganda comunista sobre os benefícios do socialismo em comparação com a miséria das classes trabalhadoras pobres nos países capitalistas fora baseada em mentiras e invenções. Era óbvio para qualquer pessoa que realmente viajou para esses países que exatamente o oposto era verdade. "Quanto mais vemos (do mundo), mais percebemos o quão atrasados somos", declarou Deng repetidamente.[64]

No entanto, esse novo entusiasmo pelos modelos econômicos de outros países não levou a uma conversão instantânea ao capitalismo,

---

[63] Coase and Wang, *How China Became Capitalist*, 34.
[64] Lee, *Macht und Moderne*, 159.

nem a China imediatamente abandonou sua economia planejada em favor de uma economia de mercado livre. Em vez disso, houve um lento processo de transição, começando com esforços experimentais para conceder maior autonomia às empresas públicas, que levou anos, até décadas, para amadurecer, e contou com iniciativas de baixo para cima (*bottom-up*) tanto quanto com reformas lideradas por partidos de cima para baixo (*top-down*).

Após o fracasso do Grande Salto Adiante, os camponeses, num número cada vez maior de aldeias, começaram a burlar a proibição oficial da agricultura privada. Os quadros do partido permitiram que continuassem, já que foram rapidamente capazes de obter resultados muito maiores. Inicialmente, esses experimentos foram restritos às vilas mais pobres, onde quase qualquer resultado teria sido melhor do que o *status quo*. Em uma dessas vilas, "amplamente conhecida na região como uma 'vila de mendigos'", os quadros

"decidiram alocar apenas terras marginais para famílias em duas equipes de produção, enquanto mantinham a agricultura coletiva intacta em outros lugares. Naquele ano, a produção das terras marginais, mas cultivadas de forma privada, era três vezes maior do que a das terras férteis cultivadas coletivamente. No ano seguinte, mais terras foram privatizadas em mais equipes de produção."[65]

Muito antes de a proibição oficial da agricultura privada ser suspensa em 1982, iniciativas lideradas por camponeses para reintroduzir a propriedade privada contra a doutrina socialista surgiram em toda a

---

[65] Coase and Wang, *How China Became Capitalist*, 47.

O CAPITALISMO NÃO É O PROBLEMA, É A SOLUÇÃO

China.[66] O resultado foi extremamente bem-sucedido: as pessoas não estavam mais morrendo de fome e a produtividade agrícola aumentou rapidamente. Em 1983, o processo de descoletivização da agricultura chinesa estava quase completo. O grande experimento socialista de Mao, que custou tantos milhões de vidas, havia acabado.

A transformação econômica da China não foi de forma alguma restrita à agricultura. Em todo o país, muitas empresas municipais operavam cada vez mais como empresas privadas, embora ainda estivessem formalmente sob propriedade pública. Liberadas das restrições da economia planejada, essas empresas frequentemente superavam seus concorrentes estatais menos ágeis. Entre 1978 e 1996, o número total de pessoas empregadas nessas empresas aumentou de 28 milhões para 135 milhões, enquanto sua participação na economia chinesa cresceu de 6% para 26%.[67]

A década de 1980 viu o estabelecimento de um número crescente de empresas de propriedade coletiva (COEs) e empresas de municípios e vilarejos (TVEs) — empresas de fato administradas de forma privada sob o disfarce de empresas coletivas.[68] Legalmente pertencentes às autoridades municipais, elas turvaram a distinção entre propriedade estatal e privada.

Consequentemente, o cientista político alemão e especialista na China, chamado Tobias ten Brink, argumenta que o "controle real" sobre o acesso a recursos específicos é mais importante do que a propriedade formal.[69] Em sua análise do capitalismo chinês, ten Brink

---

[66] *Ibid., 49.*

[67] *Ibid.,* 54.

[68] Ten Brink, *Chinas Kapitalismus*, 118.

[69] *Ibid.,* 84.

distingue entre o *status* legal formal e a função econômica real.[70] No entanto, no curso da onda subsequente de privatizações da China, esses COEs se tornaram consideravelmente menos importantes em comparação com empresas privadas autênticas.

Inicialmente, o crescimento da propriedade privada em toda a China foi impulsionado por um número crescente de empreendedores de pequena escala, que abriram empresas que só podiam empregar no máximo sete pessoas. Sob Mao, a China — como outros países socialistas — ostentava uma taxa oficial de desemprego de zero. As "soluções" para a prevenção do desemprego incluíram o realojamento de milhões de jovens das cidades para o campo para "reeducação". Durante a década de 1980, um número crescente de pessoas aproveitou a oportunidade para abrir pequenas empresas.

Inicialmente, eles passaram necessidade e sofreram discriminação. Os pais não permitiriam que suas filhas se casassem com alguém que possuía ou trabalhava em uma dessas pequenas empresas porque suas perspectivas econômicas eram consideradas incertas. Qualquer empresário que empregasse mais de sete pessoas era considerado um explorador capitalista e, portanto, infringia a lei. "Para contornar essa e outras restrições, muitas empresas privadas eram forçadas a usar um 'chapéu vermelho' — filiando-se a um governo municipal e de vila e, assim, transformando-se em uma empresa municipal e de vila, ou com um comitê de rua ou outra agência governamental local nas cidades, tornando-se um empreendimento coletivo."[71]

---

[70] *Ibid.*, 170.

[71] Coase and Wang, *How China Became Capitalist*, 58.

O CAPITALISMO NÃO É O PROBLEMA, É A SOLUÇÃO

Por fim, mais e mais pessoas perceberam que administrar uma empresa como empresário autônomo conferia consideráveis vantagens financeiras, bem como um maior nível de liberdade. Em muitos casos, barbeiros autônomos ganhavam mais que cirurgiões em hospitais públicos, vendedores ambulantes mais que cientistas nucleares. O número de empresas domésticas autônomas e empresas individuais aumentou de 140.000 em 1978 para 2,6 milhões em 1981.[72]

No entanto, os defensores do socialismo se recusaram a desistir tão facilmente e, em 1982, o Comitê Permanente do Congresso do Povo aprovou a "Resolução Para Atacar Duramente Contra Crimes Econômicos Graves", que fez com que mais de 30.000 pessoas fossem presas até o final do ano.[73] Em muitos casos, seu único crime foi lucrar ou empregar mais de sete pessoas.

A erosão crescente deste sistema socialista, que exclusivamente permitia a propriedade pública sob a gestão de uma autoridade estatal de planejamento econômico, foi acelerada pela criação de Áreas Econômicas Especiais. Essas foram áreas onde o sistema econômico socialista foi suspenso e as experiências capitalistas foram permitidas. A primeira Área Econômica Especial foi criada em Shenzhen, distrito adjacente à capitalista Hong Kong, que, na época, ainda era uma colônia da coroa britânica. Assim como na Alemanha, onde um número crescente de pessoas fugiram do Leste para o Oeste antes da construção do Muro de Berlim (ver Capítulo 3), muitos chineses tentaram deixar a República Popular e ir para Hong Kong. O distrito

---

[72] *Ibid.*, 68.

[73] *Ibid.*, 75–78.

de Shenzhen, na província de Guangdong, foi o principal canal para essa emigração ilegal.

Ano após ano, milhares de pessoas arriscaram suas vidas tentando cruzar o limite fortemente guardado da China socialista para a capitalista Hong Kong. A maioria foi capturada por patrulhas de fronteira ou se afogou na tentativa de nadar através da divisa marítima. O campo de internamento perto da fronteira, onde os capturados pelos chineses eram mantidos, estava completamente superlotado.

Como na República Democrática Alemã, qualquer pessoa que tentasse fugir da China comunista foi denunciada como inimiga pública e traidora do socialismo. No entanto, Deng foi inteligente o suficiente para perceber que uma intervenção militar e controles de fronteira mais rígidos não resolveriam o problema subjacente.

Quando a liderança do partido na província de Guangdong investigou a situação com mais detalhes, encontrou refugiados da China continental que viviam em uma aldeia que haviam estabelecido no lado oposto do rio Shenzhen, no território de Hong Kong, onde ganhavam 100 vezes mais dinheiro que seus antigos compatriotas do lado socialista.[74]

A resposta de Deng foi argumentar que a China precisava aumentar os padrões de vida para conter o fluxo.[75] Shenzhen, então um distrito com uma população de menos de 30.000 habitantes, tornou-se o local do primeiro experimento de mercado livre da China, possibilitado por quadros do partido que haviam estado em Hong Kong e Singapura e viram em primeira mão que o capitalismo funcionava muito melhor do que o socialismo.

---

[74] *Ibid.*, 60.

[75] Lee, *Macht und Moderne*, 188–189.

O CAPITALISMO NÃO É O PROBLEMA, É A SOLUÇÃO

Esta antiga vila de pescadores, que antes era um lugar onde muitos colocavam suas vidas em risco para deixar o país, se tornou hoje uma metrópole próspera com uma população de 12,5 milhões e uma renda *per capita* mais alta do que qualquer outra cidade chinesa, exceto Hong Kong e Macau. As indústrias de eletrônicos e comunicações são os pilares da economia local. Apenas alguns anos após o início da experiência capitalista, o conselho da cidade de Shenzhen teve que construir uma cerca de arame farpado ao redor da Zona Econômica Especial para lidar com o influxo de migrantes de outras partes da China.[76]

Logo, outras regiões seguiram o exemplo e experimentaram o modelo de Zona Econômica Especial. Impostos baixos, preços de arrendamento de terras e requisitos burocráticos tornaram essas Zonas Econômicas Especiais extremamente atraentes para investidores estrangeiros.[77] Suas economias eram menos regulamentadas e mais orientadas para o mercado do que as de muitos países europeus hoje. Após uma reforma em 2003, a China tinha cerca de 200 Zonas de Desenvolvimento Econômico e Tecnológico Nacional controladas pelo governo que se estendiam até o interior do país, bem como até 2.000 Zonas de Desenvolvimento sob supervisão regional ou local que não eram controladas diretamente pelo governo central. "Com o tempo, as fronteiras entre as Zonas Especiais e o resto da economia tornaram-se cada vez mais turvas".[78]

No entanto, as reformas econômicas foram indiferentes. As empresas públicas da economia planejada socialista continuaram a coexistir

---

[76] *Ibid.*, 191.

[77] Ten Brink, *Chinas Kapitalismus*, 177.

[78] *Ibid.*, 178.

com empresas privadas de vários tipos e Zonas Econômicas Especiais. Em uma economia capitalista, os empresários se inspiram na flutuação dos preços e investem de acordo, enquanto em uma economia socialista os preços são fixados por funcionários públicos que trabalham para as autoridades de planejamento. Na China, a coexistência de ambos os modelos levou a uma situação caótica de preços. No final da década de 1980, a inflação aumentou rapidamente, com o índice de preços saltando de 9,5% em janeiro de 1988 para 38,6% em agosto do mesmo ano.[79]

Os partidários das reformas interpretaram isso como uma prova de que as medidas tomadas até então não foram suficientemente abrangentes, enquanto seus críticos se agarraram à crença de que os problemas foram causados pelo abandono dos princípios socialistas. A turbulência política que culminou na repressão brutal de uma manifestação estudantil em Pequim em junho de 1989, que, de acordo com estimativas da Anistia Internacional, resultou na perda de várias centenas ou mesmo milhares de vidas,[80] apenas agravou a situação — assim como os eventos que levaram ao colapso dos regimes comunistas na União Soviética e em todo o Leste Europeu socialista. A liderança comunista da China temia uma perda de poder semelhante.

Contra esse cenário, os defensores de reformas mais abrangentes lutaram para se defender contra acusações de que estavam tentando abolir o socialismo e transformar a China em um país capitalista. Embora Deng não ocupasse nenhum cargo público na época, ele

---

[79] Coase and Wang, *How China Became Capitalist*, 92.

[80] Amnesty International, *China: The Massacre of June 1989 and Its Aftermath*, acessado em 20 de Junho de 2018, https://www.amnesty.org/download/Documents/200000/asa170091990en.pdf

decidiu intervir. As entrevistas que ele deu durante uma visita a Shenzhen e Xangai atraíram muita atenção em toda a China. Ele passou cinco dias em Shenzhen e expressou seu espanto com a extensão da transformação da região desde sua última visita em 1984. Ele ficou impressionado com as avenidas magníficas, arranha-céus resplandecentes, ruas comerciais movimentadas e um número aparentemente infinito de fábricas. As pessoas se vestiam com roupas da moda e eram proprietárias de relógios caros e outros itens de luxo. A receita deles era três vezes maior do que no resto da China.[81] O *"Southern Tour"* de Deng fez história e sua crítica aberta aos que se opunham a novas reformas teve destaque na mídia chinesa. Em 21 de fevereiro de 1992, um dia antes de Deng retornar a Pequim, o *Diário do Povo* publicou um artigo de opinião muito discutido sob o título *"Seja Mais Ousado na Reforma"*.[82]

Embora Deng e seus colegas defensores das reformas de livre mercado continuassem a dizer ser a favor do socialismo, eles redefiniram o termo para significar algo bem diferente de uma economia planejada controlada pelo Estado. Para eles, o socialismo era um "sistema aberto que deveria 'recorrer às conquistas de todas as culturas e aprender com outros países, incluindo os países capitalistas desenvolvidos'".[83]

Ao contrário dos líderes políticos da União Soviética e de outros antigos Estados-Membros do bloco oriental, onde a ideologia marxista foi sujeita a duras críticas após o colapso do socialismo, Deng e seus companheiros reformistas na China não denunciaram o Marxismo.

---

[81] Lee, *Macht und Moderne*, 256.

[82] *Ibid.*, 258.

[83] Citado em Coase and Wang, *How China Became Capitalist*, 117.

No entanto, sua versão do Marxismo não tinha nada em comum com as teorias originalmente formuladas por Karl Marx:

> "A essência do Marxismo é buscar a verdade dos fatos. Isso é o que devemos defender, não a adoração de livros. A reforma e a política aberta tiveram sucesso não porque confiamos nos livros, mas porque confiamos na prática e buscamos a verdade dos fatos [...] A prática é o único critério para testar a verdade. "[84]

Cada vez mais, os reformadores venceram. O número de empresas privadas aumentou drasticamente de 237.000 em 1993 para 432.000 no ano seguinte. Os investimentos de capital em empresas privadas multiplicaram-se por 20 entre 1992 e 1995. Só em 1992, 120.000 funcionários públicos deixaram seus empregos e 10 milhões tiraram licença não remunerada para abrir empresas privadas. Milhões de professores universitários, engenheiros e graduados seguiram o exemplo. Até o *Diário do Povo* publicou um artigo com o título *"Quer Ficar Rico, Fique Ocupado!"*[85]

A proclamação oficial da economia de mercado no XIV Congresso do Partido Comunista Chinês em outubro de 1992 — um passo que seria impensável apenas alguns anos antes — provou ser um marco no caminho para o capitalismo. As reformas continuaram ganhando força. Embora o partido não tenha dispensado totalmente o planejamento econômico, a lista de preços fixados pelo governo para matérias-primas, serviços de transporte e bens de capital foi reduzida de 737 para 89, com uma redução adicional para apenas 13 em 2001.

---

[84] *Citado em ibid.*, 120–121.

[85] *Ibid.*, 123.

O CAPITALISMO NÃO É O PROBLEMA, É A SOLUÇÃO

A porcentagem de bens intermediários (ou seja, produtos que são feitos durante um processo de fabricação, mas que também são usados na produção de outros bens) negociados a preços de mercado aumentaram de 0% em 1978 para 46% em 1991 e 78% em 1995.[86]

Em um desenvolvimento paralelo, foram feitas tentativas de reformar as empresas estatais. Sendo anteriormente propriedades públicas, muitas agora eram propriedades parciais de cidadãos privados e investidores estrangeiros. Os seus empregados perderam a garantia do emprego vitalício, embora tenham recebido um pagamento único a título de indenização. O governo também introduziu benefícios de seguridade social.

Os reformadores inicialmente esperavam tornar as empresas públicas mais eficientes, introduzindo esquemas de pagamento relacionados ao desempenho para altos executivos e funcionários. Eles também trouxeram profissionais para substituir os quadros de alto escalão que eram encarregados dos processos de tomada de decisão.[87]

Essas etapas obtiveram algum progresso, bem como elevaram a moral dos funcionários. No entanto, eles não conseguiram resolver a questão-chave, isto é, que as empresas estatais não podem ir à falência. Em uma economia de mercado, há um constante processo de seleção, o que garante a sobrevivência de empresas bem administradas que atendem às demandas dos consumidores, enquanto empresas mal administradas, produtoras de bens que os consumidores não querem comprar, mais cedo ou mais tarde irão à falência e desaparecerão do mercado. Já que as empresas públicas não estão sujeitas a essa seleção,

---

[86] *Ibid.*, 124.

[87] Ten Brink, *Chinas Kapitalismus*, 123.

elas estavam frequentemente em más condições econômicas, com menos de um terço das empresas estatais da China (SOEs) obtendo lucro em meados da década de 1990.[88]

No entanto, a privatização continuou acelerada durante a década de 1990, inclusive com a abertura de capital de várias empresas. Em 1978, as SOEs dependentes das burocracias do governo central ou local ainda representavam 77% da produção industrial total, enquanto as empresas de propriedade coletiva (COEs) — que, embora nominalmente pertencentes aos trabalhadores, eram controladas pelos governos locais ou quadros partidários — constituíam os restantes 23%. Em 1996, a participação das empresas estatais havia caído para um terço da produção industrial total, com as COEs (36%), as empresas privadas (19%) e as empresas com financiamento estrangeiro (12%) representando o restante. Com o número total de empresas estatais caindo 50% entre 1996 e 2006, entre 30 milhões e 40 milhões de pessoas empregadas por empresas estatais perderam seus empregos.[89]

Uma forte competição entre as Zonas Econômicas Especiais e Industriais surgiu em toda a China. Os investidores estrangeiros foram recebidos de braços abertos e começaram a descobrir a China, tanto como uma base manufatureira, quanto como um novo mercado de exportação para bens de consumo fabricados em outros lugares.

Como isso aconteceu? A liderança política chinesa nunca seguiu uma política oficial de privatização de empresas públicas.[90] Em vez disso, a esperança era ser capaz de manter a propriedade pública,

---

[88] Coase and Wang, *How China Became Capitalist*, 143.

[89] Ten Brink, *Chinas Kapitalismus*, 126–127.

[90] Zhang, *The Logic of the Market*, 79.

O CAPITALISMO NÃO É O PROBLEMA, É A SOLUÇÃO

concedendo um nível suficiente de autonomia às empresas em questão e incentivando adequadamente sua gestão. No entanto, essa abordagem falhou por razões analisadas pelo renomado economista chinês Zhang Weiying: a partir de meados da década de 1990, muitas das empresas públicas, que já haviam alcançado um alto nível de autonomia, passaram a vender seus produtos a preços muito baixos, frequentemente abaixo do custo de produção. As perdas incorridas foram absorvidas por subsídios governamentais.[91]

Em uma economia de mercado baseada na propriedade privada, existem fortes incentivos para que as empresas construam e mantenham uma boa reputação. Para as empresas estatais da China, isso era muito menos importante. Seus executivos estavam mais interessados em aumentar sua receita em curto prazo. Como não há como os consumidores sancionarem práticas desonestas de executivos de empresas públicas, a fraude foi um problema frequente.[92] Não ter a liberdade de negociar o nome da empresa — na qual está embutido o valor do ativo intangível da reputação — no mercado livre removeu ainda mais o incentivo para proteger a reputação de uma empresa.

Houve, também, uma série de privatizações que aconteceram espontaneamente ou por instigação dos governos locais. Muitas empresas estatais não eram competitivas o suficiente para sobreviver nas condições de mercado. Como Zhang demonstra, a descentralização e a introdução da competição econômica desencadearam uma dinâmica que fez com que a participação das empresas estatais caísse de cerca de 80% da produção industrial total em 1978 para pouco

---

[91] *Ibid.*, 61 et seq.

[92] *Ibid.*, 75–76.

mais de um quarto em 1997. Mais uma vez, as forças de mercado da competição econômica provara ser "muito mais poderosas do que a ideologia", apesar do fato de que a privatização nunca foi adotada como uma política oficial do governo.[93]

Para entender a dinâmica das reformas chinesas, é crucial notar que a extensão em que foram iniciadas "de cima" foi apenas uma parte do todo. Muitos fatores contribuintes aconteceram espontaneamente — um triunfo das forças de mercado sobre a política governamental. "As principais inovações institucionais foram instigadas, não nos escritórios do Politburo[94], mas por inúmeros agentes anônimos atuando em nível local e, em muitos casos, contra as regras."[95]

Esta é uma das razões pelas quais a economia de mercado chinesa funciona melhor do que os "mercados livres" na Rússia e em outros países do antigo bloco oriental comunista, onde as reformas foram frequentemente impostas de um dia para o outro, ao invés de evoluir lentamente de baixo para cima. Na China, isso era mais facilmente possível porque, mesmo sob Mao, o governo nunca havia seguido uma política econômica prática tão rigorosa quanto na União Soviética, por exemplo. Embora o planejamento econômico ainda esteja teoricamente em vigor na China hoje, a economia chinesa nunca esteve sujeita aos mesmos controles rígidos e metas estabelecidas pelo governo como outras economias planejadas mais tradicionais.

"Na China, as instituições políticas agindo de acordo com o plano não constituem necessariamente o estado normal das coisas. Em vez

---

[93] *Ibid.*, 79.

[94] *Comitê central do Partido Comunista Chinês*

[95] Ten Brink, *Chinas Kapitalismus*, 114.

O CAPITALISMO NÃO É O PROBLEMA, É A SOLUÇÃO

disso, suas ações rotineiramente vão contra o plano, comprometendo ou neutralizando os regulamentos. Apesar da profissionalização dos processos burocráticos, os indivíduos em altos cargos detêm uma grande autoridade para contornar ou interpretar os regulamentos de maneiras idiossincráticas."[96]

Esta descrição representa a transformação da China do socialismo para o capitalismo. Embora termos como "socialismo", "planejamento econômico", "Marxismo" e "pensamento de Mao Zedong" permaneçam em uso, eles ou se tornaram irrelevantes por reinterpretações contemporâneas, ou um novo significado foi atribuído em oposição diametral ao seu conteúdo original. Isso provavelmente contribuiu muito para a transição tranquila de uma economia planejada socialista para o capitalismo de livre mercado.

Embora o partido no poder da China continue a se referir a si mesmo como "comunista", na realidade agora é comunista apenas no nome. É certo que a China não se tornou uma democracia, mas essa nunca foi a intenção de Deng. Ao mesmo tempo, seria igualmente errado negar que o sistema político passou por mudanças significativas. A remoção dos cargos de influência daqueles dentro do partido que permaneceram fiéis ao legado socialista de Mao e lutaram contra as reformas, temendo, com bons motivos, que levassem a China ao capitalismo, foi o pré-requisito para o sucesso de uma transformação que, por sua vez, levou ao que foi provavelmente o maior e mais rápido crescimento em prosperidade da história da humanidade.

---

[96] *Ibid.*, 269.

O desenvolvimento da China nas últimas décadas demonstra que a aceleração do crescimento econômico — mesmo quando acompanhado pelo aumento da desigualdade — beneficia a maioria da população. Centenas de milhões de pessoas na China estão muito melhores hoje como resultado direto da instrução de Deng "deixe algumas pessoas ficarem ricas primeiro". Os resultados confirmam que Deng estava certo ao fazer do desenvolvimento econômico a principal prioridade de seu governo: as regiões com o crescimento mais rápido do PIB também viram a queda mais rápida na taxa de pobreza. A extensão em que a mobilidade de renda aumentou em todo o país também é muito notável.[97] A lacuna entre ricos e pobres também aumentou durante este período, elevando o coeficiente de Gini nacional, que mede a diferença de renda, para 0,47 em 2012 (um nível no qual manteve-se estável até hoje). É importante notar que a distribuição de renda é mais igual nas áreas urbanas do que nas rurais.

Nesse contexto, Zhang aponta uma série de descobertas aparentemente paradoxais baseadas em sua análise de estatísticas inter-regionais. A diferença de renda relativa é mais estreita nas regiões com o maior PIB *per capita*, enquanto "regiões com crescimento de renda relativamente baixo têm as diferenças de renda relativa maiores".[98]

Embora fosse de se esperar que as regiões onde as empresas estatais restantes tenham uma parcela maior da economia apresentassem diferenças de renda menores do que aquelas com parcelas maiores de empresas privadas, as estatísticas mostram que o oposto é verdadeiro. Da mesma forma, pode-se esperar que a distribuição

---

[97] Zhang, *The Logic of the Market*, 286.

[98] *Ibid.*, 287.

de renda seja menos desigual em regiões com maiores gastos do governo em proporção do PIB. Novamente, o oposto é verdadeiro.[99] Zhang cita uma série de outras estatísticas que desmentem os clichês, incluindo a observação de que as diferenças de renda são menores em áreas onde os mercados são mais abertos e as empresas obtêm os maiores lucros.[100]

Apesar de todos os desenvolvimentos positivos que a China viu nas últimas décadas, ainda há muito a ser feito. Embora seu crescimento econômico tenha sido acompanhado por um aumento da liberdade econômica, ainda existem déficits em muitas áreas. Embora o Índice de Liberdade Econômica de 2018 classifique a China entre os países com maior crescimento em liberdade econômica,[101] na classificação geral ele ainda permanece em 110º lugar.[102] Em termos de indicadores individuais (ver o Capítulo 8 para obter informações mais detalhadas), a pontuação da China para "saúde fiscal", "liberdade comercial", "gastos do governo", "liberdade monetária" e "carga tributária" já está dentro da faixa aceitável. Infelizmente, o mesmo não pode ser dito para "liberdade de investimento", "liberdade financeira", "direitos de propriedade", "integridade governamental" e "liberdade empresarial".

Em outras palavras, a China tem uma grande necessidade de novas reformas e um grande potencial para melhorias e crescimento. Zhang, que, além de ser certamente o analista mais astuto da economia

---

[99] *Ibid.*, 288.

[100] *Ibid.*, 290.

[101] Heritage Foundation, *2018 Index of Economic Freedom* (Washington, DC: Institute for Economic Freedom, 2018), 39–40.

[102] *Ver ibid.*, 5.

chinesa, contribuiu significativamente para o seu desenvolvimento, destaca:

"As reformas da China começaram com um governo todo-poderoso sob a economia planejada. A razão pela qual a China foi capaz de sustentar seu crescimento econômico durante o processo de reforma foi porque o governo interveio menos e a proporção de empresas estatais diminuiu, e não o oposto. Foi precisamente o relaxamento do controle governamental que gerou preços de mercado, empresas em nome individual, empresas nas cidades e nas vilas, empresas privadas, empresas estrangeiras e outras entidades não estatais."[103]

Tudo isso, observado em conjunto, foi o que formou a base para o crescimento econômico sem precedentes da China.

Os comentaristas frequentemente citam a forte influência do Estado na transformação econômica do país como evidência de que o caminho da China para o capitalismo foi um caso especial. No entanto, dada a natureza dessa transformação de uma economia socialista controlada pelo Estado para uma economia capitalista, isso é menos excepcional do que pode parecer à primeira vista. Em muitos aspectos, não havia nada de especial no caminho que a China tomou, como Zhang aponta:

"Na verdade, o desenvolvimento econômico da China é fundamentalmente o mesmo que alguns desenvolvimentos econômicos nos países ocidentais — como a Grã-Bretanha durante a Revolução Industrial, os

---

[103] Zhang, *The Logic of the Market*, xii–xiii.

EUA no final do século 19 e início do século 20, e alguns países do Leste Asiático, como Japão e Coreia do Sul após a Segunda Guerra Mundial. Uma vez que as forças de mercado são introduzidas e os incentivos certos são estabelecidos para as pessoas buscarem riqueza, o milagre do crescimento virá mais cedo ou mais tarde."[104]

Em última análise, o segredo do sucesso da China foi a liberalização gradual da economia do controle estatal e a reorientação das aspirações dos cargos no governo para o empreendedorismo. Este último fator, em particular, é uma lição a que aconselha-se que outros países — que estejam embarcando no caminho para o capitalismo, o crescimento econômico e a prosperidade — deem atenção: "Assim, podemos concluir que a alocação de talentos empreendedores entre o governo e as empresas é um dos determinantes mais importantes — mesmo que não o único determinante — do desenvolvimento de uma economia."[105] A importância dessa observação não pode ser sobrestimada: antes das reformas, rendas mais altas e status social eram reservados para aqueles que trabalhavam no governo. Como Zhang aponta, "Ao longo da década de 1980, o empreendedorismo ocupava uma posição muito baixa em *status* social e político, e o trabalho governamental ainda era a ocupação mais atraente para todos os chineses".[106]

As coisas finalmente começaram a mudar na década de 1990, quando a liberalização começou a ganhar força, após o XIV Congresso do Partido Comunista Chinês em particular. Cada vez mais, os

---

[104] *Ibid.*, 158.

[105] *Ibid.*, 162.

[106] *Ibid.*, 177.

talentos mais brilhantes não desejavam mais trabalhos seguros como funcionários do governo — em vez disso, sua maior ambição era se tornarem empresários, o que aumentaria seu *status* junto com sua renda. Os chineses rurais foram os primeiros a abraçar o trabalho autônomo, seguido por uma segunda fase de ex-funcionários públicos assumindo empresas que antes administravam como funcionários do governo. Finalmente, muitos dos dezenas de milhares de jovens chineses que retornaram de seus estudos no exterior se juntaram ao grupo dos novos empresários.[107]

Nada disso teria sido possível se não fosse pela legalização do direito à propriedade privada. Esta não foi uma transição da noite para o dia para direitos de propriedade completos no estilo ocidental, mas sim um processo gradual que começou no início dos anos 1980 e, em 2004, culminou na introdução de uma nova constituição, que reconheceu oficialmente, os direitos de propriedade privada.[108] Houve muitas medidas provisórias, incluindo a transição gradual das empresas públicas para a propriedade de sua gestão.

Como Zhang enfatiza, esse processo de transformação está longe de ser concluído hoje: "O controle do governo sobre grandes quantidades de recursos e a intervenção excessiva na economia são a causa direta do nepotismo entre oficiais e empresários, são um terreno fértil para a corrupção governamental, cultura comercial seriamente corrupta, e prejudicam as regras do jogo do mercado." Consequentemente, ele vê uma forte necessidade de novas reformas "em direção à mercantilização, redução do controle do governo sobre os recursos e intervenção

---

[107] *Ibid.*, 185 et seq.
[108] *Ibid.*, 161.

O CAPITALISMO NÃO É O PROBLEMA, É A SOLUÇÃO

na economia, e a criação de uma verdadeira sociedade de Estado de direito e políticas democráticas".[109] Resta saber se a China seguirá ou não esse caminho.

O processo de reforma nunca foi tranquilo e consistente — ao contrário, foi marcado por retrocessos frequentes, especialmente nos últimos anos, quando instâncias de intervenção governamental na economia atrasaram o processo de reforma. O desenvolvimento positivo da China continuará apenas se ela permanecer fiel ao seu curso atual de direcionar a economia para a introdução de mais elementos de mercado livre, que têm sido a base para o enorme sucesso do país nas últimas décadas. "Dos anos 1950 a 30 anos atrás, acreditamos na economia planejada", diz Zhang.

> "O resultado foi um desastre tremendo. Se continuarmos a depositar nossas esperanças no plano do governo e a usar grandes empresas estatais para desenvolver a economia da China, não teremos absolutamente nenhuma perspectiva para o futuro. Somente se seguirmos em direção à lógica do mercado, o futuro da China será brilhante!"[110]

Em agosto de 2018, fiz um *tour* por cinco metrópoles chinesas. Diante de uma grande audiência em uma palestra em Xangai, pedi a todos que levantassem as mãos se estivessem melhor hoje do que seus pais há 30 anos. Todas as mãos foram levantadas. Então, em Pequim, tive o prazer de conhecer o professor Zhang Weiying. Falamos longamente sobre o desenvolvimento econômico da China. Ele me

---

[109] *Ibid.*, xiii–xiv.
[110] *Ibid.*, 18.

disse que o maior equívoco na China hoje é que alguns políticos e economistas acreditam que o crescimento impressionante do país é o resultado de um "jeito chinês" especial com alto grau de influência do Estado. O professor Zhang Weiying enfatizou que é importante entender que o milagre econômico chinês não aconteceu "por causa, mas apesar" da influência sustentada do Estado.

CAPÍTULO 2

ÁFRICA: CAPITALISMO É MAIS EFICAZ CONTRA A *POBREZA* DO QUE *AJUDA AO DESENVOLVIMENTO*

Em 1990, a ONU assumiu o compromisso de reduzir a pobreza global em 50% em 25 anos. O fato de essa meta ambiciosa ter sido alcançada se deve em grande parte ao sucesso da China. No mesmo período, a porcentagem da população vivendo abaixo do nível de pobreza diminuiu de 56,8% para 42,7% em todo o continente africano.[111] No entanto, com 20% dos africanos sofrendo de fome — uma porcentagem maior do que em qualquer outro lugar do mundo — ainda há um longo caminho a percorrer.[112]

O continente africano tem um histórico sem precedentes de dar origem às impressões distorcidas. Em maio de 2000, *The Economist* publicou uma reportagem de capa intitulada *"O Continente Sem Esperança"*. A imagem da capa mostrava um homem africano fortemente armado. Quase 12 anos depois, em dezembro de 2011, outra

---

[111] Andreas Freytag, "Ist Afrikas wirtschaftliche Entwicklung nachhaltig?" em *Praxishandbuch Wirtschaft in Afrika*, editado por Thomas Schmidt, Kay Pfaffenberger e Stefan Liebing (Wiesbaden: Springer Gabler, 2017), 43.

[112] *World Food Programme, "Zero Hunger," acessado em 20 de Junho de 2018,* http://de.wfp.org/hunger/hunger-statistik.

capa dedicada à África mostrava um africano empinando uma pipa, com a manchete *"Ascensão africana"*.[113] O editor-chefe da revista admite com pesar: "As pessoas fizeram um grande esforço para me mostrar que se você investisse em uma cesta de ações africanas no dia em que declaramos a África um 'continente sem esperança', você estaria se dando muito bem hoje."[114] De fato, os investidores que compraram ações na NSE All Share Kenia em 2012 teriam dobrado seu dinheiro em cinco anos.

As ideias ocidentais sobre a vida africana tendem a evocar imagens de um tipo diferente — animais majestosos ou humanos vivendo em uma miséria deplorável. "Os africanos que não são animais, déspotas ou Nelson Mandela são retratados como sofredores da pobreza, guerra e doenças. Lembre-se dos dois últimos filmes que você viu com africanos neles. Você vai entender o que quero dizer",[115] diz o especialista em África Jonathan Berman em seu livro *Success in Africa*. As estrelas pop ocidentais que realizam grandes shows em estádios para arrecadar dinheiro e conscientização para a luta contra a pobreza na África fizeram sua parte para popularizar essa imagem, que, embora não seja totalmente errada, é enganosa, porque mostra apenas parte do cenário. Sua agenda ecoa as demandas feitas pelos críticos de esquerda da globalização por mais ajuda financeira para a África. Esta, eles acreditam, é a solução para os problemas do continente.

---

[113] Jonathan Berman, *Success in Africa: CEO Insights from a Continent on the Rise* (Brookline, MA: Bibliomotion, 2013), 18.

[114] *Citado em ibid.*, 19

[115] *Ibid.*, 9.

O auxílio ao desenvolvimento tem um belo elo moral e, na opinião de algumas pessoas, constitui uma espécie de expiação quase religiosa pelos pecados do colonialismo e da "exploração do Terceiro Mundo" pelos países capitalistas. Mas ele realmente alcança o que seus defensores esperam? Em 2002, o então presidente senegalês Abdoulaye Wade disse: "Nunca vi um país se desenvolver por meio de ajuda ou crédito. Os países que se desenvolveram — na Europa, América, Japão, e outros países asiáticos como Taiwan, Coreia e Singapura — acreditam em mercados livres. Não há mistério aí. A África tomou o caminho errado depois da independência."[116] O caminho a que ele se refere, tomado pela maioria dos países africanos após o colonialismo, foi o socialismo, de uma forma ou de outra.

No Egito, o "Nasserismo" foi introduzido como uma versão árabe do socialismo. A Eritreia começou a adotar um Marxismo-Leninismo de estilo albanês no início da década de 1990, enquanto Gana seguia o modelo soviético de uma economia socialista planejada e coletivização da agricultura. O Congo era governado por um partido com uma ideologia marxista-leninista, enquanto Madagascar adotava uma constituição socialista baseada no modelo da China e da Coreia do Norte. Moçambique era governado por um partido marxista-leninista. Angola, Mali, Guiné, Uganda, Senegal, Sudão, Somália, Zâmbia, Zimbábue, Tanzânia e outros países africanos também aderiram a modelos socialistas. Muitos africanos sonhavam com uma forma distinta de "socialismo africano" que se baseava em valores indígenas como o conceito de comunidades tribais, e deveria oferecer uma

---

[116] Citado em Dambisa Moyo, *Dead Aid: Why Aid Is Not Working and How There Is a Better Way for Africa* (New York: Farrar, Straus & Giroux, 2009), 108.

alternativa ao capitalismo tanto quanto às versões de socialismo praticadas na União Soviética e em outros países do bloco oriental.

Os resultados econômicos foram ainda mais desastrosos do que nos países socialistas do bloco oriental. Um sistema econômico falho é apenas um dos muitos fatores causando pobreza na África, onde ainda faltam instituições políticas estáveis em muitos países, enquanto as guerras civis entre tribos inimigas ou grupos étnicos diferentes continuam a separar o continente.

Auxílio ao desenvolvimento: inútil, na melhor das hipóteses, e contra-produtivo, na pior

Dambisa Moyo, nascida na Zâmbia, que estudou em Harvard e fez doutorado em Oxford, aponta a ajuda ocidental ao desenvolvimento como uma das razões para o fracasso em livrar a África da pobreza. "Nos últimos cinquenta anos, mais de US$ 1 trilhão em ajuda relacionada ao desenvolvimento foi transferido dos países ricos para a África", ressalta Moyo em seu livro de 2009, *Dead Aid*.

"Mas mais de US$ 1 trilhão em assistência ao desenvolvimento nas últimas décadas melhorou a situação dos africanos? Não. Na verdade, em todo o mundo, os receptores dessa ajuda estão em uma situação pior; muito pior. A ajuda ajudou a tornar os pobres mais pobres e o crescimento mais lento ...

A noção de que a ajuda pode aliviar a pobreza sistêmica, e tem feito isso, é um mito. Milhões na África estão mais pobres hoje por causa da ajuda; a miséria e a pobreza não acabaram, mas aumentaram. A ajuda foi, e continua a ser, um desastre político, econômico e humanitário absoluto para a maior parte do mundo em desenvolvimento."[117]

Para deixar claro, a crítica de Moyo não é dirigida contra o alívio à fome e de desastres especificamente, mas contra as transferências financeiras de longo prazo destinadas a impulsionar o desenvolvimento econômico. Esses fundos frequentemente acabam nas mãos de déspotas corruptos, e não nas mãos dos pobres.

> "Mesmo quando a ajuda não foi roubada, ela foi improdutiva. O verdadeiro teste será a prática, e muito claramente a preponderância da evidência está deste lado. Dada a atual situação econômica da África, é difícil ver como qualquer crescimento registrado é um resultado direto do auxílio. Na verdade, as evidências dos últimos cinquenta anos apontam para o contrário — crescimento mais lento, maior pobreza, e a África ficou de fora da escada econômica."[118]

Um estudo do Banco Mundial descobriu que até 85% dos fluxos de ajuda foram usados "para fins diferentes daqueles para os quais foram inicialmente destinados, muitas vezes desviados para empreendimentos improdutivos, se não grotescos".[119] Mesmo quando esses fundos são gastos em projetos que alcançam resultados positivos, suas consequências de longo prazo frequentemente superam quaisquer ganhos de curto prazo. Para ilustrar esse efeito pernicioso, Moyo conta a história de um fabricante local de mosquiteiros que fabrica cerca de

---

[117] *Ibid.*, 5.

[118] *Ibid.*, 28.

[119] *Ibid.*, 36.

500 mosquiteiros por semana. Cada um dos seus dez funcionários sustenta pelo menos 15 parentes. Então, uma estrela do cinema de Hollywood bem intencionada convence os governos ocidentais a coletar e enviar 100.000 mosquiteiros para a região, ao custo de um milhão de dólares. Os mosquiteiros chegam, colocando prontamente o fabricante dos mosquiteiros fora do mercado e obrigando os 150 dependentes de seus trabalhadores a viver de doações.[120]

Como Moyo aponta, a pobreza na África aumentou de 11% para 66% entre 1970 e 1998, quando os fluxos de ajuda para a África estavam em seu pico.[121] Ela argumenta que a ajuda externa

"apoia governos corruptos — fornecendo-lhes dinheiro que pode ser usado livremente. Esses governos corruptos interferem no estado de direito, no estabelecimento de instituições civis transparentes e na proteção das liberdades civis, tornando tanto o investimento doméstico quanto o estrangeiro nos países pobres pouco atraentes."[122]

Isso, por sua vez, inibe o desenvolvimento de uma economia capitalista ativa, e, portanto, leva à estagnação econômica e a uma "cultura de dependência de auxílio" que incentiva "os governos a apoiar setores públicos grandes, de difícil controle e, muitas vezes, improdutivos — apenas outra forma de recompensar seus comparsas".[123]

---

[120] *Ibid., 39.*

[121] *Ibid., 5.*

[122] *Ibid., 43.*

[123] *Ibid., 55.*

O CAPITALISMO NÃO É O PROBLEMA, É A SOLUÇÃO

James Shikwati, diretor da Rede Econômica Interregional em Nairóbi, Quênia, confirma: "Se o Ocidente cancelasse esses pagamentos, os africanos comuns nem perceberiam. Apenas os funcionários seriam duramente atingidos".[124] Shikwati explica:

"Enormes burocracias são financiadas, a corrupção e a complacência são promovidas, os africanos são ensinados a ser mendigos e a não serem independentes. Além disso, o auxílio ao desenvolvimento enfraquece os mercados locais em todos os lugares e diminui o espírito de empreendedorismo de que tanto precisamos. Por mais absurdo que possa parecer: o auxílio ao desenvolvimento é uma das razões dos problemas da África."[125]

William Easterly, professor de Economia e Estudos Africanos na Universidade de Nova York, acredita que a ajuda externa é amplamente inútil e frequentemente contraproducente. Ao longo de duas décadas, "os doadores de ajuda externa gastaram dois bilhões de dólares na Tanzânia ... construindo estradas", ele relata. "A rede rodoviária não melhorou. As estradas se deterioraram mais rápido do que os doadores construíram novas, devido à falta de manutenção." Enquanto as estradas ficaram em mau estado, a burocracia prosperou. "A Tanzânia produziu mais de 2.400 relatórios por ano para seus doadores de ajuda, que enviaram ao beneficiário necessitado mil missões de doadores oficiais por ano." A ajuda externa falhou em

---

[124] Citado em David Signer, "Entwicklungshilfe statt Entwicklung? Die fragwürdige Bilanz eines überholten Konzeptes," em *Das Ende der Armut: Chancen einer globalen Marktwirtschaft*, editado por Christian Hoffmann e Pierre Bessard (Zürich: Liberales Institut Zürich, 2012), 94–95.

[125] *Citado em ibid.*, 97–98.

abastecer as estradas que eram extremamente necessárias, embora "tenha fornecido muito de algo para o que os pobres provavelmente tinham pouco uso".[126]

Da economia de controle estatal para a economia de mercado livre?

Se o auxílio ao desenvolvimento para os países africanos provou ser, em grande parte, inútil, ou mesmo contraproducente, o afastamento dos sistemas controlados pelo Estado para os sistemas de mercado livre trouxe melhores resultados? No final da década de 1980, quando o colapso do socialismo na União Soviética e nos países do bloco oriental demonstrou, de modo convincente, o triunfo do capitalismo como sistema superior, muitos países africanos começaram a privatizar suas economias, dando as costas aos modelos controlados pelo Estado. Em 1990, 40 países da África subsaariana concordaram em reestruturar medidas propostas pelo Fundo Monetário Internacional (FMI). Isso incluiu a privatização de empresas públicas como um componente chave. Em todos os setores — fabricação e indústria, agricultura, turismo, serviços, comércio, transporte, finanças, energia, mineração, água, eletricidade e telecomunicações — "a participação do governo no capital corporativo caiu de quase 90 por cento para apenas 10 por cento da propriedade em seis anos".[127]

---

[126] William Easterly, *The White Man's Burden: Why the West's Efforts to Aid the Rest Have Done So Much Ill and So Little Good* (Oxford: Oxford University Press, 2006), 123.

[127] Moyo, *Dead Aid*, 49.

O CAPITALISMO NÃO É O PROBLEMA, É A SOLUÇÃO

Países como a Nigéria, que hoje é um dos principais líderes econômicos do continente junto com a África do Sul, desregulamentaram completamente todos os antigos monopólios estatais para estabelecer um sistema de livre mercado. Com uma única exceção — a Eritreia, que manteve uma economia controlada pelo Estado —, os sistemas mais ou menos orientados para o mercado livre são dominantes em todo o continente africano hoje,[128] embora continuem a ser atormentados por problemas significativos que dificultam o crescimento econômico. Embora a privatização tenha criado uma importante pré-condição para resolver esses problemas, ela provou ser apenas uma condição necessária para mais crescimento, não sendo suficiente para superar as causas muito mais complexas da pobreza em toda a África. Em muitos países, o desenvolvimento econômico é impedido por enormes dívidas, enquanto a privatização fez pouco para combater a corrupção e as mentalidades culturais que representam obstáculos ao crescimento.

Easterly fornece muitas evidências do mundo real para uma explicação que é crucial para a compreensão da evolução do capitalismo: "Os mercados livres funcionam, mas as reformas do mercado livre muitas vezes não funcionam".[129] Por natureza, e em distinto contraste com os modelos socialistas de planejamento econômico, o capitalismo é uma ordem social que surge como resultado de um desenvolvimento espontâneo, ao invés de um sistema que depende da invenção e de projetos humanos. As tentativas de cima para baixo do Banco Mundial e do FMI de impor uma economia de mercado livre aos países africanos

---

[128] Freytag, *"Ist Afrikas wirtschaftliche Entwicklung nachhaltig?,"* 50.
[129] Easterly, *The White Man's Burden*, 53.

no início da década de 1990 estavam fadadas ao fracasso, da mesma forma que qualquer tentativa de impor a democracia em um país sem tradições democráticas orgânicas.

> "Tentar mudar as regras de uma vez com a rápida introdução de mercados livres rompeu os antigos laços, enquanto as novas instituições formais ainda eram muito fracas para fazer os mercados livres funcionarem bem. O movimento gradual para mercados mais livres teria dado aos participantes mais tempo para ajustar seus relacionamentos e negociações."[130]

Ao contrário dos equívocos comuns, há mais no capitalismo e na economia de livre mercado do que privatização. O Índice de Liberdade Econômica, publicado anualmente pela *Heritage Foundation*, usa 12 critérios para medir a liberdade econômica.[131] O índice de 2018 mostra uma perspectiva desanimadora para a grande maioria dos países africanos. Além da Coreia do Norte e da Venezuela, a categoria de pontuação mais baixa é composta em grande parte por países africanos, incluindo Zimbábue, Argélia, Guiné, Angola, Sudão e Moçambique.

Uma análise mais detalhada dos fatores por trás da falta de liberdade econômica nesses países aponta três questões principais. No índice da *Heritage Foundation*, os países da África subsaariana têm a pontuação mais baixa em "direitos de propriedade", "eficácia judicial" e "integridade do governo".[132] Em outras palavras, os direitos de propriedade não são garantidos de forma suficiente, nem há qualquer garantia do processo judicial justo.

---

[130] *Ibid.*, 78.

[131] *Ver Capítulo 8.*

[132] Heritage Foundation, *2018 Index of Economic Freedom*, 63.

Corrupção: causas e consequências

A corrupção administrativa e política ainda prevalece nesses países. A Namíbia, que alcançou uma pontuação geral de 58,5 de 100 para "liberdade econômica" no índice da *Heritage Foundation*, obteve apenas 45,4 para "integridade do governo", enquanto o Zimbábue se saiu ainda pior com uma pontuação de 18,9 de 100[133] (em comparação com 71,9 para os EUA, 75,3 para a Alemanha e 93,6 para a Noruega).[134] As análises da organização anticorrupção *Transparency International* destacam as causas profundas dos problemas da África. A organização desenvolveu um índice para medir e comparar a percepção da corrupção em diferentes países.[135] Nenhum dos 54 países africanos chegou aos 20 países com pontuação mais baixa. Por outro lado, dos 20 países com as pontuações mais altas de corrupção, dois terços estão na África. A Somália está em último lugar entre os 176 países incluídos no índice.

O sociólogo alemão Jörn Sommer passou vários anos pesquisando a corrupção na África, usando Benin como exemplo. Ele culpa as dificuldades de descobrir e combater a corrupção no que ele chama de "comunidade repressiva de compreensão", que interpreta até mesmo auditorias rotineiras de gestão de empresas — que são práticas padrão em todo o mundo — como uma forma de 'criar problemas'. Consequentemente, os membros da comunidade evitam discordar,

---

[133] *Ibid.*, 5 and 7.

[134] *Ibid.*, 3.

[135] Transparency International, *Corruption Perceptions Index 2017* (2018), acessado em 29 de Maio de 2018, https://www.transparency.org/news/feature/corruption_perceptions_index_2017.

pois o denunciante que descobrir atos de corrupção terá maior probabilidade de ser ostracizado do que a pessoa que os cometeu. Qualquer crítica é abafada por apelos à "harmonia" e "acordo mútuo". No pior cenário, fundos desviados são "distribuídos" — leia-se: usados como subornos — a fim de restaurar a paz.[136]

Nos países africanos, espera-se que os homens possam alimentar famílias numerosas de até 40 pessoas. A recusa de um servidor público em aceitar subornos seria recebida com indignação por sua família e pela comunidade em geral, que interpretaria isso como uma negligência do dever. Questionados sobre o que pensariam de um homem que, depois de seu mandato como ministro das finanças, voltou para sua modesta casa em uma pequena cidade, estudantes da Universidade da Nigéria disseram que ele seria um "tolo", "retardado mental" e "incompetente".[137]

James Mworia, CEO da *Centrum Investments*, a maior empresa de investimentos do Leste Africano listada na bolsa de valores, diz: "Steve Jobs não é do Quênia, por quê? Porque o Steve Jobs deste mundo não foi capaz de navegar a corrupção [...] Provavelmente havia centenas desses grandes empreendedores e grandes ideias que não puderam florescer por este motivo."[138]

Por causa da corrupção e da ordem econômica ineficiente, o impacto das medidas de redução da dívida para os países africanos, parecido com a iniciativa de 2005 pelos ministros das finanças do G8, é limitado. Para ser verdadeiramente eficaz, seria necessário

---

[136] *Citado em Signer, "Entwicklungshilfe statt Entwicklung?"*, 88.

[137] Berman, *Success in Africa*, 121.

[138] *Ibid.*, 117.

O CAPITALISMO NÃO É O PROBLEMA, É A SOLUÇÃO

acompanhar a criação de instituições funcionais, medidas anticorrupção eficientes e reformas sistemáticas pró-mercado. Caso contrário, a redução da dívida conseguirá muito pouco, como várias tentativas no passado mostraram. Aliás, em alguns casos, elas até tiveram o efeito oposto e criaram incentivos negativos. Veja o exemplo da Uganda: no ano 2000, Uganda tinha uma dívida total de US$ 3,2 bilhões e foi beneficiário da redução da dívida no valor de US$ 2 bilhões. Seis anos depois, a dívida de Uganda era de quase US$ 5 bilhões. Enquanto isso, o presidente do país, Yoweri Kaguta Museveni, deu a si mesmo um jato no valor de US$ 35 milhões e aumentou sua equipe para 109 assessores e 69 ministros.[139]

Como Easterly demonstra, a redução da dívida e os repetidos empréstimos do FMI e do Banco Mundial não alcançaram os resultados desejados. Quando a carga da dívida tornou-se tão extrema que o FMI e o Banco Mundial, pela primeira vez em sua história, perdoaram parte dos seus próprios empréstimos, isso apenas removeu qualquer incentivo para os países devedores alcançarem o crescimento que lhes permitiria pagar suas dívidas.[140]

Um dos maiores problemas da África é a falta de garantias legais, o que afeta principalmente os pequenos empresários. Com base em sua extensa pesquisa sobre as razões dos problemas econômicos dos países em desenvolvimento, o economista Hernando de Soto destaca a dimensão do problema.[141] Nesses países, as transações comerciais

---

[139] Signer, "Entwicklungshilfe statt Entwicklung?," 94.

[140] Easterly, The White Man's Burden, 164.

[141] Para ler esses argumentos, ver Hernando de Soto, "Eigentumsrechte und Märkte," LI-Paper (May 2016), accessed 29 June 2018, www.libinst.ch/publikationen/LI-Paper-De-Soto-Eigentum.pdf.

informais respondem pela maior parte da economia. Embora não se enquadrem estritamente no domínio da legalidade, elas fornecem o sustento de grande parte da população. Os pequenos empresários que comercializam bens ou dirigem pequenos negócios sem a aprovação do governo assumem total responsabilidade, sem recurso legal para quaisquer riscos, tornando-se vulneráveis à extorsão por funcionários corruptos. A falta de garantias legais para os direitos de propriedade significa que, muitas vezes, não conseguem fazer empréstimos.

É difícil superestimar a importância desta economia informal nos países africanos. De acordo com estimativas publicadas entre 2000 e 2006, esse setor gerou 42% do PIB total da África e criou empregos para 78% da força de trabalho nos países subsaarianos (exceto África do Sul). Nas áreas rurais, até 90% de todos os trabalhadores não agrícolas ganhavam a vida na economia informal.[142] O provedor de telecomunicações Celtel iniciou seu novo empreendimento no Congo em 2007 com baixas expectativas, devido ao baixo índice do PIB *per capita*, e ficou surpreso quando 10.000 novos clientes assinaram contratos no primeiro mês, 2.000 deles na primeira semana, todos pagos em dinheiro.[143] Consequentemente, os números oficiais do PIB citados neste capítulo não contam toda a história.

---

[142] Essas estimativas são baseadas nos relatórios publicados entre 2002 e 2006; ver Vijay Mahajan, Africa Rising: *How 900 Million African Consumers Offer More than You Think* (New Jersey: Prentice Hall, 2009), 42 et seq.

[143] *Ibid.*, 42 et seq.

África: um continente em mudança

Muitas pessoas não estão cientes do tamanho da África, que é mal representado nos mapas mais usados do mundo. Voar do norte ao sul do continente leva tanto tempo quanto voar de Los Angeles a Frankfurt. A África é maior do que as áreas combinadas dos EUA, China, Índia, Espanha, Alemanha, França, Itália e Leste Europeu.[144]

Ao longo dos últimos dez anos, alguns países africanos tiveram um desenvolvimento significativo. A mídia ocidental mostra principalmente imagens de refugiados desesperados vindo para a Europa em busca de uma vida melhor, mas, novamente, este é apenas um lado da história. A África é um grande continente cheio de contradições e contrastes. De acordo com a classificação dos países na *Heritage Foundation* pelo grau de liberdade econômica que oferecem, os países africanos são divididos em quatro grupos: Maurícia tem o maior nível de liberdade econômica, seguido por Botswana, Ruanda, África do Sul, Uganda, Costa do Marfim, Seychelles, Burkina Faso e Cabo Verde, que são classificados como "moderadamente livres". Todos os outros países africanos são mais ou menos "não livres", com o Zimbábue, a Guiné Equatorial, a Eritreia e a República do Congo — que ocupa a última posição. Somália é um dos poucos países para os quais nenhuma pontuação está disponível.[145] Enquanto os PIBs *per capita* de mais de US$ 27.000 nas Seychelles e US$ 20.422 na Maurícia são mais elevados do que o da China (US$ 15.399), e enquanto a

---

[144] Kay Pfaffenberger, "*Die Bedeutung regionaler Besonderheiten für das Geschäftsleben*", em Praxishandbuch Wirtschaft in Afrika, editado por Thomas Schmidt, Kay Pfaffenberger e Stefan Liebing (*Wiesbaden: Springer Gabler*, 2017), 56.

[145] Heritage Foundation, *2018 Index of Economic Freedom*, 7.

Botswana chega perto com um PIB de pouco mais de US$ 17.000, o PIB *per capita* do Sudão de US$ 4.447 mostra o quão grande é a diferença entre os diversos países africanos.[146]

Em vários países africanos — em particular onde a liberdade econômica está crescendo —, existem sinais inequívocos de desenvolvimentos positivos. Mesmo em um país como Moçambique, que está entre os países que não são livres e com grandes problemas econômicos, há evidências de que as coisas estão mudando. Hans Stoisser, um consultor de negócios com muitos anos de experiência de trabalho na África, diz:

> "Quando vim pela primeira vez a Moçambique no início dos anos 1990, as ruas ainda estavam cheias de pessoas magras e pobres com roupas surradas, mulheres cozinhando fora na rua, quase todo mundo viajando a pé. Hoje é um cenário completamente diferente, com supermercados, cafeterias, engarrafamentos, escritórios modernos e *shopping centers* — os novos pontos de encontro onde os membros da elite africana se reúnem — e boates noturnas. Obviamente, o *boom* da construção também se manifesta em inúmeros locais de construção bloqueando estradas e calçadas. O Moçambique urbano contemporâneo está em sintonia com a cultura empresarial global e tem pouco em comum com o Moçambique dos anos 90."[147]

Estas mudanças só se tornaram possíveis depois de o governo do Frelimo romper os seus laços com o Marxismo em 1989, da introdução

---

[146] Ibid., 364, 292, 140, 112 e 384. Dados do PIB *per capita* compilados em setembro de 2017 a partir de dados de 2016.

[147] Hans Stoisser, Der Schwarze Tiger: *Was wir von Afrika lernen können* (*Munich: Kösel-Verlag*, 2015), 12–13.

de uma constituição garantindo (em teoria, se não na prática) eleições livres e uma economia de mercado livre em 1990, e do fim da guerra civil em 1992.

Recursos naturais: uma bênção ou uma maldição?

Como consequência do *boom* econômico global e da demanda massiva da China, os preços dos recursos naturais aumentaram drasticamente na primeira década do século XXI, impulsionando o crescimento econômico na África. Em 2010, o crescimento econômico em 22 países africanos ultrapassou 6%. Da mesma forma, a queda nos preços dos recursos naturais de 2011 em diante teve uma repercussão no desempenho econômico de muitos países da região. Em 2015, apenas nove países registraram taxas de crescimento acima de 6%, enquanto o número de países africanos com taxas de inflação de dois dígitos aumentou de quatro para dez no mesmo período.[148]

Os números a seguir devem ser suficientes para mostrar a diferença qualitativa entre o crescimento econômico na Ásia e na África: entre 2000 e 2010, ambos os continentes tiveram um crescimento de 500% nas exportações. No entanto, enquanto um aumento nos produtos processados foi responsável por quatro quintos do crescimento asiático, a mesma proporção do crescimento em toda a África foi devido a aumentos significativos nos preços das mercadorias.[149]

---

[148] Ruchir Sharma, *The Rise and Fall of Nations: Forces of Change in the Postcrisis World* (New York: Allen Lane, 2016), 396–397.

[149] *Ibid.*, 353.

Os recursos naturais representam cerca de 50% de todas as exportações africanas e apenas 10% de todas as exportações da Ásia, Europa e EUA.[150] Com 12% de todos os depósitos de petróleo conhecidos localizados na África e a porcentagem de depósitos ainda não descobertos que provavelmente é ainda mais alta, os recursos naturais do continente representam um atributo enorme. De acordo com estimativas da Administração de Informação de Energia do Departamento de Energia dos Estados Unidos, a África viu suas reservas de petróleo aumentarem 120% nos últimos 30 anos para um nível atual de 126 bilhões de barris, com uma estimativa de 100 bilhões de barris ainda a serem encontrados. O continente também tem uma grande parte de todos os depósitos conhecidos de ouro (40%), platina (80%) e cobalto (60%).[151]

No entanto, igualar vastas reservas de recursos naturais a enormes oportunidades econômicas seria muito simples. Longe de levarem automaticamente à prosperidade, os recursos naturais podem até atrapalhar o desenvolvimento e criar novos problemas. A história está repleta de exemplos de exportadores em grande escala de recursos naturais sofrendo economicamente porque dependiam desses ativos e não diversificaram. Para piorar as coisas, os excedentes comerciais resultantes elevaram o valor de suas moedas, tornando mais difícil a venda de bens produzidos em outras indústrias e, assim, exacerbando a dependência de suas economias da exportação de recursos naturais.[152] Finalmente, grandes depósitos de recursos naturais podem criar uma

---

[150] Andreas Sieren and Frank Sieren, *Der Afrika-Boom: Die große Überraschung des 21. Jahrhunderts* (Munich: Carl Hanser Verlag, 2015), 190.

[151] *Ibid.*, 66–70.

[152] *Ibid.*, 93.

forte tentação para as elites de um país de ganhar seu sustento como rentistas cuja riqueza deriva da escassez de bens individuais, e não dos lucros gerados pelas empresas. Não é por acaso que os países africanos mais ricos em recursos naturais não possuem as maiores histórias de sucesso econômico do continente.

Com base em sua pesquisa, o renomado economista Paul Collier lista os enormes depósitos de recursos naturais como uma das razões pelas quais muitos países africanos não se desenvolvem. O diagnóstico de Collier de "armadilha de recursos naturais" é causado por uma combinação de fatores, incluindo aqueles discutidos acima. Lucros flutuantes não conduzem ao sucesso econômico sustentável. Os últimos 20 anos mostraram que os preços dos recursos naturais são extremamente voláteis. Durante a alta dos preços, os ministérios do governo tendem a aumentar os gastos a níveis ultrajantes.[153] O Capítulo 6 discutirá o impacto desastroso sobre a Venezuela dos aumentos bruscos dos preços das mercadorias (o país com os maiores depósitos de petróleo do mundo), que alimentaram os gastos excessivos do governo.

Grandes depósitos de recursos naturais provaram ser mais uma maldição do que uma bênção em Gana também. O país estava a caminho do sucesso econômico quando vastos depósitos de petróleo foram descobertos a 40 milhas da costa de Gana em 2007. A exploração comercial começou três anos depois. O então presidente de Gana, John Kufuor, previu euforicamente um futuro brilhante para seu país: "Com o petróleo como uma injeção de ânimo, vamos voar", disse ele

---

[153] Paul Collier, *The Bottom Billion: Why the Poorest Countries Are Failing and What Can Be Done about It* (Oxford: Oxford University Press, 2007), 38 et seq.

à BBC na época. Emmanuel Graham, um especialista em recursos naturais do Centro Africano de Política Energética, revelou que uma parte significativa dos lucros do petróleo fluiu para os cofres do presidente. Uma reportagem em um importante jornal suíço cita Graham culpando uma "espécie de maldição dos recursos naturais mentais" pela perda do governo de qualquer restrição orçamentária assim que a extração dos depósitos de petróleo começou.[154] Quando os preços das mercadorias começaram a cair, os problemas tornaram-se óbvios. Em abril de 2015, Gana foi forçada a negociar uma facilidade de crédito prolongada de US$ 920 milhões do FMI.

Por outro lado, desenvolvimentos recentes em Ruanda mostram que a falta de recursos naturais não necessariamente impede um país economicamente. Em meados da década de 1990, cerca de um milhão de ruandeses — incluindo quase todos os membros da elite do pequeno país do Leste Africano — morreram durante o genocídio cometido pelos hutus contra a minoria tutsi. Hoje, Ruanda mudou além do imaginável. "O país agora tem uma rede rodoviária bem desenvolvida, projetos de construção estão acontecendo em toda a capital Kigali, e restaurantes e cafés oferecem acesso gratuito à internet sem fio como uma coisa natural." Com taxas de matrícula escolar em quase 100%, 91% dos 13 milhões de residentes do país cobertos por seguro saúde e taxas médias de crescimento econômico de cerca de 8% para o período entre 2001 e 2015, Ruanda está muito à frente de muitos de seus vizinhos africanos. "O governo

---

[154] Ver Fabian Urech, "*Das Öl hat der Regierung den Kopf verdreht*", *Neue Zürcher Zeitung* (11 de Agosto de 2015), acessado em 20 de Junho de 2018, https://www.nzz.ch/international/afrika/das-oel-hat-der-regierung-den-kopf-verdreht-1.18593317.

está comprometido com uma política de mercado livre favorável ao investidor. O país deu um grande salto no ranking *Doing Business* do Banco Mundial. Para compensar a falta de recursos naturais, Ruanda busca alavancar o conhecimento como sua principal fonte de renda com o objetivo de se tornar o líder regional em informação e tecnologias de comunicação."[155] O exemplo de Ruanda prova que a liberdade econômica supera os depósitos minerais quando se trata de promover o crescimento econômico. Afinal, Ruanda ocupa o 39º lugar de um total de 180 países — à frente da Espanha e da França em 60º e 71º lugares, respectivamente[156], e o terceiro entre os 48 países da África subsaariana — no Índice de Liberdade Econômica global, e está a caminho de mais crescimento.[157]

O Quênia fornece mais evidências para refutar a suposição de que os recursos naturais são um pré-requisito para o crescimento econômico nos países africanos.[158] A ex-colônia britânica sempre esteve entre as potências econômicas do Leste Africano, se não de todo o continente. Embora dividido ao meio pelo equador, o Quênia se beneficia de um clima menos opressor do que o oeste da África. Como grandes áreas do país estão situadas em altitudes entre 6.000 e 7.000 pés, as temperaturas permanecem em níveis agradáveis ao longo do ano. Seu clima moderado e altas elevações tornam o Quênia um

---

[155] Thomas Scheen, *"Ein Reformwunder mit Schönheitsfehlern"*, *Frankfurter Allgemeine* (7 de Janeiro de 2017), acessado em 20 de Junho de 2018, www.faz.net/aktuell/wirtschaft/afrika-im-umbruch/ruanda-reformwunder-mit--schoenheitsfehlern-14592400.html.

[156] Heritage Foundation, *2018 Index of Economic Freedom*, 4.

[157] *Ibid.*, 70.

[158] *Eu tenho que agradecer ao Christian Hiller von Gaertringen pela informação sobre o Quênia.*

local ideal para cultivar café e chá — um modo de vida memorável capturado no livro semiautobiográfico de Karen Blixen, *Out of Africa*. A criação de gado nas savanas e, mais tarde, o cultivo de produtos coloniais de exportação, como o abacaxi, forneceram fontes de receita adicionais.

Os empreendedores do Quênia são os ativos mais importante do país. A independência do país em 1963 pôs fim às restrições à liberdade de seus cidadãos de viajar, se estabelecer e trabalhar e foi rapidamente seguida por uma forte recuperação econômica apoiada por milhares de empresários locais e o influxo de capital estrangeiro. Embora atormentado pela corrupção generalizada em seu governo e administração, o Quênia tem sido capaz de sustentar esta tendência econômica positiva desde então, com uma sólida base empresarial que se desenvolve apesar da agitação política contínua — de pequenos comerciantes que às vezes contratam alguns funcionários quando têm muitos trabalhos chegando a grandes empresas cujo raio de influência vai muito além das fronteiras nacionais em toda a região.

Em 1984, o empresário queniano Peter Munga fundou o *Equity Bank* como uma operação de poupança e empréstimo de pequena escala para ajudar as famílias mais pobres a comprar suas primeiras casas modestas. Seu capital inicial de 5.000 shillings era equivalente a cerca de US$ 100 na época. Depois de escapar por pouco da falência várias vezes, a decisão de Munga de confiar a administração do banco a James Mwangi, de 31 anos, em 1993, acabou sendo algo bem fortuito. Agora administrado por Munga e Mwangi em conjunto, o *Equity Bank* se tornou o maior banco do Leste Africano e um dos valores mais importantes negociados na bolsa de valores de Nairóbi,

O CAPITALISMO NÃO É O PROBLEMA, É A SOLUÇÃO

ao mesmo tempo em que permanece fiel às suas raízes como um porto de paragem para clientes que, de outra forma, teriam acesso negado a serviços financeiros.

No início do novo milênio, o Quênia se tornou a potência econômica da região devido à velocidade de seu crescimento — tudo sem petróleo, diamantes, ouro ou elementos de terras raras. Esse *boom* foi desencadeado por uma combinação das tecnologias móveis e da banda larga e o advento do *M-Pesa*, um novo tipo de banco móvel introduzido pelo provedor de comunicações móveis Safaricom. O banco móvel foi uma virada de jogo para a economia queniana porque ofereceu um meio de enviar dinheiro e fazer pagamentos sem dinheiro a milhões de quenianos que eram pobres demais para os bancos se preocuparem com eles.

M-Pesa é baseado no reconhecimento de que um contrato de telefone celular pré-pago funciona de acordo com o mesmo princípio de uma conta bancária: os usuários pagam uma certa quantia em sua conta e podem gastar esse dinheiro em telefones e mensagens de texto até o crédito acabar. Mas por que restringir seus gastos apenas a telefones e mensagens de texto? Em vez disso, o *M-Pesa* permite que os clientes transfiram seus créditos para outros usuários de telefones celulares por mensagem de texto.

Muitos quenianos trabalham e vivem em Nairóbi por semanas ou mesmo meses. Antes da existência do *M-Pesa*, a única maneira de enviar dinheiro para suas famílias nas áreas rurais era entregando um envelope cheio de dinheiro a um dos motoristas de microônibus do exército do país e pagando um preço alto para garantir que fosse entregue a um membro da família em uma parada pré-acordada. Embora confiável, era um sistema caro e complicado. Com o *M-Pesa*, os usuários agora podem transferir dinheiro em poucos segundos por uma fração do custo.

Hoje, os quenianos usam o *M-Pesa* não apenas para pagar aluguel, contas de serviços públicos e impostos, mas também para negociar ações e até mesmo para comprar cobertura de seguro. O *M-Pesa* aumentou o poder de compra da população, possibilitando aos quenianos comprar telefones celulares, fazer seguro de saúde básico e comprar remédios e muitos outros itens essenciais para o dia a dia. De acordo com uma estimativa, o banco móvel tirou 2% da população do Quênia da extrema pobreza.[159] Hoje, mais de 40% do PIB total do Quênia passa pelo *M-Pesa* e outras plataformas de dinheiro móvel.[160]

Acima de tudo, a combinação de banda larga e tecnologias móveis levou a um *boom* de *start-ups* sem precedentes. Em Nairóbi, em centros de *start-up* como 88 mph,[161] desenvolvedores de software estão ocupados criando os aplicativos de amanhã. Enquanto as empresas europeias ainda estão construindo sites para laptops ou computadores de mesa, suas contrapartes africanas viram o que está por vir e estão visando principalmente os usuários de internet móvel. No Quênia, sites são ultrapassados — hoje é tudo sobre aplicativos. Os prósperos centros de *start-up* de Nairóbi atraíram investidores-anjos, fundos de

---

[159] *"M-Pesa Has Completely Transformed Kenya's Economy, This Is How..."*, *CNBC Africa* (4 de Janeiro de 2017), acessado em 20 de Junho de 2018, https://www.cnbcafrica.com/news/east-africa/2017/01/04/mpesa-economic-impact-on-kenya.

[160] Nambuwani Wasike, *"M-PESA and Kenya's GDP Figures: The Truth, the Lies and the Facts"*, *LinkedIn Pulse* (2 de Março de 2015), acessado em 20 Junho em 2018, https://www.linkedin.com/pulse/m-pesa-kenyas-gdp-figures-truths-lies-facts-wasike-phd-student-.

[161] Ver *www.88mph.ac/nairobi*.

O CAPITALISMO NÃO É O PROBLEMA, É A SOLUÇÃO

capital de risco e vários outros provedores de serviços, sustentando um *boom* que é mais estável do que qualquer economia que depende principalmente de recursos naturais.

Empreendedores da África e nova classe média

Dados os exemplos do mundo real discutidos na seção anterior, seria errado assumir que as tendências econômicas positivas em todo o continente africano são causadas apenas pelo aumento dos preços das mercadorias. A ascensão das tecnologias móveis e da banda larga levou a um afrouxamento do controle estatal em muitos setores e permitiu que os empresários prosperassem independentemente do apoio do governo e de conexões políticas. Muitos dessa classe recém- -surgida de jovens africanos autoconfiantes estudaram no exterior — normalmente na Europa ou nos Estados Unidos, mas cada vez mais na China ou na Índia também. Muitos deles trabalham para empresas internacionais antes de retornar aos seus países de origem.

"Despercebida pelo norte global rico, a África está vendo o surgimento de uma classe de empreendedores que estão impulsionando e moldando a recuperação econômica em todo o continente", comenta Christian Hiller von Gaertringen.[162] Seu livro — claramente intitulado *Afrika ist das neue Asien* (África é a nova Ásia) — apresenta uma panóplia de exemplos impressionantes do tipo de empreendedorismo que o economista Joseph Schumpeter considerava uma pré-condição essencial para o sucesso do capitalismo.

---

[162] Christian Hiller von Gaertringen, *Afrika ist das neue Asien: Ein Kontinent im Aufschwung* (Hamburg: Hoffmann und Campe Verlag, 2014), 103.

Entre os exemplos mais conhecidos está Mo Ibrahim, que alcançou o status de lendário na África.[163] Nascido no Sudão em 1946, ele foi uma força motriz por trás do desenvolvimento de tecnologias de telefonia móvel na África e, assim, ajudou a realizar o que provavelmente foi o desenvolvimento mais revolucionário desde o fim do colonialismo. Ele obteve um PhD em comunicações móveis na Universidade de Birmingham, no Reino Unido, e ajudou a desenvolver a rede de comunicações móveis da British Telecom. Ibrahim sugeriu levar a nova tecnologia para a África, mas — no que seria um golpe de sorte extraordinário para Ibrahim — a British Telecom não reconheceu o grande potencial desta oportunidade única. Em 1989, o jovem empresário deixou a empresa para fundar uma consultoria chamada MSI (*Mobile Systems International*), que vendeu por US$ 900 milhões para a Marconi Company, sediada no Reino Unido em 2000. No entanto, antes de fazê-lo, ele desmembrou MSI - *Cellular Investments* (mais tarde renomeada Celtel) como uma operadora de telefonia móvel, que ele usou para financiar o desenvolvimento de uma rede móvel na África no valor de vários bilhões. Logo sua empresa começou a se expandir para Nigéria, Quênia, Uganda, Tanzânia, Malawi, Zâmbia, República Democrática do Congo, Congo-Brazzaville, Chade, Níger, Burkina Faso, Serra Leoa, Gabão e Madagascar, bem como — comercializando sob uma marca diferente — para Gana e Sudão. Em 2005, Ibrahim vendeu sua empresa para seu concorrente do Kuwait, Zain, por US$ 3,4 bilhões. Alguns anos depois, Zain receberia um total de US$ 10,7 bilhões por seus negócios na África.

---

[163] O seguinte é baseado em Hiller von Gaertringen, *Afrika ist das neue Asien*, 110 et seq.

O mercado de telefonia móvel é um excelente exemplo das percepções equivocadas de europeus e americanos sobre os desenvolvimentos econômicos na África. Em todo o continente, o índice de penetração da tecnologia de telefonia móvel (medida como o número de contratos de telefonia móvel por 100 residentes) explodiu de 15,3% para 84,9% (2015) em uma década,[164] com 14 países africanos relatando índices de penetração de mais de 100% em 2014.[165] Refletindo sobre essas transformações, um empresário africano fala sobre seu motorista, que costumava tirar três a quatro dias de folga do trabalho para levar dinheiro para sua família. Hoje, ele manda uma única mensagem de texto.[166] Da mesma forma, os telefones celulares simplificaram muito o trabalho dos vendedores de verduras, que, em vez de irem de casa em casa, agora recebem seus pedidos por telefone e também são pagos por telefone.[167] Essa é a África do século XXI.

Questionados sobre suas imagens mais positivas da África, um em cada três entrevistados em uma pesquisa do TNS em toda a Europa para a Comissão Europeia mencionou reservas naturais, e um em cada quatro mencionou as belas paisagens. Apenas 1% mencionou novos modelos de negócios, como banco móvel, enquanto 3% mencionaram empresas.[168] Por outro lado, o *Tony Elumelu Foundation*

---

[164] Berman, *Success in Africa*, 35.

[165] *Fonte: ITU, baseado em dados nacionais, acessado em 20 de Junho de 2018, https://www.itu.int/en/ITUD/Statistics/Documents/statistics/2018/Mobile_cellular_2000-2016.xls.*

[166] Berman, *Success in Africa*, 35.

[167] *Ibid., 35–36.*

[168] Pesquisa TNS para a Comissão Europeia, "*SPECIAL EUROBAROMETER 353: The EU and Africa: Working towards closer partnership*", Novembro de 2010, acessado em 20 de Junho de 2016, http://ec.europa.eu/commfrontoffice/publicopinion/archives/ebs/ebs_353_en.pdf, 44-45.

Entrepreneurship Programme, criado pelo banqueiro de investimento e empresário nigeriano Tony Elumelu, recebeu 45.000 inscrições de todo o continente em 2016, 1.000 dos quais foram selecionados para financiamento e desenvolvimento profissional.[169]

Não obstante as tendências positivas discutidas acima, ainda existem muitos obstáculos que bloqueiam o crescimento na África. De acordo com estatísticas compiladas pelo Banco Mundial, a abertura de uma nova empresa demora muito mais em Angola (36 dias), Nigéria (31 dias) ou África do Sul (46 dias) do que no Reino Unido (5 dias) ou nos EUA (6 dias). É importante notar que Ruanda, cujo sucesso econômico já foi discutido, está à frente da maioria dos países ocidentais nesta estatística particular, com um tempo de espera de apenas 5,5 dias. É também importante notar que os prazos de abertura de uma empresa foram reduzidos nos últimos dez anos — de inacreditáveis 116 dias em 2006 para 19 dias no Moçambique contemporâneo, e de 36 para 9 dias na Zâmbia no mesmo período. O empreendedorismo desfruta de um *status* social positivo e um alto nível de aceitação entre o público em geral na África Subsaariana e em Botswana, Gana e Ruanda.[170]

---

[169] Christian Hiller von Gaertringen, *"Afrikas junge Unternehmer"*, em *Praxishandbuch Wirtschaft in Afrika*, editado por Thomas Schmidt, Kay Pfaffenberger e Stefan Liebing (Wiesbaden: Springer Gabler, 2017), 5.

[170] Philipp von Carlowitz, *"Unternehmertum in Afrika: Eine Bestandsaufnahme"*, em *Praxishandbuch Wirtschaft in Afrika*, editado por Thomas Schmidt, Kay Pfaffenberger e Stefan Liebing (Wiesbaden: Springer Gabler, 2017), 23. Os dados de quanto tempo leva para abrir um negócio são retirados do World Bank, *Time Required to start a Business (days)*, acessado em 20 de Junho de 2018, https://data.worldbank.org/indicator/IC.REG.DURS?view=chart.

O CAPITALISMO NÃO É O PROBLEMA, É A SOLUÇÃO

A África é um continente de grandes contrastes. Por um lado, mais pessoas passam fome na África do que em qualquer outro lugar do mundo. Por outro lado, mais garrafas de champanhe foram vendidas em toda a África em 2011 do que em qualquer outro lugar fora da Europa e dos Estados Unidos. Mais de 750.000 das 10 milhões de garrafas exportadas para a África foram vendidas apenas na Nigéria.[171] A África registra taxas de crescimento mais rápidas no número de indivíduos com patrimônio líquido ultra-alto (UHNWIs, indivíduos com uma riqueza pessoal de pelo menos US$ 30 milhões) do que qualquer outro continente. De acordo com o Relatório Knight Frank Wealth de 2016, mais da metade dos 20 países com as maiores taxas de crescimento no número de UHNWIs nos dez anos anteriores estão na África. No Quênia, por exemplo, o número de UHNWIs cresceu 93% entre 2006 e 2016 — globalmente, apenas Vietnã, Índia e China relataram taxas de crescimento maiores. De acordo com as previsões de Knight Frank, nos próximos dez anos as taxas de crescimento na África deverão permanecer mais altas do que nos EUA e na Europa.[172]

Como na China, o número crescente de UHNWIs coincide com o crescimento da classe média. Algumas estimativas agora estabelecem o número de africanos de classe média em até 350 milhões, cerca de um terço da população total em todo o continente, e um aumento de mais de 200% nos últimos 30 anos. No entanto, metade deles vive

---

[171] Johannes Dietrich, "*Afrika liebt Champagner*", *Der Westen* (29 de Abril de 2017), acessado em 20 de Junho de 2016, https://www.derwesten.de/panorama/afrika-liebt-champagner-id7896047.html.

[172] Knight Frank, *The Wealth Report 2016* (2016), acessado em 20 de Junho de 2016, https://content.knightfrank.com/research/83/documents/en/wealth-report-2016-3579.pdf, 14.

apenas um pouco acima da linha da pobreza.[173] Nesse contexto, é importante estar ciente de que os estudos relevantes definem "classe média" em termos diferentes daqueles aplicados nos países industrializados. Em países emergentes, a definição inclui famílias cujo padrão de vida excede apenas um pouco a linha da pobreza.[174]

No entanto, mesmo se uma definição mais restrita for aplicada, a classe média africana ainda conta com 150 milhões de indivíduos cujas vidas estão livres de preocupações existenciais e que têm os meios para pagar serviço de saúde, férias, propriedade e uma educação muito melhor para seus filhos do que a que eles tiveram. O crescimento estupendo no número de telefones celulares e carros é um indicador do crescimento da classe média.[175]

"Novos restaurantes, salões de manicure, concessionárias de automóveis, cinemas e casas noturnas estão transformando a paisagem dos centros urbanos em toda a África quase de um dia para o outro. Um número crescente de africanos usa marcas de moda conhecidas. As pessoas estão dirigindo carros mais caros, principalmente modelos japoneses e coreanos. Os sinais estão aí para todos verem: a classe média africana está crescendo."[176]

---

[173] Sieren and Sieren, *Der Afrika-Boom*, 50.

[174] Helmut Asche, *"Demografische und soziale Entwicklung: Chance oder Risiko?"*, em *Praxishandbuch Wirtschaft in Afrika*, editado por Thomas Schmidt, Kay Pfaffenberger e Stefan Liebing (Wiesbaden: Springer Gabler, 2017), 42.

[175] Sieren and Sieren, *Der Afrika-Boom*, 50–51. Asche estima que cerca de 30 milhões de famílias na África são de classe média (pelo menos US$ 5.500 de renda familiar anual): Asche, "Demografische und soziale Entwicklung," 43.

[176] Sieren and Sieren, *Der Afrika-Boom*, 50.

O CAPITALISMO NÃO É O PROBLEMA, É A SOLUÇÃO

O crescimento da classe média está acelerando os processos de urbanização em todo o continente. A quarta maior cidade do mundo, logo atrás de Pequim e Xangai, fica na África: a capital nigeriana, Lagos, com uma população de mais de 18 milhões. Kinshasa, a capital da República Democrática do Congo, tem mais de 10 milhões de residentes. Aos 46, o número de cidades com uma população de um milhão ou mais de residentes é duas vezes maior do que na Europa.[177]

O papel da China na África

Ao lado do surgimento e crescimento de uma classe média africana e da evolução da iniciativa empresarial, o forte compromisso investido nas economias africanas por países como Índia, China e Brasil é outra razão para o desenvolvimento econômico positivo em muitos países africanos. Tendo negociado com sucesso sua própria transformação de um pobre país socialista de camponeses em uma potência econômica capitalista, a China agora está aplicando o mesmo modelo ao continente africano.

A evolução dos interesses comerciais chineses na África seguiu um conceito simples de quatro etapas. O foco inicial era garantir o acesso às vastas reservas de recursos da África, incluindo petróleo, minério de ferro, diamantes, algodão, madeira, arroz e cana-de-açúcar. Em troca, os chineses financiaram enormes projetos de infraestrutura na África e disponibilizaram sua tecnologia para seus parceiros africanos. Em uma segunda etapa, eles começaram a exportar bens de consumo

---

[177] *Ibid.*, 16.

chineses para a África para acessar o maior mercado inexplorado do mundo, com uma população total de 1,2 bilhão, entre eles 250 milhões de membros da nova classe média emergente. A China foi uma das primeiras a reconhecer o potencial deste mercado, embora inicialmente a maior parte das exportações para a África consistisse em produtos de baixa qualidade a preços médios.[178]

Na etapa três, as empresas chinesas terceirizaram parte de sua produção para a África a fim de cortar custos — os salários africanos são mais baixos do que na nova e próspera China contemporânea —, ao mesmo tempo em que aumentaram seu perfil como geradoras de empregos para os africanos. Na etapa quatro, as empresas chinesas começaram a fabricar produtos para o mercado africano na África.

Uma conferência planejada pelo líder chinês Hu Jintao em Pequim em novembro de 2006 provou ser um marco importante no envolvimento econômico da China em toda a África. Os anfitriões chineses não mediram esforços para que os representantes africanos se sentissem bem-vindos. As ruas de Pequim estavam coloridas com as bandeiras das 48 nações africanas convidadas para a conferência. Embora eventos semelhantes organizados na Europa tendam a se concentrar na ajuda ao desenvolvimento, a conferência de Pequim tratou dos benefícios mútuos da cooperação econômica entre a China e os países africanos.

"A China está executando sua estratégia de recursos com considerável desenvoltura, aparentemente fazendo tudo o que pode para garantir que as transações de mercadorias beneficiem ambos os signatários dos

---

[178] *Ibid.*, 41.

negócios. De fato, a motivação dos países anfitriões também não é complicada: eles precisam de infraestrutura, e precisam financiar projetos que possam desbloquear o crescimento econômico. Para conseguir isso, eles estão dispostos a vender seus ativos pelo lance mais alto. Esta é a genialidade da estratégia da China: cada país consegue o que quer."[179]

Entre 1998 e 2012, cerca de 2.000 empresas chinesas fizeram investimentos em 49 países africanos.[180]

Em novembro de 2014, a China assinou um contrato para a construção de uma linha ferroviária ao longo da costa da Nigéria. Este projeto sozinho vale US$ 12 bilhões. A construção da linha, com um comprimento total de cerca de 875 milhas, deve criar 200.000 empregos temporários durante a fase de construção e 30.000 empregos locais permanentes[181] — sem mencionar o impacto significativo de longo prazo de um projeto deste tipo sobre o que já é a maior economia da África. A *China Railway Construction Corporation* está atualmente comprometida com 112 projetos com um volume total de contratos de US$ 30 bilhões somente na Nigéria.[182]

Nunca será demais sublinhar a importância desses projetos em um continente onde a falta de infraestrutura adequada — a escassez e as más condições das estradas, redes ferroviárias e de voos

---

[179] Dambisa Moyo, *Winner Take All: China's Race for Resources and What It Means for the World* (New York: Basic Books, 2012), 85.

[180] Stefan Enders, "*Investment in Afrika: Chinas und Indiens planvolle Präsenz*", *IHK* (19 de Junho de 2017), acessado em 20 de Junho de 2018, www.subsahara-afrika-ihk.de/blog/2017/06/19/investment-in-afrika-chinas-und-indiens-planvolle-praesenz.

[181] Sieren and Sieren, *Der Afrika-Boom*, 21.

[182] *Ibid.*, 115.

subdesenvolvidos, e, acima de tudo, um fornecimento de energia insuficiente e instável — é um dos principais obstáculos para um maior crescimento, de acordo com estudos.[183] Os chineses, é claro, estão bem cientes desse problema e estão lidando com ele investindo fortemente em projetos de infraestrutura em toda a África.

Embora a estratégia de negócios da China na África seja frequentemente criticada por servir aos próprios interesses da China, essas acusações não convencem. Afinal, após a abertura de seus mercados a investidores estrangeiros, a própria China lucrou com os investimentos — principalmente de empresas de Hong Kong e da Europa — movidos por um astuto senso de negócios, e não por puro altruísmo. Mais recentemente, seu envolvimento econômico em toda a África produziu benefícios mútuos para ambas as partes. De acordo com os especialistas chineses Andreas e Frank Sieren, "duas décadas de investimentos chineses na África fizeram mais para ajudar o continente do que meio século de ajuda ao desenvolvimento dos países ocidentais".[184]

Pesquisas mostram que levou apenas alguns anos para que a influência da China fosse vista de forma muito mais favorável em grande parte da África do que a dos EUA.[185] Mais recentemente, no entanto, os chineses quase perderam a confiança dos consumidores africanos devido à baixa qualidade de bens exportados para os mercados africanos e o aparente fracasso em criar empregos locais. Essa é uma das razões pelas quais as empresas chinesas começaram a

---

[183] Freytag, "*Ist Afrikas wirtschaftliche Entwicklung nachhaltig?*", 37.

[184] Sieren and Sieren, *Der Afrika-Boom*, 15.

[185] Moyo, *Winner Take All*, 166 et seq.

terceirizar parte de sua produção para a África. A China estabeleceu um grande número de Zonas Econômicas Especiais em toda a África, transferindo assim com sucesso um modelo que havia contribuído significativamente para sua própria recuperação econômica e transição para uma economia capitalista, conforme discutido no Capítulo 1.[186]

África: uma segunda Ásia?

Os investimentos feitos pela China, Índia e outros países terão o mesmo impacto que os investimentos estrangeiros tiveram na China após a abertura do país? A África é uma segunda Ásia, como alguns comentaristas gostam de afirmar? Existem boas razões para ser cético. Investimentos estrangeiros e a criação de sistemas econômicos mais orientados para o mercado em cada país não são os únicos pré-requisitos para o crescimento e a prosperidade. A situação na África está repleta de desafios que não existiam na China pós-reforma: guerras civis, rivalidades tribais e níveis insuficientes de institucionalização. Outra questão é se as populações africanas serão capazes de reunir ou desenvolver a forte disciplina e vontade de trabalhar que distingue muitas populações asiáticas, mesmo em comparação com os concorrentes europeus e norte-americanos.

Uma questão importante é a influência contínua do Estado na iniciativa privada, que estudos mostraram ser mais forte em muitos países africanos do que em outras partes do mundo.[187] Sam Jonah, o

---

[186] Sieren and Sieren, *Der Afrika-Boom*, 42–43.
[187] Berman, *Success in Africa*, 117.

ex-CEO da *AngloGold Ashanti*, a primeira empresa africana listada na Bolsa de Valores de Nova York, explica por que o papel dominante do Estado em muitas economias africanas é tão pernicioso:

"O dinheiro africano, como o dinheiro em todos os lugares, irá fluir para onde houver menor risco de retorno. Se um negócio é impulsionado principalmente por conexões políticas e você pode estar exposto a menos riscos como resultado, muitas pessoas farão isso em vez de financiar um projeto com todo o risco financeiro e operacional de uma empresa produtiva."[188]

Tradicionalmente, os governos africanos tendem a ver seu relacionamento com grandes empresas como um jogo de soma zero. Como afirma o diretor-gerente de um *family office* senegalês: "Se você se tornasse muito grande ou muito poderoso, alguém no governo se sentiria ameaçado por isso, e essa é uma luta que você não poderia vencer."[189] No entanto, há motivos para ter esperança de que os governos podem estar começando a perder o medo de que "a perda de controle de qualquer elemento importante da economia enfraqueça o controle do partido no poder" sob o peso das evidências que mostram o contrário na China e em outros países.[190]

No Capítulo 1, já discuti a importância da observação de Zhang Weiying sobre a alocação de talentos empreendedores entre o governo e as empresas como um fator-chave na transição bem-sucedida para

---

[188] *Ibid.*, 120.

[189] *Ibid.*, 118–119.

[190] *Ibid.*, 130–131.

O CAPITALISMO NÃO É O PROBLEMA, É A SOLUÇÃO

o capitalismo.[191] Para desenvolver adequadamente as aspirações empreendedoras, jovens talentosos precisam de fortes modelos para admirar e seguir. Esses modelos existem na África contemporânea, como Moky Makura mostrou em um livro impressionante que mostra 16 dos empresários mais bem-sucedidos do continente.[192] Eles servem como modelos para a próxima geração de empreendedores — jovens que, em vez de esperar por uma vida inteira coletando subornos como funcionários públicos, nutrem ambições de ganhar dinheiro em empresas privadas.

Em outras palavras, a África oferece muitas oportunidades econômicas. No entanto, algumas das previsões de um *boom* massivo em todo o continente cogitadas por especialistas atualmente são baseadas em modelos que ficam aquém de uma avaliação realista dos fatos. Tentar reproduzir as histórias de sucesso da Ásia na África sem levar em consideração as diferenças entre os dois continentes seria muito simplista. Este capítulo já discutiu por que as fórmulas no sentido de "a África tem enormes reservas de recursos naturais, portanto, é natural que alcance um crescimento significativo" equivalem a pouco mais do que ilusões: em primeiro lugar, esses recursos existem na África há eras e até agora não têm conseguido resultar em um crescimento significativo. Em segundo lugar, como vimos, grandes reservas de recursos naturais às vezes podem ser mais uma maldição do que uma bênção para o desenvolvimento econômico de um país.

---

[191] Ver Zhang, *The Logic of the Market*, 161 et seq.

[192] Moky Makura, *Africa's Greatest Entrepreneurs* (Century City, CA: Penguin, 2008).

Há um fundo de verdade no argumento do "dividendo demográfico", que assume que a população jovem da África será o motor de seu crescimento. No futuro próximo, o continente se beneficiará de uma oferta ilimitada de trabalho, enquanto a proporção da população que é muito jovem ou muito velha para trabalhar permanecerá limitada.[193] De acordo com estimativas do Banco Mundial, o impacto positivo da população jovem sobre o crescimento econômico será maior entre 2025 e 2030, com aproximadamente 0,5 pontos percentuais, após o que espera-se que diminua, mas permaneça positivo no longo prazo.

No entanto, existem outras hipóteses baseadas na suposição de que o crescimento populacional ultrapassará de longe a capacidade da economia africana para a criação de empregos. De acordo com as estimativas da ONU, em 2050, a população dos dois países vizinhos, Níger e Nigéria, será igual à de toda a União Europeia atualmente.[194] Também não sabemos como se desenvolverá o fluxo populacional da África para a Europa, ou o que poderá significar para a África se a mesma perder um grande número de cidadãos, especialmente porque aqueles com meios financeiros para deixar o continente não estão entre os mais pobres.

Devido à incerteza em torno de todas essas questões, os desenvolvimentos futuros na África são difíceis de prever. No entanto, uma coisa já é óbvia: a África, como as outras regiões do mundo, tem mais probabilidade de experimentar crescimento e prosperidade sob condições capitalistas do que nas economias planejadas controladas pelo Estado do "socialismo africano" do passado. Embora a introdução do

---

[193] Freytag, "*Ist Afrikas wirtschaftliche Entwicklung nachhaltig?*", 47.

[194] *Ibid.*, 46.

O CAPITALISMO NÃO É O PROBLEMA, É A SOLUÇÃO

capitalismo possa resultar em maior sucesso em alguns países do que em outros, é um catalisador para o crescimento econômico onde quer que aconteça.

Até o vocalista do U2, Bono, anteriormente o organizador de festivais enormes de "ajuda para a África" marcados pela retórica anticapitalista e uma crença aparentemente inabalável na ajuda internacional como uma solução para a fome e a pobreza na África, mudou de tom sob o peso das provas do contrário. "A ajuda é apenas um paliativo", disse ele em um discurso na Universidade de Georgetown em 2013. "O comércio [e] o capitalismo empresarial tiram mais pessoas da pobreza do que a ajuda. Precisamos de que a África se torne uma potência econômica."[195] Da mesma forma, o cofundador da *Live Aid*, Sir Bob Geldof, recentemente se uniu a dois ex-executivos sênior para criar um fundo de participações privadas (*private equity*). Ele também parece ter percebido que as doações de caridade não serão suficientes para resolver os problemas da África.[196]

O especialista em África, Vijay Mahajan, prevê que

"o empreendedorismo e o desenvolvimento dos mercados de consumo podem ser um poderoso incentivador do progresso de longo prazo mais puro, estável e poderoso do que a reforma política. O professor Pat Utomi,

---

[195] Georgetown University, *"U2's Bono: Budget Cuts Can Impact Social Enterprise, Global Change"* (13 de Novembro de 2012), acessado em 20 de Junho de 2018, https://www.georgetown.edu/news/bono-speaks-at-gu.html.

[196] Louise Armitstead and Ben Harrington, *"Bob Geldof to Front African Private Equity Fund"*, The Telegraph (3 de Setembro de 2010), acessado em 20 de Junho de 2018, www.telegraph.co.uk/finance/newsbysector/banksandfinance/privateequity/7978634/Bob-Geldof-to-front-African-private-equity-fund.html.

da *Lagos Business School*, uma vez sugeriu, apenas parcialmente em tom de brincadeira, que, se todo o petróleo da Nigéria fosse dado aos soldados e políticos com a condição de que deixassem a nação em paz, a nação estaria em melhor situação."[197]

Na Europa e nos Estados Unidos, a percepção da África é dividida em dois extremos: alguns veem apenas crianças famintas, pobreza de partir o coração, AIDS, corrupção e outros problemas graves. Outros preferem uma visão extremamente otimista, até mesmo eufórica, da África como uma terra de oportunidades de ouro rumo ao crescimento em uma escala que compete com as economias emergentes da Ásia. Os defensores de ambos os pontos de vista são capazes de reunir muitas evidências em apoio de suas respectivas posições. Para os investidores dispostos a correr riscos, a visão negativa unilateral da África é uma rica fonte de oportunidades. Como diz Ibrahim: "Nos negócios, quando há uma lacuna entre a realidade e a percepção, há bons negócios a serem feitos".[198]

---

[197] Mahajan, *Africa Rising*, 18.
[198] *Citado em ibid.*, 21.

CAPÍTULO 3

ALEMANHA: VOCÊ *NÃO PODE* ULTRAPASSAR UM MERCEDES EM UM TRABANT

Alemanha, involuntariamente, tornou-se o local de um experimento em grande escala projetado para determinar se os humanos têm maior probabilidade de prosperar sob uma economia controlada pelo Estado ou de livre mercado. O experimento, que levou mais de 40 anos para ser solucionado, começou com o fim da Segunda Guerra Mundial e a ocupação da Alemanha pelas potências aliadas, e terminou com o colapso do regime socialista na Alemanha Oriental e a reunificação alemã em 1989-1990.

Após o fim da guerra, a Alemanha foi dividida em quatro zonas, cada uma controlada pelo exército de uma das potências aliadas. Entre 1947-1948, as três zonas ocidentais ocupadas pelos EUA, os britânicos e os franceses se fundiram para formar o 'Trizone'. Com apenas 15% de suas instalações industriais destruídas por bombardeios aliados, a parte oriental da Alemanha controlada pelos soviéticos sofreu muito menos danos econômicos do que o resto do país.[199] No entanto, esses

---

[199] André Steiner, *Von Plan zu Plan: Eine Wirtschaftsgeschichte der DDR* (Berlin: Aufbau Taschenbuch, 2007), 24.

danos foram agravados pelo desmantelamento de fábricas em toda a Alemanha Oriental, que foram transportadas para a União Soviética a título de "reparação" das perdas sofridas durante a guerra.

A divisão da Alemanha em dois Estados por décadas não fazia parte do plano original das potências ocupantes, mas sim uma consequência da Guerra Fria que eclodiu entre a União Soviética e os Aliados Ocidentais na sequência de sua vitória conjunta sobre a Alemanha.

A economia planejada socialista na Alemanha Oriental

O Partido Comunista (KPD) logo emergiu como uma força política dominante na zona ocupada pelos soviéticos. Antes de sua fusão com o Partido Social-Democrata (SPD) para formar o Partido Socialista Unificado (SED) em abril de 1946, o KPD emitiu uma declaração em junho de 1945 que, pelos padrões comunistas, soa surpreendentemente moderada, garantindo o "desenvolvimento completamente desobstruído de comércio livre e empreendedorismo privado com base na propriedade privada". Apesar da garantia de que "seria errado impor o sistema soviético à Alemanha",[200] isso é exatamente o que aconteceria nos anos seguintes.

Tudo começou com uma reforma agrária que viu a expropriação sem compensação de propriedades maiores que 100 hectares (247 acres)

---

[200] Institut für Marxismus-Leninismus beim ZK der SED, *Revolutionäre deutsche Parteiprogramme: Vom Kommunistischen Manifest zum Programm des Sozialismus* (Berlin: Dietz Verlag, 1967), 196–197.

O CAPITALISMO NÃO É O PROBLEMA, É A SOLUÇÃO

e propriedades anteriormente pertencentes a líderes nacional-socialistas de alto escalão. As terras agrícolas expropriadas foram divididas em pequenos lotes e dadas aos agricultores. A divisão de grandes propriedades foi justificada como uma medida de "desnazificação", com o benefício adicional de fornecer um meio de vida para as pessoas deslocadas e refugiados das regiões a leste da nova fronteira alemã com a Polônia e a Tchecoslováquia, que foram eufemisticamente chamadas de "*resettlers* (os que buscaram o reassentamento)" na linguagem oficial da República Democrática Alemã. Em 1950, dois terços das terras expropriadas foram dados a beneficiários individuais.

A nacionalização das indústrias da Alemanha Oriental aconteceu em vários estágios, começando na zona ocupada pelos soviéticos como parte da "luta contra o fascismo". A teoria comunista considerava o capitalismo a causa raiz do fascismo (o termo comunista para nacional-socialismo), que precisava ser eliminada para livrar o mundo do fascismo de uma vez por todas. Assim, para o SED, as expropriações eram um instrumento de luta de classes e não um meio de punir proprietários individuais por colaborarem com o regime nacional-socialista.[201]

No final de 1948, as empresas públicas já geravam 60% do volume total de produção em toda a zona ocupada pelos soviéticos. Em 1955, esse número subiu para 80%. As empresas privadas restantes foram sujeitas a várias pressões e discriminadas no que se refere à distribuição de materiais de produção,[202] resultando em uma perda significativa de potencial empresarial em toda a zona ocupada pelos soviéticos.

---

[201] Steiner, *Von Plan zu Plan*, 46.

[202] *Ibid.*, 47.

Em 1953, uma em cada sete empresas industriais da Alemanha Oriental — um total de mais de 4.000 empresas — mudou sua sede para o oeste, levando com elas executivos sêniores e especialistas técnicos, bem como talentos empreendedores.[203]

Fiel ao lema socialista de dar poder aos trabalhadores, os proprietários ou diretores de muitas empresas nacionalizadas foram destituídos dos cargos e substituídos por trabalhadores. Em meados de 1948, mais da metade de todas as empresas públicas na região da Saxônia eram dirigidas por ex-trabalhadores, 80% dos quais não tinham educação além do ensino fundamental.[204] Enormes departamentos administrativos foram criados dentro das empresas para lidar com o dilúvio de papeladas — regulamentos, normas de execução, ordenanças, relatórios, estatísticas e metas para a produção, finanças e investimento. Cada empresa estatal teve que apresentar até 65 relatórios complexos e detalhados por mês para a autoridade de planejamento econômico, departamentos governamentais, administrações regionais, o escritório que lidava com decisões relacionadas aos preços e outros órgãos públicos.[205]

Assim como na própria União Soviética, a economia na zona ocupada pelos soviéticos era cada vez mais planejada por funcionários do governo. Como Fritz Selbmann, um importante economista comunista, explica: "[Em uma] economia planejada, cada detalhe da fabricação é controlado por planos, cada processo econômico, desde

---

[203] *Ibid.*, 80.

[204] *Ibid.*, 48.

[205] Stefan Wolle, *Der große Plan: Alltag und Herrschaft in der DDR 1949–1951* (Berlin: Ch. Links Verlag, 2013), 118.

O CAPITALISMO NÃO É O PROBLEMA, É A SOLUÇÃO

a obtenção de matérias-primas até o transporte, processamento e vendas, é planejado com antecedência."[206]

Enquanto em uma economia de mercado livre os preços são determinados pela oferta e demanda, eles eram agora definidos pelo governo. Por razões políticas, os preços dos alimentos e de outros itens essenciais do dia-a-dia, em particular, eram frequentemente mais baixos do que o custo das matérias-primas necessárias para produzi--los. "Plano" se tornou uma palavra mágica. Como membros dos Jovens Pioneiros, crianças de apenas seis anos aprenderam a elogiar a economia planejada em um fervoroso hino ao "querido plano" que lhes deu "sapatos e roupas, [...] casas e escolas", fizeram "trens irem e virem rapidamente", "envio[u] navios pelo mar" e prometeu fornecer "ainda mais carvão, aço e minério, e alegrar seus corações".[207]

Em 7 de outubro de 1949, poucos meses depois que a República Federal da Alemanha foi estabelecida nas zonas ocidentais, a zona ocupada pelos soviéticos tornou-se a República Democrática Alemã (RDA). A recuperação econômica foi lenta. O consumo privado *per capita* na RDA em 1950 variou entre pouco mais de um terço e metade dos níveis de 1936, e em 1952 atingiu entre 50% e 75% dos níveis de consumo *per capita* da Alemanha Ocidental.[208]

Demandas feitas pelo ditador soviético Joseph Stalin em conversas com a liderança do SED em abril de 1952 sobre a criação de "cooperativas produtivas" em áreas rurais e o embarque "aquiescente" do país na "rota para o socialismo"[209] foram rapidamente seguidas por

---

[206] Citado em Steiner, *Von Plan zu Plan*, 65.
[207] Citado em Wolle, *Der große Plan*, 116–117.
[208] Steiner, *Von Plan zu Plan*, 79.
[209] *Ibid.*, 81.

esforços concertados para coletivizar a produção agrícola na RDA. As cooperativas agrícolas recém-criadas receberam tratamento preferencial sobre os agricultores independentes como disse o chefe de Estado da Alemanha Oriental, Walter Ulbricht: "A cooperativa de produção vem em primeiro e segundo lugar, e só então as fazendas de pequeno e médio porte terão a sua vez."[210] Muitos agricultores fugiram para o oeste, em vez de suportar a pressão crescente.

O governo usou a política fiscal como um instrumento para impor a nacionalização e aumentar a pressão sobre as operações privadas no comércio e na indústria. Empresas que obtiveram lucros de 100.000 marcos alemães-orientais ou mais foram tributadas a 78,5%, uma taxa que subiu para 90% para as empresas que obtiveram 500.000 marcos alemães-orientais ou mais.[211]

Não admira, então, que um número crescente de alemães orientais — agricultores, comerciantes e empresários, em particular — fugiu para o oeste: a média mensal de 15.000 para o período entre 1950 e 1952 não foi muito em comparação com os 37.500 por mês que deixaram a parte leste do país durante os primeiros seis meses de 1953.[212] Essas pesadas perdas foram um duro golpe para a economia da Alemanha Oriental. O governo respondeu elevando as metas de produção, o que — embora economicamente necessário — gerou ainda mais descontentamento na população e desencadeou a revolta popular de 17 de junho de 1953, quando centenas de milhares de pessoas tomaram as ruas em protesto e os trabalhadores entraram

---

[210] *Citado em ibid.*, 83.

[211] Wolle, *Der große Plan*, 376.

[212] Steiner, *Von Plan zu Plan*, 86.

O CAPITALISMO NÃO É O PROBLEMA, É A SOLUÇÃO

em greve. A revolta foi finalmente reprimida por tanques soviéticos, matando entre 51 e mais de 100 pessoas, de acordo com diferentes fontes.[213]

O relato oficial publicado no jornal SED *Neues Deutschland* reformulou as greves e as manifestações como uma "provocação fascista por agentes estrangeiros": "Seguindo as instruções de Washington, agências americanas baseadas na Alemanha Ocidental estão desenvolvendo planos para guerra e guerra civil."[214] Não querendo admitir que os dissidentes e a resistência existissem dentro de suas próprias fronteiras, os regimes ditatoriais, da União Soviética de Stalin às versões atuais, sempre foram rápidos em culpar "espiões estrangeiros" como os mentores por trás de qualquer revolta.

Na verdade, existem muitas provas documentais que mostram que o governo ocidental e as agências de notícias estavam completamente despreparados para os acontecimentos de 17 de junho. Sua resposta inicial aos relatos da revolta foi de descrença, o que em alguns casos deu origem à noção absurda de que as manifestações poderiam ter sido uma tentativa liderada pela Rússia de colocar Ulbricht sob pressão.[215]

O trauma da revolta continuaria a assombrar os governantes comunistas nas próximas décadas. Sua determinação de evitar outra revolta a qualquer custo os tornou mais relutantes em aumentar a pressão sobre os trabalhadores. Graças aos relatórios compilados pela agência de segurança nacional, a notória *Stasi*, o partido estava profundamente ciente da vontade popular. Informações detalhadas

---

[213] *Ibid.*, 89.

[214] Citado em Wolle, *Der große Plan*, 271.

[215] *Ibid.*, 273–274.

sobre o descontentamento popular e as críticas ao regime também alimentaram as negociações do governo da Alemanha Oriental com a União Soviética, levando a pedidos de apoio financeiro e material para evitar que a situação econômica na Alemanha Oriental agravasse.

Enquanto tudo isso acontecia, a reestruturação da agricultura da Alemanha Oriental de acordo com o dogma socialista causou estragos no abastecimento de alimentos do país. Entre 1952 e 1961, a proporção de cooperativas agrícolas onde — além da gestão coletiva dos campos — todos os equipamentos, animais e pastagens estavam sob propriedade coletiva aumentou de pouco mais de um em cada dez para pouco menos de dois terços. Os agricultores continuaram a sair em números crescentes. Apenas entre 1952 e 1956, um total de 70.000 operações agrícolas — 30% delas "grandes fazendas", de 20 a 100 hectares — foram dissolvidas porque seus proprietários haviam fugido do país.[216]

O regime da Alemanha Oriental deu voltas e mais voltas em seus esforços para coletivizar a produção agrícola. Um período inicial radical para aumentar a pressão sobre os fazendeiros foi seguido por uma reviravolta em junho de 1953, com a promessa de que os fazendeiros que haviam partido seriam capazes de retornar e obter suas terras de volta. Dos 11.000 agricultores que partiram nos primeiros seis meses de 1953, apenas 10% aceitaram a oferta. No lado positivo, 2.500 veredictos judiciais contra os agricultores que não cumpriram suas cotas foram revertidos, e um número significativo de agricultores que cumpriam penas de prisão foram libertados.[217]

---

[216] Steiner, *Von Plan zu Plan*, 103.

[217] Wolle, *Der große Plan*, 389.

O CAPITALISMO NÃO É O PROBLEMA, É A SOLUÇÃO

Embora ciente do enorme custo da coletivização, o regime da Alemanha Oriental foi capaz de se consolar em saber que outros países socialistas haviam suportado um fardo semelhante. Como disse Erich Mückenberger, membro do secretariado do Comitê Central encarregado da agricultura: "Criar uma sociedade socialista nas áreas rurais sempre custa dinheiro e nenhum país jamais conseguiu fazê-lo com pouco dinheiro."[218]

Ao contrário da intenção proclamada do regime de superar a economia da Alemanha Ocidental, no final dos anos 1950 o consumo *per capita* na RDA ainda estava 12% abaixo dos níveis anteriores à guerra e 50% abaixo do consumo *per capita* da Alemanha Ocidental.[219] Isso foi antes de o Muro de Berlim ser construído, quando os alemães orientais ainda podiam cruzar para Berlim Ocidental e se maravilhar com a melhor qualidade, os preços mais baixos (de 20% a 30%) e o fornecimento mais confiável de produtos nas lojas.[220]

Enquanto os alimentos essenciais eram vendidos abaixo do custo na economia planejada da RDA, os preços dos "alimentos de luxo" e roupas eram significativamente mais altos. Os grãos de café custavam 19,40 marcos alemães por quilo no oeste e 80 marcos alemães-orientais no leste. Um par de sapatos masculinos custava em média 32 marcos alemães no oeste e mais de 73 marcos no leste.[221] Pão, por outro lado, era ridiculamente barato. O principal especialista da Coreia do Norte, Rüdiger Frank, que cresceu na Alemanha Oriental, lembra-se de alguns de seus concidadãos abusando do sistema de preços:

---

[218] Steiner, *Von Plan zu Plan*, 111.

[219] *Ibid.*, 114.

[220] *Ibid.*, 122–123.

[221] *Ibid.*, 123.

"Os planejadores do governo na RDA quase devem ter ficado desesperados com os números de vendas relatados a Berlim por padarias da Alemanha Oriental, o que mostrou que todos os cidadãos da RDA pareciam comer grandes quantidades de pão. O que eles não sabiam, ou não poderiam fazer nada a respeito se soubessem, era que alguns fazendeiros compravam pão fresco para alimentar seus porcos, já que era muito mais barato do que a ração real para porcos. Eles foram então capazes de vender suas carnes com um grande lucro porque os preços eram subsidiados pelo governo."[222]

Os próprios comunistas da Alemanha Oriental eram inabaláveis em sua crença no socialismo como o sistema superior. Na conferência do SED de 1958, Ulbricht definiu a tarefa da política econômica mais importante do regime: trazer o consumo *per capita* da "população trabalhadora" para "todos os alimentos essenciais e bens de consumo" até e acima do nível de "toda a população da Alemanha Ocidental" até 1961.[223]

Entre as ações do governo de Ulbricht para atingir essa meta ambiciosa, a coletivização acelerada mais uma vez se tornou uma prioridade. Julho de 1958 marcou o fim da abordagem mais conciliatória do regime e o início de um novo ataque à propriedade privada das operações agrícolas — uma medida absurda e autodestrutiva, puramente ideológica, dado que os agricultores independentes obtiveram melhores rendimentos do que os coletivos existentes. Os agricultores que administravam operações de médio porte bem-sucedidas ainda estavam rejeitando entrar em um coletivo.[224]

---

[222] Rüdiger Frank, *Nordkorea: Innenansichten eines totalen Staates*, 2ª ed. (Munich: Deutsche Verlags-Anstalt, 2017), 148.

[223] Steiner, *Von Plan zu Plan*, 124.

[224] Wolle, *Der große Plan*, 390.

O CAPITALISMO NÃO É O PROBLEMA, É A SOLUÇÃO

Em dezembro de 1959, o SED lançou um programa nacional de coletivização compulsória, lançando líderes partidários locais em competição entre si para alcançar a coletivização completa primeiro. Brigadas de agitação foram enviadas às aldeias para conquistar os habitantes locais com música alta e *slogans* propagandísticos. Qualquer pessoa que não fosse influenciada pela propaganda era ameaçada ou simplesmente presa.[225] A recusa de se juntar ao coletivo local "voluntariamente" era considerada "contra-revolucionária" — uma acusação perigosa que poderia levar o acusado à prisão por anos.[226]

Em abril de 1960, todos os distritos da Alemanha Oriental relataram coletivização completa, embora cerca de 15.000 agricultores tenham fugido para o oeste no decorrer desta campanha, que o partido celebrou como sua "primavera socialista (*socialist spring*)".[227] Com muito poucas fazendas independentes remanescentes, a "revolução venceu as áreas rurais, os ideólogos triunfaram e havia longas filas do lado de fora dos açougues e verdureiros de todo o país".[228] Sem a ajuda de importações adicionais de alimentos da União Soviética, o sistema de abastecimento de alimentos da Alemanha Oriental teria entrado totalmente em colapso.

A situação continuou a se agravar. A fim de introduzir a colheita, trabalhadores adicionais tiveram que ser destacados de seus empregos regulares para empresas municipais. Devido à falta de equipamentos e instalações adequadas para agricultura em grande escala, o grau de mecanização implantado na safra de grãos caiu de 68% para apenas 39%.

---

[225] Steiner, *Von Plan zu Plan*, 131.
[226] Wolle, *Der große Plan*, 390.
[227] Steiner, *Von Plan zu Plan*, 131.
[228] Wolle, *Der große Plan*, 391.

A partir do final de 1960, um número crescente de agricultores tentou deixar os coletivos, alguns dos quais chegaram perto de serem encerrados. De acordo com estimativas do Comitê de Planejamento Nacional, a coletivização custou à RDA um total de 1 bilhão de marcos, uma quantia impressionante para a época.[229]

Ao mesmo tempo, a oferta de bens à disposição da população em geral deteriorou-se progressivamente. De carne e laticínios a sapatos, todos os tipos de tecidos e sabão em pó, tudo estava em falta. As prateleiras costumavam ficar vazias e a situação geral parecia pior do que no final dos anos 1950.[230] A economia da RDA parecia mais distante do que nunca de alcançar o objetivo declarado de Ulbricht de superar os padrões de vida no Ocidente capitalista.

No início de 1961, Ulbricht relatou aos líderes soviéticos:

"A lacuna entre nós e a Alemanha Ocidental não diminuiu em 1960. Pelo contrário, as dificuldades internas aumentaram devido ao não cumprimento de prazos, bem como à escassez de suprimentos técnicos e materiais. Um estado em que a continuidade dos processos de produção não pode mais ser garantida em muitas empresas tem causado forte descontentamento entre os trabalhadores e a intelectualidade."

Em seu círculo interno, Ulbricht expressou temores de que a situação se deteriorasse ainda mais e que o êxodo em massa de alemães orientais que partiam para o oeste continuasse inabalável.[231]

"A tentativa precipitada de alcançar a coletivização à força criou um círculo vicioso na RDA", diz Stefan Wolle em seu relato sobre a

---

[229] Steiner, *Von Plan zu Plan*, 132–133.

[230] *Ibid.*, 134–135.

[231] *Ibid.*, 135–136.

O CAPITALISMO NÃO É O PROBLEMA, É A SOLUÇÃO

vida cotidiana e o poder do governo na Alemanha Oriental antes da construção do Muro de Berlim. "As medidas compulsórias levaram a uma deterioração dos padrões de vida que levou um número crescente de pessoas a deixar o país. Seu êxodo em massa, por sua vez, criou mais dificuldades econômicas, o que levou a uma maior deterioração dos padrões de vida."[232]

Também ficou cada vez mais claro que o princípio de uma economia planejada como tal — ou seja, um sistema em que a alocação de recursos é controlada por um departamento de planejamento governamental, ao invés de preços refletindo a escassez na relação entre oferta e demanda — estava causando problemas significativos. Como explica o historiador André Steiner:

"As empresas dariam início a qualquer projeto que tivesse sido incluído (ou seja, orçado) no plano, independentemente de o equipamento necessário estar disponível ou não; eles estavam com medo de terem o dinheiro tirado novamente se não o fizessem. É por isso que muitos projetos foram iniciados sem nunca serem concluídos ou produzirem qualquer resultado. Os fundos investidos nesses projetos incompletos em toda a indústria de manufatura em 1960/61 quase igualaram, e nos anos subsequentes excederam, o volume de investimento anual."[233]

Em 1961, o investimento havia caído para um quarto do nível de 1959.[234] Os números crescentes de pessoas deixando o país só agravaram a situação.

---

[232] Wolle, *Der große Plan*, 391.

[233] Steiner, *Von Plan zu Plan*, 128.

[234] *Ibid.*, 128.

Em agosto de 1961, a liderança da Alemanha Oriental deu o passo desesperado de construir um muro para impedir que mais pessoas se juntassem aos 2,74 milhões que já haviam partido desde 1949. De acordo com números do Comitê de Planejamento Nacional, a economia da Alemanha Oriental havia perdido um total de 963.000 trabalhadores, 13% de toda a força de trabalho.[235]

Na linguagem oficial, o Muro de Berlim era uma "defesa anti-fascista" projetada para impedir que fascistas e agentes ocidentais se infiltrassem no país. Todos sabiam que isso era uma mentira tanto quanto a famosa negação de Ulbricht de qualquer intenção de construir um muro em junho de 1961, dois meses antes de a construção começar. Na verdade, o muro já era uma admissão de derrota. Ao fugir do país em massa, o povo deixou sua vontade bem clara e não deixou dúvidas quanto à sua opinião sobre os méritos relativos do socialismo da Alemanha Oriental e da economia de livre mercado na parte ocidental do país.

Claro, essa não foi uma conclusão que a liderança da Alemanha Oriental estava disposta a tirar. Assim que ficou claro que a construção do muro pouco serviu para resolver a crise, o governo lançou um 'Novo Sistema Econômico' que transferiu mais independência para empresas individuais. "Basicamente, os reformadores estavam tentando simular os mecanismos de uma economia de livre mercado sem estabelecer as bases para uma economia de livre mercado."[236] As reformas não tiveram um impacto significativo e foram sujeitas a uma série de emendas e modificações. Afinal de contas, o regime

---

[235] *Ibid.*, 118.
[236] *Ibid.*, 149.

O CAPITALISMO NÃO É O PROBLEMA, É A SOLUÇÃO

continuava empenhado em atingir as metas estabelecidas, que em 1969 foram definidas como "um salto no desenvolvimento da tecnologia e da base produtiva". De acordo com documentos internos, a suposição era que a economia da Alemanha Oriental seria capaz de ultrapassar e exceder os níveis de produção e padrões de vida da Alemanha Ocidental em ou antes de 1980.[237]

Os padrões de vida na Alemanha Oriental aumentaram até certo ponto. Entre 1960 e 1970, o percentual de famílias com carro multiplicou de apenas 3,2% para 15,6%, enquanto o número de famílias com máquinas de lavar e geladeiras aumentou ainda mais de 6% para 50%. Esses itens eram considerados mercadorias de luxo, com 40% do preço de venda utilizados para subsidiar os preços de itens essenciais. Custando 1.350 e 1.200 marcos alemães-orientais, respectivamente, em 1965 as geladeiras e máquinas de lavar custavam mais do que o dobro do salário médio mensal do trabalhador de 491 marcos alemães-orientais.[238] Apesar das taxas de crescimento de cerca de 2% ao ano durante os anos 1960, os salários reais na Alemanha Oriental ficaram cada vez mais atrás das taxas de crescimento da Alemanha Ocidental de 5% a 6% ao ano.[239] O problema foi agravado pela escassez e/ou longas filas para itens específicos, incluindo roupas íntimas de frio, roupas infantis e esportivas, calçados de inverno, baterias, ferros, móveis modulares, escovas de dente e velas de ignição.[240]

A fim de pagar as instalações e os equipamentos necessários para modernizar a indústria manufatureira, a RDA começou a pedir

---

[237] *Ibid.*, 165.
[238] *Ibid.*, 178.
[239] *Ibid.*, 180.
[240] *Ibid.*, 182.

dinheiro emprestado da Alemanha Ocidental e de outros países capitalistas. "Estamos pedindo emprestado o máximo que podemos dos capitalistas apenas para garantir nossa sobrevivência básica", disse Ulbricht a seu homólogo soviético Leonid Brezhnev em maio de 1970.[241] Ele foi forçado a renunciar um ano depois, em suas tentativas de levar adiante um programa moderado de reformas que encontraram resistência tanto da União Soviética como de seu próprio partido.

O sucessor de Ulbricht, Erich Honecker, seguiu uma nova linha, que ele definiu como "fusão de política econômica e social". Em vez de tentar estabelecer as bases econômicas primeiro para melhorar os padrões de vida, sua ideia era começar pela implementação de políticas sociais que teriam um impacto direto na vida das pessoas e, consequentemente, aumentariam a produtividade.

Em parte, essa mudança de direção foi motivada pelo medo de ver eventos semelhantes às manifestações, greves e protestos dos trabalhadores que se espalharam pela Polônia em dezembro de 1970 se repetindo na Alemanha Oriental. Como parte da nova política, os salários mínimos, as férias anuais e as taxas de pensão foram aumentados repetidamente, enquanto as mães de vários filhos tiveram suas horas de trabalho obrigatórias reduzidas. O ambicioso programa de desenvolvimento habitacional lançado em 1973 foi outra base da nova política de Honecker.[242]

Os avisos do Comitê de Planejamento Nacional de que a economia não estava crescendo rápido o suficiente para financiar essas medidas abrangentes foram ignorados; o chefe de governo, Willi Stoph, disse na primavera de 1972: "Os cálculos atuais do Comitê de Planejamento

---

[241] *Ibid.*, 184.

[242] *Ibid.*, 194–195.

O CAPITALISMO NÃO É O PROBLEMA, É A SOLUÇÃO

Nacional não levaram em consideração o crescimento na produtividade que resultará do nosso apelo aos trabalhadores com o anúncio dessas medidas de política social."[243] Declarações desse tipo eram uma expressão das auto-ilusões de um regime economicamente ineficiente.

Até as modestas tentativas de reforma da era Ulbricht chegaram ao fim. O desempenho das empresas individuais agora era medido pelo volume de produção, e não pelo lucro. Quanto mais uma empresa produzia — independentemente da eficiência —, melhor seu desempenho relatado.[244] Isso não fazia sentido do ponto de vista econômico e criava incentivos mal direcionados.

Ao mesmo tempo, o regime comunista aumentou ainda mais a pressão sobre as pequenas e médias empresas restantes. Honecker despertou sentimentos de inveja contra os antigos "pequenos capitalistas" que se "transformaram em milionários". Em 1971, os proprietários das últimas empresas privadas ou parcialmente estatais remanescentes ganhavam cerca de três vezes e meia mais depois dos impostos do que o trabalhador médio de colarinho branco ou azul. O ano de 1972 viu o lançamento de um grande programa de nacionalização que afetou cerca de 11.000 empresas — cooperativas comerciais envolvidas na produção industrial, empresas parcialmente estatais e empresas privadas. Isso também era irracional e motivado puramente pela ideologia, uma vez que ia contra o objetivo declarado de melhorar a situação do fornecimento. Em vez disso, ainda mais bens de consumo ficaram indisponíveis, criando uma nova escassez.[245]

---

[243] *Citado em ibid.*, 194.

[244] *Ibid.*, 198.

[245] *Ibid.*, 200–201.

As 15.000 cartas de reclamação que Honecker recebeu todos os anos foram arquivadas em "submissões" e analisadas por estatísticos. Problemas de moradia, viagens para a Alemanha Ocidental e a escassez diária de suprimentos surgiram como principais preocupações nessas cartas.[246] Um marido e pai enviou a Honecker uma laranja seca acompanhada por um bilhete que dizia:

"Quando minha esposa estava em nosso ponto de venda local esta semana, ela teve a sorte de receber uma laranja para nossa filha, porque a entrega tinha sido tão "grande" que incluía exatamente uma laranja para cada criança da cidade. Hoje íamos dar a laranja para a nossa filha, mas ficamos consternados ao perceber que estava quase totalmente ressecada e não comestível [...] Todos os dias, como muitos trabalhadores em nosso país, trabalhamos pelo bem comum das pessoas e entregamos um alto padrão de qualidade. Em troca, gostaríamos muito de poder comprar QUALIDADE pelo menos uma vez!!!"[247]

Outros tomaram medidas mais drásticas para expressar seu descontentamento, conforme ilustrado por um relatório apresentado pela administração do distrito em Halle sobre os eventos que ocorreram durante a noite de 18 a 19 de maio de 1961, quando "mensagens provocativas" apareceram em várias vitrines. Entre outras coisas, as mensagens deixadas pelos "perpetradores até então não identificados" incluíam "sem pão nos sábados", "natas frescas" pintadas na vitrine de

---

[246] Henrik Eberle, *Mit sozialistischem Gruß: Eingaben, Briefe und Mitteilungen an die DDR-Regierung* (Berlin: Edition Berolina, 2016), 13–14.

[247] *Citado em ibid.*, 14.

uma loja em formato *self-service*, "bananas - tomates - pepinos" e similares. Esses rabiscos foram encontrados em um total de doze locais da cidade. Os perpetradores usaram pintura a óleo de cor branca. "As forças de segurança abriram procedimentos de investigação conforme exigido."[248]

A política social de Honecker levou a uma situação em que o país vivia cada vez mais de seus ativos. Os investimentos urgentemente necessários não se materializaram, os equipamentos da fábrica ficaram para trás em relação à tecnologia de ponta atual, e não havia dinheiro suficiente para fazer avançar o desenvolvimento da ciência e da tecnologia. A produtividade na RDA ficou mais atrás do que nunca dos níveis da Alemanha Ocidental, dobrando a diferença de um terço no início da década de 1950 para dois terços na década de 1980.[249]

Em curto prazo, entretanto, a nova direção política alcançou os resultados pretendidos. O aumento da produção de bens de consumo, em combinação com uma redução nas exportações e o aumento nos volumes de importação, significou que, em meados da década de 1970, o governo conseguiu melhorar a oferta de itens para atender à demanda por mais escolha e qualidade e preços mais competitivos. No entanto, os bens disponíveis para os consumidores na Alemanha Oriental ainda não chegavam nem perto dos padrões da Alemanha Ocidental. A qualidade de bens superior, como carros e TVs em cores, era muito inferior à de itens semelhantes disponíveis no Ocidente capitalista.

Honecker só conseguiu atingir seu objetivo mais importante de elevar os padrões de vida pedindo emprestado ainda mais dinheiro

---

[248] *Citado em ibid.*, 18.

[249] Steiner, *Von Plan zu Plan*, 235.

dos países capitalistas. Em 1982, o valor que a Alemanha Oriental devia aos países capitalistas — que era de cerca de 2 bilhões de marcos *valuta* (uma unidade monetária usada na Alemanha Oriental para denominar os preços de comércio exterior, equivalente a 0,95 marcos alemães) quando Honecker assumiu o cargo no início dos anos 1970 — ultrapassou 25 bilhões de marcos *valuta*.[250] Economistas da RDA alertaram que as dívidas do país não eram mais sustentáveis: o consenso internacional era que não mais do que 25% da receita em moeda estrangeira de um país deveria ser gasta em pagamentos de dívidas e juros. Na RDA, esse número havia subido para 115%, enquanto surpreendentes 168% da receita em moeda estrangeira convertível de todo o país foi para seus credores.[251] A recusa dos países ocidentais em conceder novos empréstimos a países socialistas trouxe a RDA para a beira da falência, que foi evitada apenas pelo governo da Alemanha Ocidental intervindo para garantir dois empréstimos no valor de um bilhão de marcos alemães cada.[252]

A crescente lacuna tecnológica entre a RDA e o mundo ocidental tornou-se evidente no ambicioso programa de microeletrônica de Honecker, que gastou 14 bilhões de marcos da Alemanha Oriental em investimentos apenas entre 1986 e 1989. Outros 14 bilhões de marcos alemães-orientais foram investidos em pesquisa e desenvolvimento neste campo, sem mencionar os 4 bilhões de marcos *valuta* gastos em importações de países ocidentais.[253] Apesar dessa despesa enorme,

---

[250] *Ibid.*, 221.

[251] *Ibid.*, 222.

[252] *Ibid.*, 225.

[253] *Ibid.*, 238.

o resultado foi deprimente: o custo de produção para um chip de memória de 256 quilobits era de 534 marcos alemães-orientais, enquanto o mesmo componente estava disponível por quatro a cinco marcos *valuta* no mercado global. A RDA ficou oito anos atrás da tecnologia de ponta internacional e alcançou apenas 10% das quantidades médias que os fabricantes do Ocidente eram capazes de produzir.[254]

A indústria automotiva era outra área em que a lacuna entre a RDA e a Alemanha Ocidental era particularmente óbvia. Quando o Muro de Berlim caiu em 1989, apenas pouco mais da metade de todas as famílias da Alemanha Oriental possuíam um carro, e mais da metade deles eram Trabants — a famosa marca da Alemanha Oriental com um motor de dois tempos e um máximo de 26 cavalos de potência — enquanto apenas 0,1% eram importações ocidentais. Os cidadãos comuns tiveram que esperar entre 12,5 e 17 anos por um carro novo. Quase todo mundo solicitou um carro, e solicitações foram vendidas para aqueles impacientes por pular a fila por algo entre 2.000 e 40.000 marcos alemães-orientais. Ao mesmo tempo, os carros usados eram vendidos por duas ou três vezes o preço de um carro novo no próspero mercado negro.[255]

Durante o final da década de 1980, a diferença entre seu próprio padrão de vida e o do "Ocidente capitalista" tornou-se bastante clara para o número crescente de alemães orientais que receberam permissão para viajar para a Alemanha Ocidental. Embora assistir a canais de TV ocidentais fosse ilegal na Alemanha Oriental, a maioria

---

[254] *Ibid.*, 239.
[255] *Ibid.*, 248.

da população o fazia, e muitos recebiam pacotes de parentes e amigos da Alemanha Ocidental. Produtos ocidentais também estavam em exposição em lojas estatais chamada Intershop, embora estivessem disponíveis para compra apenas para aqueles que tinham a sorte de ter moeda estrangeira. Esses lembretes constantes de uma vida melhor do outro lado da fronteira interna com a Alemanha não ajudaram em nada a conter o crescente descontentamento.

A RDA não apenas falhou em atingir sua meta declarada de alcançar e ultrapassar a Alemanha Ocidental, como a lacuna entre os dois sistemas havia se ampliado ainda mais. Dificultada pelas falhas sistêmicas de sua economia planejada, a Alemanha Oriental nunca teve a chance de alcançar seu vizinho ocidental, cujo modelo muito diferente de uma "economia social de mercado" provou ser muito superior em garantir a prosperidade.

"Economia social de mercado" da Alemanha Ocidental

As três zonas ocidentais da Alemanha foram atingidas ainda mais duramente do que o leste pela devastação do tempo de guerra. Por outro lado, era vantajoso para eles que o desmantelamento da infraestrutura nunca atingisse os mesmos níveis que no leste controlado pelos soviéticos.

Imediatamente após a guerra, muitos alemães em ambas as partes do país passaram fome. No final de 1945, a ingestão alimentar média diária de 2.800 calorias no Reino Unido era o dobro da ingestão diária na Alemanha Ocidental. Demorou até o segundo semestre de 1948 para voltar a níveis aceitáveis. Para piorar as coisas, o bombardeio

O CAPITALISMO NÃO É O PROBLEMA, É A SOLUÇÃO

de guerra havia tornado entre 22% e 25% do parque imobiliário da Alemanha Ocidental inabitável.[256]

No entanto, com relação à situação política, os alemães ocidentais estavam em uma posição muito melhor do que seus compatriotas na zona ocupada pelos soviéticos, com nenhum dos aliados ocidentais insistindo na adoção de uma economia planejada. No entanto, o sentimento anticapitalista predominou na Europa do pós-guerra. Em 1945, um governo trabalhista liderado pelo líder sindical de esquerda Clement Attlee chegou ao poder no Reino Unido, enquanto o Partido Comunista obteve 28,6% dos votos nas eleições francesas de 1946 e foi um componente central das alianças tripartidas que governaram o país de 1944 a 1947.

Esse forte sentimento anticapitalista também se refletiu em ambas as partes da Alemanha. Então, como agora, a política da Alemanha Ocidental era dominada por dois grandes partidos — os Social-Democratas (SPD) e a União Democrática Cristã (CDU), que foi fundada logo após a Segunda Guerra Mundial. O SPD estava ainda mais comprometido com o dogma socialista do que está hoje. O partido demorou até 1959 para adotar os princípios do mercado livre em seu "Manifesto de Godesberg".

O sentimento anti-capitalista na CDU foi refletido no "Manifesto Ahlen" de 1947, adotado pela seção regional do partido na Renânia do Norte-Vestfália. Publicado com o slogan "CDU transcende o Capitalismo e o Marxismo", o manifesto foi aclamado por seus apoiadores como a articulação dos princípios do socialismo cristão. Suas primeiras linhas deixam poucas dúvidas quanto às suas prioridades:

---

[256] Mark Spoerer and Jochen Streb, *Neue deutsche Wirtschaftsgeschichte des 20. Jahrhunderts* (Munich: De Gruyter Oldenbourg, 2013), 212–213.

"O sistema econômico capitalista não conseguiu atender aos interesses nacionais e sociais do povo alemão. Após o terrível colapso político, econômico e social como resultado de uma política de poder criminoso, uma reestruturação abrangente tornou-se necessária. O conteúdo e objetivo desta nova ordem social e econômica não pode mais ser a busca capitalista de lucro e poder, mas apenas o bem-estar de nosso povo."

O manifesto continuava exigindo a nacionalização parcial das principais indústrias e a ampla participação dos trabalhadores na gestão. Após a eleição de Konrad Adenauer para o cargo de chanceler federal em setembro de 1949, a CDU começou a adotar políticas econômicas mais orientadas para o mercado.

O fato de a Alemanha Ocidental contrariar a tendência ao adotar uma economia de mercado livre em um momento em que o planejamento econômico controlado pelo Estado prevalecia em outras partes da Europa foi em grande parte devido aos esforços de um homem. Esse homem era Ludwig Erhard, que veio de uma família de empresários e, em 1942, fundou o Instituto de Pesquisa de Indústria (*Institute for Industry Research*) para identificar estratégias para estabelecer uma ordem econômica orientada para o mercado na Alemanha do pós-guerra. Embora os nacionais-socialistas tenham deixado de abolir a propriedade privada dos meios de produção, eles interferiram cada vez mais nas questões econômicas e impuseram restrições político-partidárias e pressões ideológicas às empresas. O distinto modelo orientado para o mercado de Erhard foi uma rejeição explícita da política econômica do Terceiro Reich.

Erhard, que não era membro de nenhum partido, tornou-se Ministro de Assuntos Econômicos da Baviera depois da guerra e

O CAPITALISMO NÃO É O PROBLEMA, É A SOLUÇÃO

diretor do Departamento Especial de Dinheiro e Crédito criado pelos americanos para se preparar para a reforma monetária. Já em outubro de 1946, ele expôs seus argumentos contra uma economia planejada controlada pelo Estado e a favor de uma economia de mercado com livre concorrência e liberalização dos preços em um artigo de jornal com o título "*Mercado Livre ou Economia Controlada pelo Estado*".[257]

Criado pelo economista Alfred Müller-Armack em 1947, o termo "economia social de mercado" ainda é usado hoje para descrever o sistema econômico alemão, embora seu uso atual tenha pouco em comum com a compreensão de Erhard do conceito. Longe de designar um "meio-termo" entre a concorrência de mercado livre e a política social, Erhard viu a economia social de mercado como uma chance de superar as abordagens tradicionais da política social por meio de uma ordem econômica que promovia a criação de riqueza.[258] Ele acreditava firmemente que mais liberdade econômica era o caminho para um maior bem-estar social.[259] Os historiadores econômicos Mark Spoerer e Jochen Streb provavelmente estão certos em apontar que, no final dos anos 1940, a fórmula da economia social de mercado foi proje-tada principalmente para "fazer o retorno a um sistema econômico capitalista — o que estava longe de ser um fato inevitável no momento — aceitável para uma população materialmente empobrecida e

---

[257] Walter Wittmann, *Soziale Marktwirtschaft statt Wohlfahrtsstaat: Wege aus der Krise* (Zürich: Orell Füssli, 2013), 72.

[258] Gerd Habermann, *Der Wohlfahrtsstaat: Die Geschichte eines Irrwegs* (Frankfurt: Propyläen Verlag, 1994), 331.

[259] *Karen Ilse Horn, Die Soziale Marktwirtschaft. Alles, was Sie über den Neoliberalismus wissen sollten (Frankfurt: Frankfurter Allgemeine Buch, 2010)*, 122.

profundamente instável ideologicamente".[260] Afinal, os alemães haviam se acostumado com a retórica explicitamente anticapitalista dos nacionais-socialistas, enquanto noções de "bem-estar social" têm sido um marco do discurso político na Alemanha.

Contrário às interpretações atuais, Erhard considerava a economia de livre mercado como um impulsionador do bem-estar social em si — independentemente de quaisquer tentativas subsequentes de redistribuição, das quais ele era bastante cético. Como ele disse, é muito mais fácil "conceder a cada indivíduo um pedaço maior de uma economia de uma nação crescente do que continuar lutando até a exaustão para distribuir os ganhos enquanto se afasta do único caminho para o sucesso, que é aumentar o produto nacional bruto".[261] Consequentemente, uma política econômica bem-sucedida, com o tempo, evitaria a necessidade de políticas de bem-estar social no sentido tradicional.[262]

Erhard foi capaz de colocar em prática sua visão da política econômica. Na sua capacidade como diretor da administração econômica Bizone, que havia sido estabelecida durante a combinação das zonas de ocupação americana e britânica em 1º de janeiro de 1947, durante a ocupação da Alemanha após a Segunda Guerra Mundial, Erhard fez um anúncio pelo rádio um dia antes da reforma monetária em 20 de junho de 1948 — sem primeiro consultar as potências aliadas — para declarar o fim do controle de produção de muitos alimentos essenciais. A Alemanha ainda era um país ocupado, e Erhard mais tarde

---

[260] Spoerer and Streb, *Neue deutsche Wirtschaftsgeschichte*, 265.

[261] Ludwig Erhard, *Wohlstand für alle* (Düsseldorf: Econ, 1990), 10.

[262] Habermann, *Der Wohlfahrtsstaat*, 332.

alegou que foi chamado a prestar contas pelo governador militar, Lucius D. Clay, que se opôs à sua decisão unilateral de flexibilizar os regulamentos dos Aliados. "Eu não os flexibilizei. Eu os aboli", respondeu Erhard, ao que Clay rebateu: "Meus conselheiros estão me dizendo que você cometeu um erro terrível". Erhard respondeu: "Meus conselheiros estão me dizendo a mesma coisa."[263] Quer essa conversa realmente tenha acontecido ou não, a iniciativa de Erhard definitivamente levantou muitos questionamentos na época.

Marion von Dönhoff, uma jornalista que mais tarde se tornaria uma das principais luzes da intelectualidade da esquerda alemã, desprezou as propostas de Erhard: "Mesmo se a Alemanha já não tivesse sido arruinada, aquele homem definitivamente nos levaria lá com seu plano absurdo de abolir todos os controles de produção. Que Deus nos proteja do que seria um terceiro desastre após Hitler e o desmembramento da Alemanha."[264]

A abolição dos controles de preços e de produção por Erhard foi um passo corajoso e uma condição-chave para a recuperação econômica subsequente. Os nacionais-socialistas criaram uma densa rede de regulamentações de preços e salários, que as administrações aliadas inicialmente mantiveram.

"Essa rede dificultava a obtenção de importantes produtos interme-diários pelas empresas, ao oferecer preços elevados. Por outro lado, os limites de preço impossibilitaram as empresas de se beneficiarem da alta

---

[263] Citado em Peter Gillies, *"Ludwig Erhard: Ökonom der Freiheit"*, em Peter Gillies, Daniel Koerfer and Udo Wengst, *Ludwig Erhard* (Berlin: Be.bra Wissenschaft Verlag, 2010), 125–126.

[264] *Ibid.*, 126.

disponibilidade dos clientes para pagar. Preços e salários haviam perdido sua função-chave no contexto de uma economia de mercado — refletindo a escassez relativa — e não eram mais capazes de equilibrar a oferta e a demanda nos mercados de bens e de trabalho."[265]

No domingo, 20 de junho de 1948, cada cidadão da Alemanha Ocidental recebeu 40 marcos alemães em troca de 40 Reichsmark e outros 20 marcos alemães foram pagos nos dois meses seguintes. A taxa para valores que excediam esses limites foi fixada em 6,50 marcos alemães por 100 Reichsmark, a ser trocada uma vez que o período inicial de dois meses tivesse passado.

Depois que a moeda flutuou e flexibilizaram os controles de preços, as vitrines das lojas rapidamente se encheram de mercadorias que haviam sido armazenadas anteriormente. Ao mesmo tempo, porém, os preços aumentaram drasticamente, gerando protestos violentos. Os sindicatos convocaram a única greve geral na história do pós-guerra alemão. Eles vagavam pelas ruas com faixas exigindo "Erhard para a forca".[266] Como a economista Karen Horn comenta: "A economia social de mercado não era amplamente aceita na época".[267] Uma vez que o desemprego também aumentou no início e havia fortes ressalvas sobre a orientação da economia de mercado de Erhard entre os aliados ocidentais e os partidos políticos na Alemanha, não era de forma alguma uma conclusão precipitada a de que esse curso prevaleceria.

---

[265] Spoerer and Streb, *Neue deutsche Wirtschaftsgeschichte*, 210.

[266] Daniel Koerfer, *"Ludwig Erhard: Der vergessene Gründervater"*, em Peter Gillies, Daniel Koerfer and Udo Wengst, *Ludwig Erhard* (Berlin: Be.bra Wissenschaft Verlag, 2010), 32.

[267] Karen Ilse Horn, *Die Soziale Marktwirtschaft*, 123.

O CAPITALISMO NÃO É O PROBLEMA, É A SOLUÇÃO

Em vista do aumento dos preços e do desemprego, os planos de retorno aos controles de preços e de produção já haviam sido elaborados e estavam prontos para implementação, aguardando nas gavetas da administração econômica.[268] "O experimento do mercado livre quase falhou antes mesmo de ter uma chance de demonstrar adequadamente suas capacidades."[269] Apesar das críticas da esquerda política, Erhard era o político mais popular nas zonas ocidentais na época e, em 1949, a CDU entrou na campanha eleitoral com o slogan "Economia Planejada ou Economia de Mercado" — e venceu, ainda que por uma pequena margem, com 31%, contra 29,2% do SPD.

Não pode haver dúvida de que o curso de política econômica estabelecido pela iniciativa de economia de mercado de Erhard foi mais instrumental na promoção do "milagre econômico" da República Federal do que o Plano Marshall (em homenagem ao então Secretário de Estado dos EUA, George C. Marshall), que forneceu ajuda para a população sofredora e, em alguns casos, faminta da Europa após a guerra. Do volume total do programa de US$ 13,1 bilhões, cerca de 25% foram para o Reino Unido, outros 20% para a França e 10% cada para a Alemanha Ocidental e a Itália. O resto foi distribuído entre uma dúzia de outros países. Segundo cálculos do historiador econômico Barry Eichengreen, esses recursos aumentaram o PIB dos beneficiários em uma média de 0,5% entre 1948 e 1951.[270]

---

[268] Koerfer, "*Ludwig Erhard*", 32.

[269] Hans-Peter Schwarz, *Die Ära Adenauer: Gründejahre der Republik 1949–1957* (Stuttgart: Deutsche Verlagsanstalt, 1981), 86.

[270] "*Aufbauhilfe für das zerstörte Europa*", *Frankfurter Allgemeine Zeitung* (3 de Abril de 2008).

O período que então começou na Alemanha Ocidental foi frequentemente referido como o "milagre econômico alemão". Entre 1948 e 1960, o PIB *per capita* cresceu em média 9,3% e continuou a crescer 3,5% no período entre 1961 e 1973.[271] Embora uma recessão tenha atingido o país em 1967 com uma queda de 0,5% no PIB, a economia da Alemanha Ocidental logo acelerou novamente. O desemprego, que havia sido muito alto depois da guerra, foi reduzido em poucos anos e deu lugar ao pleno emprego. Apesar de várias outras recessões — incluindo uma após o choque global do preço do petróleo no final de 1973 —, era óbvio que as condições econômicas na Alemanha Ocidental estavam melhorando muito mais rapidamente do que no leste.

A corrida entre os dois sistemas foi vencida, não pelo leste socialista, como tinha sido a ambição pública de Ulbricht e Honecker, mas pela Alemanha Ocidental orientada para o mercado. As evidências conclusivas fornecidas por todos os dados econômicos disponíveis apenas confirmaram o que os cidadãos alemães comuns já sabiam. Quando chegou a hora de fazer um balanço em 1989,[272] 67,8% dos alemães ocidentais tinham um carro, em comparação com apenas 54,3% dos alemães orientais. Os carros da Alemanha Ocidental — BMW, Mercedes, Volkswagen, etc. — eram de qualidade significativamente mais alta do que os modelos da Alemanha Oriental, Trabant e Wartburg. E, embora os alemães ocidentais pudessem visitar uma concessionária de automóveis a qualquer momento para comprar

---

[271] Spoerer and Streb, *Neue deutsche Wirtschaftsgeschichte*, 219.

[272] Para os seguintes dados, ver *Statistisches Jahrbuch 1990 für die Bundesrepublik Deutschland, Statistisches Jahrbuch 1991 für das vereinigte Deutschland, Sozialreport 1990 (Daten und Fakten zur sozialen Lage in der* DDR), Datenreport 2008.

O CAPITALISMO NÃO É O PROBLEMA, É A SOLUÇÃO

um carro produzido em seu país ou no exterior, os cidadãos da RDA tiveram que esperar pelo menos uma década por seu veículo.

Em 1989, 12% dos alemães orientais possuíam um computador, enquanto a porcentagem era três vezes maior na Alemanha Ocidental (37,4%). Na RDA, apenas as casas de poucos privilegiados — 16% da população total, em sua maioria servidores públicos e funcionários seniores — ostentavam telefones. Em toda a Alemanha Ocidental, a cobertura foi de 99,3%. Após a introdução de um sistema de mercado livre na antiga Alemanha Oriental, a lacuna diminuiu rapidamente. Em 2006, as diferenças nas taxas de propriedade de carros (72,9% na antiga Alemanha Oriental vs. 78% na antiga Alemanha Ocidental), computadores (66,6% vs. 69%) e telefones fixos (99,8% vs. 99,2%) diminuíram para níveis quase insignificantes.

Embora o regime de Honecker tenha feito da habitação uma prioridade, a diferença entre os dois sistemas econômicos não era mais visível do que no mercado imobiliário. Enquanto os aluguéis eram controlados em níveis extremamente acessíveis, os alemães orientais tiveram que esperar anos por um apartamento muito cobiçado em um dos novos edifícios construídos com placas de concreto pré--fabricadas. Os edifícios multifamiliares existentes do pré-guerra em Leipzig, Dresden, Berlim Oriental, Erfurt e outras cidades da Alemanha Oriental estavam tão dilapidados que foi necessário um enorme esquema de reforma financiado por impostos no valor de vários bilhões de euros para recuperá-los após a reunificação da Alemanha. Naquela época, os prédios de apartamentos pré-fabricados que datavam da era pós-guerra também exigiam uma reforma em grande escala, além da extensa atividade de construção necessária para resolver a falta de habitação na parte leste (oriental) da Alemanha.

RAINER ZITELMANN

Com a ajuda de incentivos fiscais, um total de 838.638 residências foram concluídas na antiga RDA durante a década de 1990, a um custo de 84 bilhões de euros.[273] Isso é ainda mais notável considerando que a habitação foi uma política fundamental durante a era Honecker. O chanceler da Alemanha, Helmut Kohl, foi ridicularizado por sua promessa de criar "paisagens exuberantes" — mas uma comparação entre as cidades no leste da Alemanha durante a era da economia planejada da RDA e hoje demonstra de forma convincente a superioridade da economia de mercado.

Apesar de todas as conquistas impressionantes da economia de mercado alemã, há poucos motivos para complacência. O modelo de economia social de mercado de Erhard, que quase todos os atuais partidos alemães incorporaram em seus manifestos — alguns mais explicitamente do que outros — foi sujeito a uma reinterpretação gradual ao longo dos anos. Hoje, é frequentemente mal interpretado como significando a redistribuição em grande escala da riqueza por um estado de bem-estar social abrangente. O próprio Erhard alertou contra essa tendência em um livro publicado em 1957 sob o título *Wohlstand für alle* (Prosperidade para Todos): "O ideal que tenho em mente é baseado na força do indivíduo para dizer 'Eu quero me provar por conta própria, quero assumir os riscos da vida sozinho,

---

[273] Fontes: "*Bauen und Wohnen*" building permits/completed constructions, *Lange Reihen, Federal Statistical Office*, 26 July 2017, Article no. 5311101167004; Chapters 4.2 (1990) and 4.3 (1991–1999)/EUR 84 bilhões: estes são os custos agregados cotados pelos incorporadores para edifícios concluídos na antiga RDA para o período entre 1991 e 1999; "*Bauen und Wohnen*" building permits/ completed constructions, construction costs, Lange Reihen dating back to 1962, Federal Statistical Office, 27 July 2017, Article no. 5311103167004; Neue Länder und Berlin, Chapter 3.

O CAPITALISMO NÃO É O PROBLEMA, É A SOLUÇÃO

quero ser responsável pelo meu próprio destino. Cabe a você, Estado, garantir que eu seja capaz de fazê-lo.' O apelo do indivíduo ao Estado não deve ser 'Venha em meu auxílio, proteja-me e ajude-me', mas o oposto: 'Fique fora do meus negócios, mas me dê muita liberdade e me deixe ficar com o suficiente dos meus ganhos para que eu seja capaz de moldar minha própria existência, meu destino e o da minha família.'"[274]

Os governos alemães subsequentes deram as costas cada vez mais a esses princípios. No início dos anos 2000, a expansão excessiva do estado de bem-estar social levou a uma explosão nos gastos públicos e comprometeu significativamente o desempenho econômico. Os gastos com bem-estar social dispararam de 15,5% do PIB em 1970 para 27,2% em 2005 — em comparação com 20,6% no Reino Unido e 15,8% nos EUA.[275]

A Alemanha era uma potência econômica da Europa, mas foi ficando para trás, atrapalhando o crescimento. Os números crescentes de desemprego acentuaram a necessidade de uma resposta urgente a um problema que o então chanceler, o social-democrata Gerhard Schröder, conhecia há muito tempo. Em uma declaração escrita para o jornal alemão Handelsblatt em dezembro de 2002, Schröder disse:

"Não é mais uma questão de distribuir um excedente. Expectativas adicionais não podem mais ser satisfeitas. Em vez disso, se quisermos preservar a prosperidade sólida, o desenvolvimento sustentável e a nova equidade, precisaremos reduzir algumas expectativas atuais e reduzir ou

---

[274] Erhard, *Wohlstand für alle*, 251–252.
[275] Spoerer and Streb, *Neue deutsche Wirtschaftsgeschichte*, 262.

mesmo abolir os benefícios de bem-estar que podem ter sido justificados há meio século atrás, mas que hoje perderam sua urgência e, portanto, a sua razão para existir."[276]

Ao longo de quatro anos de *fireside chats* (conversas mais informais)', Schröder tentou vender suas propostas de reforma para empregadores e sindicatos. No entanto, os sindicatos permaneceram teimosamente recalcitrantes. Cansado das demandas incessantes por impostos mais altos para os que ganhavam mais, aumento dos empréstimos públicos e um esquema de investimento de bilhões de euros, Schröder perdeu a paciência e respondeu duramente às críticas do líder sindical Frank Bsirske durante uma conversa final em 3 de março de 2003: "Isso é o disparate mais estúpido que eu já ouvi."[277]

Menos de duas semanas depois, em 14 de março de 2003, ele apresentou suas propostas da Agenda 2010 em um discurso de 90 minutos para o parlamento alemão: "Teremos que reduzir os benefícios da previdência, recompensar a iniciativa e esperar que cada indivíduo contribua mais". O pacote de reforma difícil e intransigente de Schröder incluiu a fusão do subsídio para candidatos a emprego e benefícios da previdência social ao nível deste último para garantir que no futuro ninguém "será capaz de se sentar e deixar que outros façam o trabalho. Qualquer pessoa que recusar uma oferta de emprego razoável — vamos alterar os critérios do que é considerado razoável — enfrentará penalidades."[278]

---

[276] Gerhard Schröder, artigo para *Handelsblatt* (16 de Dezembro de 2002).

[277] Citado em Gregor Schöllgen, *Gerhard Schröder: Die Biografie* (Munich: Deutsche Verlags-Anstalt, 2015), 676.

[278] *Ibid.*, 684–685.

O CAPITALISMO NÃO É O PROBLEMA, É A SOLUÇÃO

A Agenda 2010 de Schröder foi projetada para restabelecer o equilíbrio entre o bem-estar social e a economia de mercado livre, ao flexibilizar os regulamentos sobre proteção contra demissões sem justa causa e outros benefícios dos trabalhadores. O benefício do desemprego foi limitado a 12 meses, e orientações mais estritas foram aplicadas para determinar se uma oferta de trabalho era razoável. Nos anos anteriores, o governo de Schröder já havia cortado impostos para pessoas físicas e jurídicas. Entre 1999 e 2005, a taxa para a faixa de renda superior foi gradualmente reduzida de 53% para 42%.

Tal como acontece com tentativas semelhantes de reformar um sistema de previdência inflacionado em outros países, a Agenda 2010 encontrou forte resistência do público, não menos do que do próprio partido de Schröder e dos sindicatos, que viram as reformas como um ataque aos direitos dos trabalhadores conduzido pelas forças do "neoliberalismo" e do "radicalismo de mercado".

No entanto, a médio prazo, elas se mostraram extremamente eficazes e ajudaram a reduzir o desemprego na Alemanha em 50%, de 11,6% em 2003 para 5,6% em 2017. Em parte, isso foi conquistado ao melhorar significativamente a capacidade da Alemanha de manter sua vantagem competitiva no mercado global, que resultou em um aumento do PIB de 2.130 bilhões de euros em 2003 para 3.263 bilhões de euros em 2017. Enquanto isso, outros países europeus que não conseguiram impor reformas semelhantes — França e Itália, por exemplo — observaram o desempenho econômico da Alemanha com inveja.

CAPÍTULO 4

COREIA DO SUL E DO NORTE: KIM IL-SUNG *VERSUS* A SABEDORIA DO MERCADO

Como a Alemanha, a Coreia saiu da Segunda Guerra Mundial como um país dividido por dois sistemas econômicos concorrentes. Antes da sua divisão em um sul capitalista e um norte comunista em 1948, a Coreia era um dos países mais pobres do mundo, semelhante à África subsaariana. Isso só começou a mudar no início dos anos 1960. Hoje, a Coreia do Sul capitalista é a oitava maior exportadora mundial, cujo PIB *per capita* de US$ 27.539 a coloca à frente de países como Espanha (26.609), Rússia (8.929), Brasil (8.727) e China (8.113).[279] Samsung, Hyundai e LG estão entre as marcas coreanas mais populares e bem-sucedidas.

Estimativas vagas — não há números exatos disponíveis — colocam o PIB *per capita* da Coreia do Norte em cerca de US$ 583.[280]

---

[279] *Estimativas para a Coreia do Sul publicadas pelo Fundo Monetário Internacional em Junho de 2017.*

[280] *Como a Coreia do Norte tem bons motivos para não publicar nenhum dado oficial, essas são estimativas não oficiais e os números reais podem ser maiores ou menores. É muito difícil medir a produtividade na Coreia do Norte "porque ninguém sabe exatamente quem produz o quê na Coreia do Norte". Isso é verdade tanto para o setor público e o segundo setor industrial (o militar) quanto para o*

O país é frequentemente devastado por fomes que matam milhares de seus habitantes. Seria difícil imaginar uma prova mais convincente das vantagens de uma ordem econômica capitalista sobre uma ordem econômica comunista. Parece que o mercado é capaz de superar até mesmo Kim Il-sung, o fundador do país, a quem os norte-coreanos adoram como um deus.

Qualquer pessoa corajosa — ou imprudente — o suficiente para expressar esse pensamento na Coreia do Norte estaria sujeita a detenção e aprisionamento. A Coreia do Norte proíbe qualquer sugestão de que o "presidente eterno", seu filho Kim Jong-il e seu neto Kim Jong-un podem não ser os homens mais sábios do mundo. O preâmbulo da constituição da "República Popular Democrática da Coreia" afirma:

> "A Constituição Socialista da República Popular Democrática da Coreia deve, como a codificação das ideias direcionadas à ideologia Juche dos líderes supremos Kim Il-sung e Kim Jong-il sobre a construção do Estado e suas façanhas nele, ser chamada de Constituição Kim Il-sung e Kim Jong-il."[281]

O culto em torno dos líderes norte-coreanos não tem precedentes em nenhum outro lugar do mundo — nem mesmo Stalin e Mao desfrutavam desse nível de devoção entre seus compatriotas. O aniversário

---

crescente setor quase privado. Estamos achando difícil até mesmo analisar os dados que temos, porque os cálculos norte-coreanos não se baseiam nos preços do dólar. O Bank of Korea da Coreia do Sul emite cálculos com base nos preços dos fatores sul-coreanos, o que nem sempre é uma solução ideal. Eu mesmo utilizo dados norte-coreanos, mas só existem dados para taxas de crescimento e não para PIB absoluto (informação fornecida ao autor pelo Prof. Rüdiger Frank, 21 de Agosto de 2017).

[281] Citado em Frank, *Nordkorea*, 111.

de Kim Il-sung (19 de abril) é comemorado anualmente como o "Dia do Sol", o feriado público mais importante do calendário nacional. Além disso, o calendário norte-coreano, que foi introduzido no final da década de 1990, conta o tempo a partir do ano de nascimento de Kim Il-sung em 1912. Assim, no momento em que este livro foi escrito, os norte-coreanos viviam em 107, em vez de 2018.[282] Todos os itens em que Kim Il-sung tocou são adorados como relíquias sagradas, com uma placa vermelha ou uma inscrição em ouro comemorando esse acontecimento importante e, na maioria das vezes, interditando o local sagrado ou item para que nenhum mero mortal se aproxime. É por isso que ninguém tem permissão para entrar no elevador central em um banco de três no arranha-céu da Universidade Kim Il-sung na capital da Coreia do Norte, Pyongyang, que já foi usado pelo Líder Supremo. Rochas que serviram como locais de descanso para Kim Il-sung durante uma de suas caminhadas são cercadas para protegê--las, enquanto os locais mais bonitos nas montanhas norte-coreanas são decorados com citações do Líder Supremo e *slogans* esculpidos profundamente na face da rocha.[283]

Existem regulamentos rígidos relativos à exibição obrigatória de fotos de Kim Il-sung e seu filho Kim Jong-il em todas as casas norte--coreanas. A literatura norte-coreana está repleta de relatos de feitos heroicos de homens e mulheres devotos que arriscam suas próprias vidas para salvar essas fotos durante desastres como incêndios ou naufrágios.[284] De acordo com a propaganda oficial, Kim Il-sung e seus

---

[282] *Ibid.*, 68.

[283] *Ibid.*, 68–69.

[284] *Ibid.*, 62.

sucessores têm a habilidade de curar outras pessoas e a ocasião auspiciosa do nascimento de Kim Jong-il foi marcada pelo aparecimento de uma estrela excepcionalmente brilhante. Quando ele morreu, as cegonhas supostamente poderiam ser vistas voando por todo o país.[285]

No Ocidente, o líder norte-coreano é objeto de medo ou é ridicularizado, enquanto os norte-coreanos estão convencidos de que o mundo inteiro inveja seus líderes supremos. Como diz a introdução a uma biografia de Kim Jong-il: "Seu amor é verdadeiramente grande; cura os enfermos e dá vida nova, como a chuva de primavera que o sagrado país bebe... Tudo isso desperta admiração nos povos do mundo, causando inveja de nós".[286] Por todas as suas qualidades maravilhosas, o autor prossegue dizendo, o Líder Supremo permaneceu um homem modesto que escolheu ter suas estátuas gigantescas espalhadas por todo o país banhadas com bronze simples em vez de ouro.[287]

Há uma empresa com mais de 4.000 funcionários que se dedica principalmente à fabricação de monumentos, estátuas e pinturas que glorificam o Líder Supremo. A produção continua mesmo em épocas em que muitos norte-coreanos passam fome. A empresa tem um negócio paralelo lucrativo, que é responder à demanda por obras semelhantes de ditadores em outras partes do mundo, entre eles o antigo governante do Zimbábue Robert Mugabe.[288]

O culto à personalidade em torno de Kim Il-sung remonta à guerra de libertação da ocupação japonesa, à criação da Coreia do Norte e à Guerra da Coreia entre 1950 e 1953. Assim como a Alemanha foi

---

[285] *Ibid.*, 63.

[286] *Citado em ibid.*, 63.

[287] *Ibid.*, 66.

[288] *Ibid.*, 183–184.

O CAPITALISMO NÃO É O PROBLEMA, É A SOLUÇÃO

ocupada pelos Aliados Ocidentais e pela União Soviética no final da Segunda Guerra Mundial, a Coreia foi dividida entre uma zona ocupada pelos soviéticos e uma zona ocupada pelos EUA em 1945. E, assim como a Alemanha foi dividida em duas, com a República Federal no oeste e a República Democrática Alemã no leste, a Coreia foi dividida para formar a República Popular Democrática no norte e a República da Coreia no sul.

Em junho de 1950, as tropas norte-coreanas atacaram a Coreia do Sul, dando início à Guerra da Coreia, na qual a China e a União Soviética ficaram contra uma coalizão, liderada pelos EUA, de membros da ONU. A guerra terminou com um acordo de armistício em 1953, depois de matar 940.000 soldados e cerca de 3 milhões de civis, quase destruindo toda a indústria do país. Kim Il-sung permaneceu no poder até sua morte em 1994. Ele foi sucedido por seu filho, Kim Jong-il, que morreu em 2011 e foi sucedido por seu próprio filho, Kim Jong-un.

Coreia do Norte e a doutrina de Kim Il-Sung e Kim Jong-Il

A Coreia do Norte aderiu inicialmente à doutrina marxista-leninista e alinhou-se estreitamente com a China e a União Soviética. Após ocupar a parte norte do país, a União Soviética começou a reestruturar a economia local segundo o modelo de seu próprio sistema, da mesma forma que havia feito na Alemanha Oriental e em outros países do Leste Europeu. Especificamente, isso significava a nacionalização compulsória das operações industriais — a maioria das quais anteriormente era pertencente aos japoneses — e a reforma agrária.

A partir do início da década de 1960, no entanto, os líderes da Coreia do Norte, com a intenção de provar sua independência, começaram a propagar uma rota alternativa ao socialismo, que foi informada pelos dogmas de Kim Il-sung e Kim Jong-il e se tornou conhecida como a "Doutrina de Kim Il-sung e Kim Jong-il". Os norte-coreanos usam o termo *juche* para se referir a uma ideologia idiossincrática que combina elementos-chave do socialismo com uma forma extrema de nacionalismo e um culto à personalidade.[289] Os grandes retratos de Marx e Lenin exibidos na Praça Kim Il-sung em Pyongyang foram retirados em 2012 — provavelmente para garantir que os norte-coreanos não adorem nenhum outro deus além do seu próprio Líder Supremo, que sozinho decide o caminho certo para o socialismo.

A constituição da Coreia do Norte define o socialismo como a ordem econômica prescrita do país, com o Artigo 20 estipulando que os meios de produção são propriedade do Estado ou, na produção agrícola, de coletivos, e o Artigo 34 estipulando que a economia da Coreia do Norte é uma economia planejada.[290] Enquanto a União Soviética e a China continuaram fornecendo apoio econômico, a Coreia do Norte foi capaz de cumprir suas metas de acordo com o planejado. Ao jogar os dois poderes comunistas um contra o outro e usar as ofertas feitas por uma das partes para obter concessões semelhantes da outra, ela até lucrou com a rivalidade entre eles.

A partir do início dos anos 1960, a Coreia do Norte começou a se emancipar da influência das duas maiores potências comunistas.

---

[289] *Ibid.*, 101.
[290] *Ibid.*, 115 et seq.

O CAPITALISMO NÃO É O PROBLEMA, É A SOLUÇÃO

No entanto, ela não foi mais capaz de cumprir suas metas de planejamento sem sua ajuda financeira. A extensão de três anos do primeiro plano de sete anos da Coreia do Norte para o período de 1961 a 1967 estabeleceu o padrão para as décadas seguintes: o plano de seis anos de 1971 a 1976 foi estendido por dois anos, assim como o segundo plano de sete anos (de 1978 a 1984). Após o terceiro plano de sete anos (de 1987 a 1993), o regime interrompeu temporariamente a publicação dos planos econômicos detalhados.[291] A formulação do plano estratégico de dez anos proclamado em 2011 foi vago e generalizado, e mesmo o plano de cinco anos adotado na conferência do partido de 2016 continha poucos dados.[292] Afinal, não divulgar suas metas era a maneira mais segura de o regime norte-coreano garantir que não as perdesse.

Como em outras economias planejadas, a Coreia do Norte sempre foi atormentada por uma escassez em todos os domínios. Rüdiger Frank, que é um dos maiores especialistas na Coreia do Norte, lembra-se de ter viajado a Pyongyang em 1991 para uma visita de estudo que duraria vários meses. Para não exceder seu limite de bagagem de 20 quilos, ele não trouxe uma caneca de café.

"Uma coisa eu pensei que sabia: se você não é muito exigente com a estética, você deve ser capaz de encontrar esse tipo de coisa mesmo em uma economia de penúria. No primeiro dia depois de chegar lá, fui à 'Loja de Departamentos nº 1', a melhor loja de departamentos da cidade na época. Não demorou muito para encontrar uma pirâmide inteira de xícaras de café muito ornamentadas no segundo andar. A moça

---

[291] *Ibid.*, 204.
[292] *Ibid.*, 397.

encarregada do departamento me deu um sorriso incerto e eu coloquei meu melhor sotaque coreano para pedir uma das miniaturas de obras expostas bem na minha frente. Sua resposta foi imediata e surpreendente: "Não temos nenhuma". Supondo que tivesse havido algum tipo de mal-entendido, reformulei minha pergunta e usei a linguagem de sinais para dar ênfase adicional, o que fez com que a fachada de compostura cuidadosamente mantida da mulher desmoronasse enquanto o sorriso em seu rosto foi substituído por uma expressão de pânico absoluto. Ela saiu correndo sem dizer mais nada, e eu voltei para o meu dormitório com muitas perguntas na cabeça, mas sem uma xícara de café."[293]

Mais tarde, Frank descobriu uma explicação provável para esse curioso evento. Durante uma de suas visitas ao local a fim de dar "instruções e ordens" alguns anos antes, Kim Il-sung havia notado o quanto a visão de tantas lacunas nas prateleiras de seu belo país o magoava. Presumivelmente, a intenção era apenas um lembrete ao povo da Coreia do Norte para aumentar a produção. No entanto, a comitiva que se aglomerava ao seu redor o tempo todo — que anotava cada palavra sua e as transformava em instruções, que eram então exibidas em faixas e proclamadas em alto-falantes em anúncios públicos em todo o país — interpretou literalmente: o Líder Supremo não quer ver mais lacunas nas prateleiras das lojas de seu belo país.

"E assim, a partir daí, as prateleiras dos pontos de venda públicos ficaram sempre cheias. Nenhum líder e nenhum visitante estrangeiro foi capaz de dizer se um item específico estava disponível ou não.

---

[293] *Ibid.*, 144.

Infelizmente, os norte-coreanos também não — pelo menos não olhando as prateleiras, que estavam sempre bem abastecidas. Quando chegava uma entrega real, as mercadorias terminavam em pacotes no chão ou eram rapidamente empilhadas no balcão e vendidas imediatamente."[294]

No entanto, como diz Frank, muita coisa mudou desde sua tentativa fracassada de comprar uma xícara de café. O aumento da conscientização sobre as fraquezas do planejamento econômico levou a tentativas experimentais de 'mini-reformas' econômicas de 2002 em diante. Tentativas semelhantes de instigar reformas simulando os mecanismos de uma economia de mercado viável na RDA são discutidas no Capítulo 3. No entanto, como na RDA — e ao contrário da China, cujo sistema econômico atual é "socialista" apenas no nome —, esses esforços tiveram um efeito limitado, na melhor das hipóteses, devido à recusa do regime norte-coreano de reconsiderar radicalmente seu compromisso com um sistema socialista e iniciar uma transição para o capitalismo.

As pequenas reformas que o regime trouxe incluíram uma ligeira mudança em direção a mais incentivos para melhorar o desempenho de cada trabalhador. Anteriormente, o regime confiava principalmente na propaganda em seus esforços para aumentar a produtividade. Todos os anos, o aniversário de Kim Il-sung serviu como uma ocasião para instar os trabalhadores a aumentarem seus esforços. Alto-falantes proclamando os mais recentes *slogans* motivacionais são uma característica onipresente nos locais de trabalho norte-coreanos em qualquer caso. Em canteiros de obras, alto-falantes montados em cima de vans

---

[294] *Ibid.*, 145.

fornecem uma trilha sonora constante de recitais de documentos oficiais, alternando com canções revolucionárias para manter os trabalhadores motivados.[295]

Uma das medidas adotadas durante a tentativa de reforma de curta duração da economia norte-coreana foi uma reforma de preços em 2002, que resultou em preços mais realistas. No entanto, assim como na Alemanha Oriental, a liderança política norte-coreana evitou dar o próximo passo e permitir que os preços fossem determinados pela interação entre a demanda e a oferta — que é o pré-requisito para um sistema econômico funcional, porque as variações nos preços são as indicadoras mais confiáveis de excedentes e escassez de produção.

Os governantes da Coreia do Norte parecem viver com um medo constante de perder seu poder, como aconteceu com os líderes soviéticos e seus companheiros comunistas em outros países do Leste Europeu que instigaram extensas reformas econômicas no final dos anos 1980 e início dos anos 1990. Quando a reforma de preços norte-coreana trouxe à tona a escala real da inflação, que havia sido escondida e suprimida antes, os governantes ficaram compreensivelmente amedrontados e sua disposição de reformar a economia logo atingiu seus limites.

O livro de Frank contém o relato de uma palestra sobre o combate à inflação que ele deu em Pyongyang em 2005. Em conversas subsequentes com especialistas norte-coreanos, ele percebeu que eles estavam muito bem informados sobre os conceitos econômicos ocidentais, mas sem a consciência de que seria necessário um sistema econômico diferente — especificamente, uma economia de livre

---

[295] *Ibid.*, 58.

O CAPITALISMO NÃO É O PROBLEMA, É A SOLUÇÃO

mercado — para fazer esses conceitos funcionarem. Os especialistas buscaram seu conselho sobre pontos de ação específicos, embora se recusassem a ouvir palestras sobre os mecanismos que impulsionam uma economia de livre mercado.[296]

O compromisso do regime com a reforma da economia, que tinha sido, no máximo, hesitante, logo cessou, e a imprensa controlada pelo Estado começou a publicar avisos frequentes sobre os riscos de sucumbir ao "doce veneno do capitalismo".[297] Em novembro de 2009, a moeda foi desvalorizada com a taxa de câmbio fixada em 100:1. Embora preços, rendas e poupança estivessem todos sujeitos ao mesmo fator de depreciação, os norte-coreanos só podiam trocar poupanças até o equivalente a cerca de US$ 100. Em outras palavras, a reforma monetária equivalia a uma expropriação de quem tinha poupança a mais do que essa quantia e não os tinha trocado por moeda estrangeira.[298]

Isso causou muita raiva na população, já que os afetados incluíam famílias comuns que, por exemplo, estavam economizando para o casamento de suas filhas, bem como aquelas que eram genuinamente ricas para os padrões norte-coreanos. Qualquer confiança que a população tinha anteriormente em sua moeda foi perdida completamente graças a essa reforma mal pensada. Para proteger suas economias, os norte-coreanos começaram a investir seu dinheiro em bens materiais, como arroz e ouro, ou tentaram se apossar de moedas estrangeiras. O governo respondeu banindo todas as transações em

---

[296] *Ibid.*, 207.

[297] *Ibid.*, 226.

[298] *Ibid.*, 228–229.

moeda estrangeira, mas os sistemas de duas moedas coexistem de fato lado a lado na Coreia do Norte contemporânea: a moeda oficial, que é usada para pagar mercadorias de acordo com cotas de alocação, e moedas estrangeiras, que compram aos seus afortunados proprietários pequenos luxos. Táxis, restaurantes e piscinas ficam felizes em aceitar dólares.[299]

Embora até mesmo os pequenos passos dados para reformar a economia não tenham resultado em nada no final, as Zonas Econômicas Especiais da Coreia do Norte sobreviveram. Conforme discutido no Capítulo 1, quando introduzido na China, esse campo experimental para a reforma econômica desempenhou um papel importante em facilitar a transição do socialismo para o capitalismo ao proporcionar um espaço para experimentos em pequena escala com propriedade privada, economia de livre mercado e colaboração internacional dentro de um território geograficamente definido. A Coreia do Norte também criou várias Zonas Econômicas Especiais — no entanto, em comparação com as chinesas, sua contribuição para a economia até agora tem sido insignificante. Algumas delas existiram por décadas sem alcançar nenhum resultado perceptível, enquanto outras já foram fechadas. Frank, que está bastante otimista em relação ao desenvolvimento econômico da Coreia do Norte, está menos otimista com as perspectivas da Zona Econômica Especial Rason: "A Coreia do Norte está abrindo uma porta e ninguém entra, exceto alguns especuladores chineses [...] Os investimentos feitos até agora neste 'Triângulo Dourado do Nordeste' nem chegariam ao padrão de uma pequena cidade chinesa." Outra Zona Econômica Especial, a Zona Industrial

---

[299] *Ibid.*, 229 et seq.

Kaesong, foi interrompida em 2016 depois que a Coreia do Sul cancelou um acordo comercial após um teste de míssil norte-coreano.[300]

Além da economia planejada, os enormes gastos militares da Coreia do Norte são outro fator que contribui para a terrível situação econômica do país. O regime só conseguiu permanecer no poder instituindo um estado de sítio permanente e de emergência em todo o território. Os norte-coreanos estão constantemente preparados para um ataque das "potências imperialistas", dos EUA em particular. A Coreia do Norte mantém um dos maiores exércitos do mundo e, dependendo de qual fonte você escolher, o período do serviço militar obrigatório varia entre três e dez anos.[301] A sociedade norte-coreana é amplamente militarizada: em vez de ir a pé para o trabalho ou escola, os norte-coreanos marcham. Os uniformes estão por toda parte, os exercícios militares são uma ocorrência frequente em empresas, escolas e órgãos governamentais. O financiamento do ambicioso programa nuclear do país coloca uma pressão significativa na economia.

O fato de a Coreia do Norte ter um padrão de vida tão baixo, apesar de suas reservas excepcionalmente grandes de depósitos minerais, deve-se principalmente à insistência da liderança política em manter um sistema econômico socialista. A Coreia do Norte se orgulha de ter permanecido fiel aos seus princípios socialistas, com apenas tentativas temporárias e bastante insignificante de reforma, enquanto a Rússia, a China e outras nações ex-socialistas foram atraídas pelas "tentações" do capitalismo.

---

[300] *Ibid.*, 405 et seq.

[301] *Ibid.*, 119.

Embora o setor agrícola da Coreia do Norte empregue cerca de seis vezes mais pessoas do que a Coreia do Sul, a produção agrícola do país quase não atende à demanda, mesmo em anos bons.[302] Quando as colheitas fracassam por causa de secas ou outros desastres naturais, há uma escassez de alimentos e fome frequente com uma magnitude semelhante aos sustentados na China pré-capitalista.

A pior dessas fomes aconteceu em 1996, quando os efeitos combinados de uma má gestão de recursos, seca e inundações deixaram 200.000 norte-coreanos mortos de fome, de acordo com dados oficiais. O número real de mortos é difícil de verificar — estimativas de agências estrangeiras estabelecem o total em até 3 milhões, ou um em cada oito norte-coreanos. Assim como a liderança comunista da China uma vez colocou a culpa de milhões de mortes por fome nos desastres naturais (ver Capítulo 1), o regime norte-coreano faz o mesmo, colocando a culpa por qualquer escassez de alimentos e outros problemas econômicos em sanções ocidentais ou eventos naturais.

No entanto, como mostra o exemplo da China, más colheitas — o que pode acontecer em qualquer sistema político ou econômico, devido a, por exemplo, longos períodos de seca — não necessariamente fazem com que seus habitantes morram de fome. Não são as secas em si que causam milhares de mortes, mas os déficits de um sistema de economia planejada cuja produção agrícola quase não atende à demanda, mesmo em condições normais, o que significa que o rendimento das colheitas instável causado por mudanças nos padrões climáticos pode ter consequências fatais.

---

[302] *Ibid.*, 163–164.

Coreia do Sul

O contraste entre a Coreia do Norte e a Coreia do Sul dificilmente poderia ser maior. De acordo com o Índice de Liberdade Econômica de 2018, a Coreia do Sul ocupa o 27º lugar entre os países mais livres do mundo, logo atrás da Alemanha em 25º e à frente do Japão em 30º lugar, e com uma pontuação de 90,7 de 100 pontos possíveis na categoria "liberdade de negócios".[303] A Coreia do Norte, em comparação, está na retaguarda em 180º lugar e pontua apenas 5,0 de 100 pontos na categoria "liberdade de negócios".[304]

Após a Segunda Guerra Mundial, a Coreia do Sul se viu em uma posição inicial difícil, sem nenhuma ajuda financeira vinda dos Estados Unidos, enquanto a Coreia do Norte recebeu um apoio considerável da União Soviética e da China. A Coreia do Sul era um país agrícola sem quaisquer depósitos minerais significativos — quase todas as reservas de recursos naturais da península coreana, que incluem minério de ferro, ouro, cobre, chumbo, zinco, grafite, molibdênio, calcário e mármore, estão localizadas na Coreia do Norte.[305] A população da Coreia do Sul cresceu muito rapidamente — de 16 milhões para 21 milhões apenas entre 1945 e 1947 — devido ao influxo de refugiados do norte comunista. Muitas pessoas viviam no nível de subsistência ou abaixo dele.[306]

---

[303] Heritage Foundation, *2018 Index of Economic Freedom*, 3.

[304] *Ibid.*, 7.

[305] Dieter Schneidewind, *Wirtschaftswunderland Südkorea* (Wiesbaden: Springer Gabler, 2013), 109.

[306] Patrick Köllner, "*Südkoreas politisches System*", em *Südkorea und Nordkorea: Einführung in Geschichte, Politik, Wirtschaft und Gesellschaft*, editado por Thomas Kern e Patrick Köllner (Frankfurt: Campus Verlag, 2005), 51.

Em julho de 1961, o governo japonês listou sete razões pelas quais a independência econômica seria impossível para a Coreia do Sul: superpopulação, falta de recursos, falta de industrialização, enormes obrigações militares, falta de habilidades políticas, falta de capital e falta de habilidades administrativas.[307] O fracasso da Coreia do Sul em alcançar qualquer progresso econômico significativo na década de 1950, imediatamente após a Guerra da Coreia, inicialmente parecia confirmar essa visão. Com US $79, a Coreia do Sul tinha uma das rendas *per capita* mais baixas do mundo.

As perspectivas do país finalmente começaram a melhorar com a ascensão de Park Chung-hee ao poder em 1961. Na época em que o governante autocrático foi assassinado pelo diretor da Agência Central de Inteligência da Coreia em 1979, ele tinha se tornado o pai fundador do milagre econômico da Coreia do Sul. Park inicialmente favorecia um sistema econômico centralizado controlado pelo Estado, mas foi persuadido do contrário pelo fundador da Samsung, Lee Byung-chull, que, segundo consta, o aconselhou "que apenas uma economia de mercado relativamente liberal seria capaz de liberar a iniciativa empresarial e o pensamento criativo necessários para competir no mercado global e garantir a disponibilidade de produtos de última geração".[308] O termo coreano para conglomerados como a Samsung é *chaebol*, que se traduz como "negócio de família". Essas poderosas empresas familiares deram uma contribuição crucial para a ascensão da Coreia do Sul à prosperidade econômica. Não é por acaso que o fundador de um deles teve influência decisiva na política econômica de Park.

---

[307] Schneidewind, *Wirtschaftswunderland Südkorea*, 45.

[308] *Ibid.*, 138.

O relacionamento próximo entre o governo e essas grandes empresas familiares era uma característica marcante da economia sul-coreana naquela época. Embora o governo emitisse planos para estabelecer metas de desenvolvimento e produção, eles eram completamente diferentes do planejamento econômico dos sistemas socialistas. Em vez de o governo dizer às empresas o que fazer, como seria o caso em uma economia planejada, as próprias empresas tiveram uma influência significativa na política governamental. A corrupção era abundante neste sistema. Para construir sua própria base de poder, Park contou com o apoio das poderosas empresas *chaebol*, que precederam seu regime — 27 dos 30 maiores conglomerados *chaebol* de hoje remontam a antes de 1961.[309]

Ao contrário das empresas privadas na Coreia do Norte, que foram nacionalizadas, as sul-coreanas foram compensadas por suas perdas durante a guerra. Isso foi conseguido com a privatização de ativos japoneses, que foram vendidos a alguns proprietários de empresas familiares. Quase metade dos novos proprietários veio de famílias de proprietários médios ou grandes.

> "É aqui que as origens do rápido avanço do modelo de corporações hierarquicamente organizadas e coordenadas por famílias e a estrutura corporativa formada por clãs familiares capazes de alavancar capital emprestado para se expandir com flexibilidade em diferentes setores para atender às metas da política industrial foram estabelecidas."[310]

---

[309] *Ibid.*, 138.

[310] Markus C. Pohlmann, *"Südkoreas Unternehmen"*, em *Südkorea und Nordkorea: Einführung in Geschichte, Politik, Wirtschaft und Gesellschaft*, editado por Thomas Kern e Patrick Köllner (Frankfurt: Campus Verlag, 2005), 123.

Hoje, as grandes marcas *chaebol* coreanas são, literalmente, nomes conhecidos pelos consumidores em todo o mundo: Samsung é o principal concorrente da Apple, enquanto aparelhos de TV e eletrônicos domésticos feitos pela LG são populares em todo o mundo. Esses grupos pertencentes a famílias são mais diversificados do que a maioria das corporações dos Estados Unidos, com exceção de algumas isoladas como a General Electric. Muitos conglomerados *chaebol* são compostos por dezenas de empresas individuais que operam em uma variedade de indústrias diferentes. Em meados da década de 1990, os cinco maiores atuavam em uma média de 142 mercados cada (calculado por categoria de produto), enquanto o 6° ao 10° e o 11° ao 15° atendiam em média 63 e 39 mercados, respectivamente.[311]

As pequenas e médias empresas, por outro lado, estavam lutando para competir e não desempenharam um papel significativo na Coreia do Sul até as décadas de 1980 e 1990. A porcentagem da força de trabalho total que estava empregada em pequenas e médias empresas (até 100 funcionários) cresceu de 35% em 1970 para cerca de 58% em 1998.[312] Hoje, as grandes marcas *chaebol* ainda são cruciais para a economia coreana. Elas sempre tiveram um foco muito forte em pesquisa e desenvolvimento. Tanto a Hyundai quanto a Samsung aumentaram seus departamentos de pesquisa exponencialmente entre 1980 e 1994, com um aumento de seis vezes de 616 para 3.890 funcionários e um aumento impressionante de 13 vezes de 690 para 8.919 funcionários, respectivamente.[313]

---

[311] *Ibid.*, 136–137.

[312] *Ibid.*, 125.

[313] *Ibid.*, 134.

Dentre as muitas interrupções que ameaçaram prejudicar o desenvolvimento da economia sul-coreana, a crise financeira de 1997-1998 foi a mais severa. A Coreia foi duramente atingida pela crise, com uma perda de 25% na renda total média de 1996/97 a 1997/98, aumento do desemprego e queda nos salários efetivos, resultando em efeitos negativos sobre o bem-estar de 45% durante este período, de acordo com estimativas de economistas.[314] Os críticos do capitalismo gostam de citar crises desse tipo como prova da fraqueza do sistema capitalista, quando na verdade elas são uma parte necessária do ciclo e muitas vezes têm um efeito de limpeza, garantindo que as empresas que não são mais lucrativas desapareçam do mercado.

O colapso do Grupo Daewoo é um excelente exemplo. Fundada por Kim Woo-choong, um empresário de enorme sucesso que começou na indústria têxtil e posteriormente entrou nos setores de metais pesados, automotivos e eletrônicos, a empresa faliu em 1999 em consequência da crise financeira de 1997-1998.[315] Hoje, as empresas que saíram da dissolução do quarto maior grupo da Coreia do Sul operam como empresas independentes, algumas delas bem-sucedidas.

Como resultado da crise grave de 1997–1998, a Coreia do Sul foi temporariamente colocada sob monitoramento do Fundo Monetário Internacional (FMI). Embora as reformas de reestruturação impostas pelo FMI tenham recebido muitas críticas, elas rapidamente produziram resultados positivos, o que permitiu ao país superar a crise em um período de tempo surpreendentemente curto. Mais importante ainda:

---

[314] Werner Pascha, "*Südkoreas Wirtschaft*", em *Südkorea und Nordkorea: Einführung in Geschichte, Politik, Wirtschaft und Gesellschaft*, editado por Thomas Kern e Patrick Köllner (Frankfurt: Campus Verlag, 2005), 100.

[315] Schneidewind, *Wirtschaftswunderland Südkorea*, 147.

as reformas geraram efeitos positivos a longo prazo, impulsionando a liberalização da economia sul-coreana que começou na década de 1980. Muitos grupos *chaebol* foram desmantelados ou passaram a gerenciar apenas suas operações principais, enquanto a economia sul-coreana foi aberta a investidores estrangeiros, em um grau nunca visto. O ano de 1998 também testemunhou a liberalização completa do mercado financeiro e a legalização de fusões e aquisições, inclusive hostis, envolvendo empresas estrangeiras.[316]

A Samsung vendeu dezenas de divisões que não faziam parte das principais operações da empresa e demitiu cerca de um terço de seus funcionários restantes durante este período. Essas medidas valeriam a pena, tornando a Samsung uma das marcas sul-coreanas com maior crescimento após a crise.[317] Hoje, é uma das 20 maiores empresas do mundo em capitalização de mercado, ficando logo atrás do gigante americano Walmart e à frente da AT&T.[318]

Embora a ascensão econômica da Coreia do Sul tenha sido impulsionada pela liberalização econômica, pelo menos inicialmente isso não coincidiu com a transição do país para uma democracia, que não aconteceu até 1987. A reforma do mercado livre e a liberalização política podem coincidir em alguns casos, mas, como os exemplos da China e do Chile (veja Capítulos 1 e 6) confirmam, às vezes é possível que o primeiro aconteça sem o último. A partir do início da década de 1980, o governo sul-coreano começou a renunciar gradualmente à sua

---

[316] Pohlmann, "*Südkoreas Unternehmen*", 142.

[317] *Ibid.*, 144.

[318] Data para Janeiro de 2018: *Banks around the World, "The World's Top 50 Companies"* (2018), acessado em 4 de Junho de 2018, https://www.relbanks. com/rankings/worlds-largest-companies.

forte influência na economia. A privatização dos bancos foi um passo importante nessa direção. A porcentagem de empréstimos administrados pelo Fundo Nacional de Investimento do país caiu de 25% em 1979 para 5% em 1991. Em 1980, a Comissão de Comércio Equitativo da Coreia (*Korea Fair Trade Comission*) foi criada sob uma nova lei antitruste. A Coreia do Sul pôde ingressar na Organização para a Cooperação e Desenvolvimento Econômico (OCDE) em 1996 devido ao prosseguimento da liberalização durante a década de 1990.[319]

Em sua obra de referência sobre a economia coreana, publicada em 2013, o economista alemão Dieter Schneidewind relata:

> "O governo está se abstendo cada vez mais da gestão da atividade econômica do dia-a-dia, mas continua a definir metas e conceder empréstimos e incentivos fiscais para apoiar desenvolvimentos promissores. Com a carta-branca dada para a economia de livre mercado doméstica, as regulamentações que antes controlavam e restringiam o comércio internacional estão mais flexíveis, permitindo que o empreendedorismo e a criatividade se desenvolvam vigorosamente em todo o seu potencial."[320]

Werner Pascha, que está menos impressionado com o histórico de liberalização econômica do país, argumenta que os presidentes mais recentes da Coreia do Sul instituíram ativamente agendas de política industrial — incluindo a filha de Park Chung-hee, Park Geun-hye, que ocupou o cargo entre 2013 e 2017. Sua política econômica não foi nem de longe tão intervencionista quanto a de seu pai, mas, apesar disso,

---

[319] Pascha, "*Südkoreas Wirtschaft*", 96–97.

[320] Schneidewind, *Wirtschaftswunderland Südkorea*, 124.

seu governo influenciou o desenvolvimento industrial ao promover uma "economia criativa" e ao dar apoio financeiro a empresas de TI.[321]

O exemplo da Coreia do Sul, especialmente quando usado para comparação com seu vizinho comunista, demonstra a força superior do capitalismo. Da mesma forma, também mostra que o sistema econômico é apenas uma das várias pré-condições para a ascensão de um país ao sucesso econômico. Embora a reestruturação da economia nos moldes capitalistas tenha estabelecido as bases para o sucesso, fatores culturais sempre contribuíram significativamente para a magnitude desse sucesso. Especificamente, estou me referindo aqui à tão falada vontade dos sul-coreanos de trabalhar e estudar muito. Lembro que um de meus chefes anteriores, o professor Jürgen Falter, tinha voltado de uma viagem à Coreia do Sul quando trabalhava como assistente de pesquisa na Universidade Livre de Berlim. O grande número de alunos que ainda estavam na biblioteca à meia-noite — numa época em que a biblioteca da nossa universidade fechava às 18h30 — o impressionou muito.

A educação é levada mais a sério na Coreia do Sul do que em quase qualquer outro lugar do mundo. Com uma percentagem de 20% — um número que se manteve mais ou menos constante nos últimos 30 anos —, a educação é o maior item do orçamento público.[322] Além desse gasto do governo, também há o investimento privado significativo em educação, que equivale a cerca de 3% do PIB,

---

[321] *Comentário feito por Prof. Dr. Werner Pascha para o autor em 10 de Agosto de 2017.*

[322] Thomas Kern, *"Südkoreas Bildungs- und Forschungssystem"*, em *Südkorea und Nordkorea: Einführung in Geschichte, Politik, Wirtschaft und Gesellschaft*, editado por Thomas Kern e Patrick Köllner (Frankfurt: Campus Verlag, 2005), 161.

e, com isso, a Coreia do Sul gasta mais em educação do que qualquer outro país. Com cerca de 80% das instituições de ensino superior em propriedade privada, o sistema educacional sul-coreano tem um foco muito mais forte no mercado livre do que a maioria dos outros países. A qualidade das suas instituições é excelente. Oito universidades coreanas estão classificadas entre as 100 universidades mais inovadoras do mundo, sendo o Instituto Avançado de Ciência e Tecnologia da Coreia (KAIST) a única universidade fora dos Estados Unidos a estar entre as dez primeiras.[323]

Apesar de toda a sua qualidade superior, essas universidades não são páreo para o zelo dos estudantes coreanos. As famílias ricas, em particular, frequentemente enviam seus filhos e filhas para o exterior, de preferência para universidades americanas, para terminar seus estudos. Com quase todos os cargos de liderança na política e nos negócios atualmente ocupados por indivíduos com doutorado em uma universidade dos EUA, um diploma de uma universidade de elite sul-coreana seguido por estudos de pós-graduação nos EUA tornou-se praticamente obrigatório para qualquer sul-coreano que aspira a uma carreira de sucesso.[324]

Nos níveis primário e secundário, as escolas privadas também desempenham um papel importante. Além de suas aulas regulares, 77% dos alunos passam em média 10,2 horas extras por semana em uma das quase 100.000 *hagwon* ou escolas particulares. Uma família

---

[323] Kooperation International, "*Bildungslandschaft: Republik Korea (Südkorea)*" (nd), acessado em 20 de Junho de 2018, www.kooperation-international. de/laender/asien/republik-korea-suedkorea/bildungs-forschungs-und-innovationslandschaft/bildungslandschaft.

[324] Kern, "*Südkoreas Bildungs- und Forschungssystem*", 166.

sul-coreana comum gasta US$ 800 por mês com aulas particulares,[325] embora as escolas públicas do país estejam entre as mais bem equipadas e mais avançadas do mundo. Já em 2001, todas as escolas primárias e secundárias tinham conexão à Internet e os 340.000 professores da Coreia do Sul tinham seus próprios computadores. Em 2003, 14 universidades — chamadas de *cyber universities*, pois as aulas são digitais — passaram a utilizar a internet e terem aulas virtuais.[326]

Os resultados positivos desse zelo educacional são refletidos em classificações internacionais. No Programa de Avaliação Internacional de Alunos da OCDE de 2015, o desempenho dos alunos sul-coreanos levou o 11º lugar entre 70 países em ciências (à frente do Reino Unido em 15º lugar, Alemanha em 16º e os EUA em 25º) e 7º em matemática. Talvez ainda mais impressionante seja a alta participação do país nos melhores desempenhos em pelo menos uma disciplina, que em 25,6% excede em muito a média da OCDE de 15,3%. Por outro lado, a parcela da Coreia do Sul de alunos com baixo desempenho em todas as três disciplinas, que é 7,7%, está muito abaixo da média de 13%.[327]

---

[325] Kooperation International, "*Bildungslandschaft.*"

[326] Kern, "*Südkoreas Bildungs- und Forschungssystem*", 161. No entanto, há um outro lado nessa tendência, que vê os alunos ingressando nas melhores universidades e em empregos de colarinho branco sem considerar alternativas de carreira. Em muitos casos, o dinheiro investido nas mensalidades poderia ser mais bem gasto em outro lugar. Muitos coreanos agora criticam esses desenvolvimentos e estão muito interessados em modelos alternativos, como o sistema dual de ensino praticado nos países de língua alemã, que combina estágios em uma empresa e formação profissional em uma escola profissional (comentário feito pelo Prof. Dr. Werner Pascha ao autor em 10 de Agosto de 2017).

[327] *Organisation for Economic Co-operation and Development, PISA 2015: PISA Results in Focus* (2018), acessado em 20 de Junho de 2018, https://www.

O CAPITALISMO NÃO É O PROBLEMA, É A SOLUÇÃO

Esses resultados são um reflexo da grande tendência típica dos estudantes coreanos, a de estudar muito e arduamente. *Sadang orak* (literalmente: 'quatro sobe, cinco desce') é um slogan martelado em alunos que se preparam para fazer seus exames de admissão à universidade: qualquer pessoa que passe mais de quatro horas por dia dormindo em vez de estudando será reprovada nos exames.[328] A escola começa às 9h da manhã e termina às 17 horas, e após esse horário os alunos fazem a lição de casa e passam um tempo na internet. A grande maioria dos alunos entre as idades de 10 e 12 anos e depois entre 16 e 18 frequenta as escolas *hagwon* para ajudá-los a entrar nas melhores escolas do ensino médio e universidades.[329]

Os adultos trabalham por horas igualmente longas. "Espera-se que os coreanos se esforcem até que o trabalho seja concluído", diz Schneidewind. "Muitos coreanos trabalham tanto quanto podem, e muitos idosos continuam trabalhando até morrer, sem nem mesmo olhar para o relógio ou para o dia da semana, quanto mais para suas férias anuais". Quem tem mais tempo livre — os funcionários de grandes corporações, por exemplo — raramente o desperdiça em atividades de lazer. Em vez disso, eles participam de cursos de desenvolvimento profissional ou arrumam um segundo emprego.[330]

---

oecd.org/pisa/pisa-2015-resultsin-focus.pdf. De acordo com a definição da OCDE, os melhores desempenhos são os alunos que alcançam o Nível 5 ou 6 em pelo menos uma disciplina (matemática, ciências ou leitura). Os alunos com baixo desempenho são alunos cujo desempenho é classificado abaixo do Nível 2 em todas as três disciplinas.

[328] Frank, *Nordkorea*, 20.

[329] Schneidewind, *Wirtschaftswunderland Südkorea*, 78–79.

[330] *Ibid.*, 79.

Embora essas disposições culturais tenham desempenhado um papel fundamental no sucesso econômico da Coreia do Sul e de outras nações asiáticas, esse sucesso só foi possível em combinação com um sistema capitalista. Afinal, a Coreia do Norte e a Coreia do Sul compartilham as mesmas tradições centenárias. No entanto, em um sistema econômico tão ineficiente como o norte-coreano, seu impacto positivo no desenvolvimento econômico é comprometido ou canalizado para cerimônias ideológicas, exercícios militares e produção de armas.

CAPÍTULO 5

ARRISCANDO MAIS COM O CAPITALISMO: REFORMAS PRÓ-MERCADO DE THATCHER E REAGAN NO REINO UNIDO E NOS EUA

De vez em quando, os sistemas capitalistas exigem reformas abrangentes porque as pessoas perderam de vista as bases de seu sucesso. Em países democráticos, os políticos costumam ganhar eleições com promessas de presentes gratuitos para seus eleitores. Suas tentativas de resolver supostas "injustiças sociais" geralmente envolvem empréstimos cada vez maiores de dinheiro para gastar em esquemas de bem-estar social. Políticos e funcionários públicos também tendem a interferir na economia sob a convicção falsa de que podem dirigir a economia melhor do que o mercado — uma convicção que compartilham com os adeptos da economia planejada socialista.

Reformas pró-mercado de Thatcher no Reino Unido

Em 1966, a banda *The Beatles* lançou uma música chamada *Taxman*, que começa com as seguintes linhas:

Deixe eu te dizer como vai ser
É um para você, 19 para mim...
Se 5% parecer muito pouco
Fique agradecido por eu não ter tirado tudo.

A letra foi escrita em protesto contra a tributação excessiva no Reino Unido, que até a década de 1970 equivalia a expropriar indivíduos com alta renda, com uma taxa de imposto de renda de 83% para os que tinham as maiores rendas, enquanto os ganhos de capital eram tributados em até 98%.

Após a Segunda Guerra Mundial, o Reino Unido seguiu um caminho muito diferente da introdução da "economia social de mercado" na Alemanha Ocidental sob Ludwig Erhard, que estabeleceu as bases para o "milagre econômico" das décadas de 1950 e 1960 (veja o Capítulo 3). No Reino Unido, a vitória do Partido Trabalhista de esquerda nas eleições de 1945 levou à implementação de uma forma de socialismo democrático sob o então primeiro-ministro Clement Attlee, tendo no seu núcleo um enorme programa de nacionalização. Depois que os bancos, a aviação civil e as indústrias de mineração e telecomunicações foram nacionalizadas, as ferrovias, canais de navegação, transporte rodoviário de carga, energia e gás logo seguiram, assim como as indústrias manufatureiras, incluindo ferro e aço. No total, cerca de um quinto da economia do Reino Unido foi nacionalizada. Em muitos casos, os executivos sêniores permaneceram em seus empregos, embora agora estivessem trabalhando como funcionários públicos.

O governo também tentou assumir o controle do que restava do setor privado. Em seu relato, a primeira-ministra conservadora Margaret Thatcher cita o economista liberal Arthur Shenfield, que brincou que "a diferença entre os setores público e privado era que o setor privado era controlado pelo governo, e o setor público não era controlado por ninguém".[331] Se o Partido Trabalhista tivesse o que queria, o Reino Unido se tornaria um exemplo clássico de socialismo democrático como uma terceira via entre o comunismo e o capitalismo.

Mesmo depois que o Partido Conservador (conhecido como Tory) voltou ao poder após as eleições em outubro de 1951, o novo governo de Winston Churchill manteve a maioria das políticas socialistas implementadas por seu antecessor Trabalhista. Esse consenso do pós-guerra durou até a década de 1970, com muitos políticos conservadores compartilhando a crença de que a economia deveria ser controlada pelo Estado.

Durante as décadas de 1950 e 1960, o Reino Unido desfrutou de um padrão de vida melhor, baixo desemprego e aumento do consumo, mas ficou atrás de outros países europeus — Alemanha Ocidental em particular — em termos de número de telefones, geladeiras, aparelhos de TV e máquinas de lavar a cada 100 moradores. Essa diferença ficava cada vez maior, porque a produtividade era muito baixa no Reino Unido.

Durante a década de 1970, os pontos fracos do Reino Unido tornaram-se terrivelmente óbvios. Os sindicatos eram muito fortes e o país estava dividido por frequentes greves. Um relatório publicado na revista alemã *Der Spiegel* em janeiro de 1974 retrata um país com milhões de desempregados ou subempregados e uma capital mergulhada na escuridão à noite:[332]

---

[331] Margaret Thatcher, *The Downing Street Years* (London: Harper Collins, 1993), 6.

[332] Essa e as seguintes passagens são citadas de *Der Spiegel*, 14 January 1974.

"Por razões que parecem sem importância, uma discussão sobre salários entre mineiros e minas nacionalizadas se tornou um confronto entre o governo e os sindicatos, que mergulhou o país em uma 'nova era das trevas' (*Newsweek*). Na semana passada, houve uma queda de 40% na produção de carvão e de 50% na produção de aço. Mais de um milhão de pessoas já estão desempregadas, mais de dois milhões apenas em empregos de meio período, com mais dez milhões — quase metade da população britânica ativa — com a probabilidade de ter o mesmo destino nas próximas semanas. Cada curta semana de trabalho custa ao povo britânico o equivalente a 2,5 bilhões de marcos alemães."

Na tentativa de economizar carvão, o governo introduziu a "semanas de três dias". O relatório prosseguia:,

"A agitada Londres da década de 1960 tornou-se tão sombria como nos tempos de Dickens, suas avenidas imperiais menos iluminadas do que as ruas das favelas urbanas das ex-colônias do Reino Unido. Velas são encontradas nos escritórios do distrito financeiro, enquanto lampiões fornecem iluminação de emergência em lojas de departamentos, e armazéns são iluminados por faróis de caminhões. Apenas um em cada quatro radiadores está ligado dentro da residência do primeiro-ministro na 10, Downing Street, e os avisos nas estações de metrô aconselham os passageiros a subir as escadas, pois as escadas rolantes foram desligadas para economizar energia."

Essas greves e emergências tornaram os problemas enraizados do estado de bem-estar social britânico claramente óbvios. Até mesmo *Der Spiegel*, uma revista de esquerda não conhecida por suas simpatias pró-capitalistas, teve que admitir:

O CAPITALISMO NÃO É O PROBLEMA, É A SOLUÇÃO

"Nenhuma outra nação na história permitiu que os sindicatos crescessem tão desenfreadamente como fizeram na Grã-Bretanha desde os primeiros anos da era industrial. A luta de classes foi inventada neste país, utilizando a greve como uma de suas armas mais eficazes. Uma potência que antes esteve na linha de frente da industrialização tornou-se inválida industrialmente [...] Os representantes sindicais — porta-vozes dos sindicatos nas empresas — podiam convocar uma greve e romper acordos coletivos sempre que quisessem, sem a necessidade de realizar uma votação. Nem os sindicatos nem seus funcionários podem ser responsabilizados por quaisquer danos causados por essas greves violentas. Os representantes sindicais aproveitaram a licença que receberam para ocupar cargos de poder sem precedentes nas empresas. Para alguns funcionários sindicais, os seus próprios interesses e a inveja de seus colegas de trabalho importavam mais do que sua luta contra os proprietários da empresa. Em muitos casos, o comportamento dos representantes sindicais na fábrica era tão imperioso quanto o dos chefes da empresa em seus escritórios [...] Por vários meses, a rivalidade entre dois sindicatos dos metalúrgicos, ambos tentando garantir empregos bem remunerados como operadores do novo equipamento, impediu o teste de um novo processo de fabricação. O sindicato dos estivadores protestou contra a construção de terminais de contêineres de última geração, onde as tarefas de carregamento deveriam ser realizadas por trabalhadores de um setor diferente da indústria de transporte. O trem de alta velocidade mais avançado da Inglaterra ficou parado em uma linha de trem não utilizada por quase meio ano porque o sindicato dos trabalhadores ferroviários insistiu em que deveria haver dois motoristas, embora houvesse espaço apenas para um na cabine do operador."

173

O Reino Unido era famoso pelo poder dos sindicatos — 466 no total — e pela predileção de seus membros pela greve. Ao longo da década de 1970, o país viu mais de 2.000 greves por ano com uma perda média de quase 13 milhões de dias de trabalho.[333] Apenas em 1972, quase 24 milhões de dias de trabalho foram perdidos, um grau que o país experimentou pela última vez durante a Greve Geral em 1926. Os sindicatos britânicos eram dominados por comunistas e outros militantes de esquerda que estavam muito menos interessados em melhorar as condições de vida e de trabalho de seus membros do que em destruir o que restava da economia de livre mercado. O baixo padrão de vida dos seus trabalhadores os levou a concordar com suas demandas.

As regiões economicamente desfavorecidas do Reino Unido — norte da Inglaterra, Escócia e País de Gales — eram o lar dos trabalhadores mais mal pagos da Europa Ocidental, que ganhavam 25% menos do que seus semelhantes em outros estados membros da Comunidade Europeia (CE). "Londres e o sudeste da Inglaterra são as únicas partes do país onde as rendas estão acima da média da comunidade, e entre os nove estados membros da CE apenas os italianos e irlandeses estão em pior situação do que os britânicos", relatou o *Der Spiegel*.

"Enquanto os mineiros mais mal pagos (na indústria de carvão alemã) ganham um salário-base de cerca de 220 marcos alemães por semana, seus colegas britânicos ganham apenas (o equivalente a) cerca de 170 marcos alemães. Com um PIB de 9.240 marcos alemães *per capita*, (o

---

[333] Horst Poller, *Mehr Freiheit statt mehr Sozialismus: Wie konservative Politik die Krisen bewältigt, die sozialistisches Wunschdenken schafft* (Munich: Olzog, 2010), 46.

Reino Unido) ficou em sétimo lugar entre os membros da CE em 1972 (com 13.345 marcos alemães, a República Federal da Alemanha ficou em segundo lugar, atrás da Dinamarca). Os aumentos salariais pelos quais os trabalhadores britânicos lutaram tanto nos últimos anos foram consumidos pelo aumento dos preços em um grau maior do que em outros países. Entre 1968 e meados de 1972, o poder de compra de seus salários aumentou só 8%, enquanto os trabalhadores da Alemanha Ocidental registraram um aumento de 26% em termos reais, e os franceses e holandeses estavam em uma situação melhor, com 17%."

Enquanto defendia a ideia, mas não tomava nenhuma ação com relação à redução da influência do governo no campo econômico e à limitação do poder dos sindicatos, o governo Tory de Edward Heath falhou em fazer qualquer mudança significativa no *status quo*. Com a inflação em alta em 1972, o governo Heath recorreu a medidas temporárias nos moldes socialistas tradicionais. Nas palavras de Thatcher:

"Após um início de reforma, o governo de Ted Heath (do qual ela era membro) propôs e quase implementou a forma mais radical de socialismo já contemplada por um governo britânico eleito. Essa forma oferecia o controle estatal de preços e dividendos e a supervisão conjunta da política econômica por um órgão tripartido que representava o Congresso de Sindicatos (TUC), a Confederação da Indústria Britânica (CBI) e o governo, em troca do consentimento sindical a uma política de renda. Fomos salvos dessa abominação pelo conservadorismo e suspeita do Congresso de Sindicatos, que talvez não pudesse acreditar que seu 'inimigo de classe' estava preparado para se render sem uma luta."[334]

---

[334] Thatcher, *The Downing Street Years*, 33.

Thatcher não reservou suas críticas apenas para os sindicatos e o Partido Trabalhista — ela também repreendeu seu próprio partido por não ter feito nada para reverter a transição do Reino Unido para um estado de bem-estar socialista. "Nós nos gabamos de gastar mais dinheiro do que o Partido Trabalhista, não de devolver às pessoas a independência e a autossuficiência."[335] Seu veredito foi contundente:

> "Nenhuma teoria de governo foi submetida a um teste mais justo ou a uma experiência mais prolongada em um país democrático do que o socialismo democrático na Grã-Bretanha. No entanto, foi um fracasso miserável em todos os aspectos. Ao invés de reverter o lento declínio relativo da Grã-Bretanha perante seus principais concorrentes industriais, ele o acelerou. Ficamos ainda mais para trás deles, até que em 1979 fomos muito rejeitados como 'o homem doente da Europa'."[336]

O economista alemão Holger Schmieding, que visitou o Reino Unido pela primeira vez no final dos anos 1970 quando jovem, se lembra de ter ficado chocado "com o péssimo padrão de vida em todo o país".

> "Muitas famílias não tinham os eletrodomésticos que tínhamos em nossa cozinha, área de serviço e sala de estar em casa. Grandes partes do país pareciam bastante destruídas. O sistema de transporte antiquado e a qualidade abominável de muitos bens e serviços pioraram as coisas. Na época, o Reino Unido estava bem longe dos padrões aos quais eu estava acostumado ou daqueles que tive o privilégio de experimentar

---

[335] *Ibid.*, 33.
[336] *Ibid.*, 33.

O CAPITALISMO NÃO É O PROBLEMA, É A SOLUÇÃO

alguns anos antes como estudante do ensino médio nos Estados Unidos. Se não fosse pela memória dos muitos soldados britânicos posicionados perto da casa dos meus pais que ficava perto de Osnabrück na época, minha primeira visita ao Reino Unido poderia ter me feito questionar qual país realmente ganhou a guerra."[337]

As condições pioraram durante o inverno de 1978-1979, quando o país ficou paralisado por mais uma ronda de greves de trabalhadores do serviço público e dos transportes. O sistema de transporte público parou de funcionar em muitos lugares, enquanto o lixo podre se acumulava nas calçadas e o Serviço Nacional de Saúde estava à beira do colapso. "O país parecia estar mergulhando no caos, e a incapacidade do governo trabalhista de conter os sindicatos deu credibilidade aos apelos urgentes de Thatcher por uma mudança de direção."[338]

Em 3 de maio de 1979, os conservadores venceram as eleições com uma maioria de 339 representantes eleitos dos 635. A visão econômica de Thatcher ficou clara durante a década de 1970. Na década de 1960, suas críticas ao estado de bem-estar social não chegaram a propor eliminá-lo por completo, mas ela já havia levantado fortes preocupações sobre os "aproveitadores" explorando o sistema e os perigos da explosão dos gastos.[339] Enquanto isso, ela havia estudado

---

[337] Holger Schmieding, "*Vor Thatcher war Großbritannien ein Trümmerhaufen*", *Die Welt* (9 de Abril de 2013), acessado em 20 de Junho de 2018, https://www.welt.de/wirtschaft/article115147486/Vor-Thatcher-war-Grossbritannien-ein-Truemmerhaufen.html.

[338] Detlev Mares, *Margaret Thatcher: Die Dramatisierung des Politischen* (Gleichen: Hans Hansen-Schmidt, 2014), 34.

[339] *Ibid.*, 26.

os escritos de pensadores liberais — os de Friedrich August von Hayek em particular —, bem como a crítica incisiva do filósofo Karl Popper às ideias socialistas, e ficou impressionada com suas críticas radicais ao socialismo e ao estado de bem-estar social. Ela agora tinha a oportunidade de colocar essas ideias em prática, embora estivesse bem ciente da grande resistência que provavelmente encontraria de socialistas e sindicatos.

Os desafios pareciam tão grandes que um resultado bem-sucedido não era de forma alguma uma conclusão antecipável. O gabinete de Thatcher incluía uma série de conservadores tradicionais que não estavam dispostos a apoiar reformas radicais — *"wets"*, como Thatcher gostava de chamá-los, "calculistas políticos que veem o recuo gracioso diante do avanço inevitável da esquerda como a tarefa dos conservadores."[340]

A inflação era de 10% quando ela assumiu o cargo e devia continuar aumentando. Resistindo à tentação de manter os controles de preços e outras medidas convencionais, como seus antecessores haviam feito, Thatcher usou o debate após o primeiro Discurso da Rainha de seu governo (a declaração formal da rainha para abrir a sessão do Parlamento e definir as prioridades da política do governo) para anunciar sua intenção de abolir o controle de preços: "Talvez a primeira vez em que os nossos oponentes realmente perceberam que o compromisso retórico do governo com o mercado seria correspondido por ações práticas foi no dia em que anunciamos a abolição (da Comissão de Preços)."[341]

---

[340] Thatcher, *The Downing Street Years*, 104.
[341] *Ibid.*, 39–40.

O CAPITALISMO NÃO É O PROBLEMA, É A SOLUÇÃO

As reformas de Thatcher inicialmente se concentraram no combate à inflação, o que previsivelmente levou a um forte aumento no desemprego de 1,3 milhão em 1979 para 3 milhões em 1983 — causado em parte por perturbações econômicas globais e em parte pelas reformas pró-mercado de seu governo, como a própria Thatcher admitiu. "O paradoxo que nem os sindicatos britânicos nem os socialistas estavam dispostos a aceitar era que um aumento da produtividade provavelmente reduziria o número de empregos antes de criar a riqueza que sustenta novos."[342] A inflação caiu para menos de 10% num curto prazo, acompanhada por uma melhora significativa nas taxas de produtividade lentas que Thatcher considerou a causa principal de todos os outros problemas que afetam a economia do Reino Unido.

Um de seus primeiros passos em direção a uma economia mais favorável aos negócios foi cortar as taxas marginais de imposto de 33% para 30% nas classes mais baixas e de 83% para 60% nas classes mais altas (seguido por novos cortes para 25% e 40%, respectivamente, em 1988). Diante de uma situação orçamentária desastrosa, ela foi forçada a aumentar o IVA de 12,5% para 15%, mantendo as isenções existentes para itens alimentares e outros bens essenciais. Ela também tomou medidas para reduzir a burocracia, agilizando as permissões de planejamento para desenvolvimentos industriais e de escritórios e simplificando ou abolindo uma série de controles de planejamento.[343]

Thatcher viu seu maior desafio em restringir o poder dos sindicatos — uma questão que a atormentaria durante seu mandato e constituiria um dos seus conflitos definidores. Para desgosto do

---

[342] *Ibid.*, 93.
[343] *Ibid.*, 43–44.

Partido Trabalhista e dos sindicatos, Thatcher usou o primeiro Discurso da Rainha de seu governo para anunciar propostas para um ataque legislativo em três frentes contra os pilares tradicionais do poder sindical: piquetes secundários, o *closed shop* e votos secretos. Em primeiro lugar, ao proibir os piquetes secundários, ela propôs restringir o direito de fazer piquetes "aos que estão em disputa com seu patrão em seu próprio local de trabalho". Em segundo lugar, o seu governo estava "empenhado em mudar a lei do *closed shop*, segundo a qual os empregados eram efetivamente obrigados a entrar em um sindicato se desejassem obter ou manter um emprego, e que na época abrangia cerca de cinco milhões de trabalhadores". Em terceiro lugar, Thatcher propôs introduzir a legislação para tornar fundos públicos "disponíveis para financiar votos por correspondência para eleições sindicais e outras decisões sindicais importantes".[344] Os primeiros passos para a implementação dessas mudanças foram adotados já em 1980.

As medidas seguintes incluíram restrições ao direito de realizar greves de solidariedade. Em 1984-1985, Arthur Scargill — um líder sindical conhecido e um crítico sincero das políticas de Thatcher que se recusou a "aceitar que estaremos pelos próximos quatro anos com este governo"[345] — liderou os mineiros em uma greve em grande escala contra as privatizações e o fechamento de minas planejado. Apesar de três em cada quatro minas estarem operando com prejuízo e "a indústria estar recebendo £1,3 bilhão de subsídios do contribuinte em 1983-84",[346] o sindicato lutou duramente contra o fechamento.

---

[344] *Ibid.*, 40.

[345] *Ibid.*, 339.

[346] *Ibid.*, 343.

Já que muitos mineiros não apoiaram a greve, Scargill decidiu não realizar uma votação para tal. A situação agravou-se quando meios violentos foram usados para impedir que os mineiros que queriam trabalhar cruzassem as barricadas. Ataques a policiais por trabalhadores em greve ou simpatizantes resultaram em ferimentos graves em muitos casos. As famílias de mineiros que não participaram da greve foram ameaçadas e intimidadas. Houve escaladas frequentes de violência, incluindo a morte de um motorista de táxi galês por dois mineiros em greve, que derrubaram um bloco de concreto de uma passarela em seu táxi enquanto transportava um mineiro que não estava em greve para o trabalho.

O apoio aos mineiros em greve na população foi comprometido por alegações de fundos de reserva secretos vindos do ditador líbio Muammar al-Gaddafi e sindicatos falsos no Afeganistão ocupado pela União Soviética. Mesmo assim, a greve durou quase um ano. Em ambos os lados, havia muito mais em jogo do que o fechamento de minas. Por parte dos sindicatos, as greves foram uma demonstração de poder e uma tentativa de reduzir o poder de Thatcher. Quando ela se recusou a ceder, os sindicatos tiveram que abandonar a greve quando ficaram sem dinheiro.

Sua derrota teve um impacto simbólico — a postura intransigente de Thatcher quebrou o poder dos sindicatos, que haviam perdido um terço de seus membros e grande parte de sua influência política quando ela deixou seu cargo. Durante o último ano de seu mandato, houve menos greves do que em qualquer outro ano desde 1935. Com menos de 2 milhões, o número de dias de trabalho perdidos devido à greve foi significativamente menor do que a média dos anos 1970, quando o número era de quase 13 milhões.

Nenhum outro político europeu implementou um programa de reforma pró-mercado de maneira tão intransigente quanto Thatcher. Durante seu segundo mandato, ela impulsionou a privatização de empresas estatais. Thatcher viu a privatização como "um dos meios centrais de reverter os efeitos corrosivos e corruptores do socialismo". Longe de colocar as pessoas no controle, a propriedade pública era simplesmente uma "propriedade de uma pessoa jurídica impessoal: equivale ao controle por políticos e funcionários públicos", ela argumentou. "Mas através da privatização — particularmente o tipo de privatização que leva à maior propriedade compartilhada possível por membros do público — o poder do Estado é reduzido e o poder do povo aumentado."[347]

A privatização, que era uma questão marginal, cresceu para se tornar o pilar fundamental da agenda política e do legado de Thatcher. A *British Telecom*, que empregava 250.000 funcionários, foi a primeira prestadora de serviços a ser privatizada. Dentre os 2 milhões de britânicos que compraram ações no que foi então a maior oferta pública inicial (IPO) da história econômica, cerca de metade nunca tinha adquirido ações antes. Durante o mandato de Thatcher, a porcentagem de britânicos que possuíam ações aumentou de 7% para 25%.[348]

A privatização da *British Airways*, BP (*British Petroleum*), empresas automotivas, incluindo *Rolls Royce* e *Jaguar*, empresas de construção naval e uma série de serviços públicos locais resultou na perda de influência dominante do Estado na economia britânica. Sob o regime

---

[347] *Ibid.*, 676.

[348] Chris Edwards, *"Margaret Thatcher's Privatization"*, *Cato Journal 37*, no. 1 (2017), 95.

O CAPITALISMO NÃO É O PROBLEMA, É A SOLUÇÃO

de direito de compra, os representantes locais venderam grande parte de seu parque habitacional para inquilinos com o intuito de criar um milhão de novos proprietários.[349] No entanto, neste caso, poderia muito bem ter feito mais sentido vender as propriedades públicas para empresas gestoras profissionais de propriedades, ou vendê-las no mercado de ações, como foi feito com outros ativos privatizados.

A produtividade aumentou consideravelmente nas empresas privatizadas. Dez anos após a privatização, os preços das telecomunicações caíram 50%, enquanto os preços dos produtos e serviços de outras empresas privatizadas também caíram. Estudos têm mostrado melhorias na qualidade do serviço em empresas privatizadas no geral. "Antes da privatização, demorava meses e às vezes um suborno para conseguir uma nova linha telefônica", afirma Chris Edwards em um artigo sobre o "Legado da Privatização de Thatcher". Durante a década após a privatização, a percentagem de chamadas de serviço concluídas em oito dias aumentou de 59% para 97%.[350]

O modelo britânico foi tão bem-sucedido que desencadeou uma "revolução de privatização em andamento que se espalhou pelo mundo desde os anos 1980", com governos em mais de uma centena de países seguindo o exemplo do Reino Unido e privatizando empresas anteriormente estatais avaliadas em mais de US$ 3,3 trilhões no total.[351]

Embora Thatcher confesse em suas memórias de Downing Street que "ainda havia muito que eu gostaria de ter feito", sua avaliação geral de seu tempo no cargo é positiva:

---

[349] Poller, *Mehr Freiheit statt mehr Sozialismus*, 52.

[350] Edwards, *"Margaret Thatcher's Privatization"*, 95.

[351] *Ibid.*, 89.

"A Grã-Bretanha sob meu mandato foi o primeiro país a reverter a marcha de socialismo. Na época em que deixei o cargo, o setor estatal da indústria havia sido reduzido em cerca de 60%. Cerca de um quarto da população possuía ações. Mais de seiscentos mil empregos passaram do setor público para o privado."[352]

Suas políticas resultaram em um aumento de lucratividade e de produtividade que, no devido tempo, permitiu a criação de 3,32 milhões de empregos entre março de 1983 e março de 1990.[353]

Thatcher desregulamentou amplamente o setor financeiro, tornando o Reino Unido um dos primeiros países a abolir os controles monetários e de capital. Depois de alguns anos, a cidade de Londres estabeleceu firmemente sua reputação como um ímã global para empresas de gestão de ativos. A Lei de Serviços Financeiros de 1986 liberalizou as regras da Bolsa de Valores de Londres, aboliu a separação entre aqueles que negociavam ações e aqueles que aconselhavam os investidores e eliminou as restrições aos bancos estrangeiros. Essas mudanças foram tão abrangentes e transformadoras que foram apelidadas de "Big Bang" pela mídia. Elas fizeram de Londres o principal centro financeiro do mundo — igualado apenas por Nova York — e criaram centenas de milhares de novos empregos, muitos deles com as agências em rápido crescimento estabelecidas por bancos estrangeiros.

Graças à receita tributária gerada por esses aumentos de produtividade, o Reino Unido conseguiu reduzir significativamente

---

[352] Thatcher, *The Downing Street Years*, 687.

[353] *Ibid.*, 668.

O CAPITALISMO NÃO É O PROBLEMA, É A SOLUÇÃO

sua dívida pública. Em 1976, o país estava próximo de um *default* soberano e foi forçado a tomar emprestados US$ 3,9 bilhões do Fundo Monetário Internacional.[354] Em 1978, o déficit era de 4,4% do PIB (em comparação com 2,4% na Alemanha). Uma década depois, em 1989, a economia do Reino Unido gerou um superávit de 1,6%. A dívida pública caiu de 54,6% do PIB em 1980 para 40,1% em 1989.[355]

Antes de Thatcher, a Grã-Bretanha era o país com a maior taxa marginal de imposto da Europa (até 98%). Quando ela deixou o cargo, a taxa máxima de imposto de 40% no Reino Unido era menor do que a de qualquer outro país europeu, exceto nos paraísos fiscais como Liechtenstein e Mônaco. A cultura socialista da inveja foi substituída por um ambiente pró-mercado e pró-negócios, onde a ambição era fortemente recompensada, o que, por sua vez, levou a um aumento acentuado no número de empresas privadas e autônomos. O número total de empresas registradas no Reino Unido aumentou de 1,89 milhões em 1979, para mais de 3 milhões em 1989, enquanto o número de pessoas registradas como autônomas cresceu de 1,9 milhões para 3,5 milhões durante o mesmo período.[356]

Thatcher foi criticada por aumentar a diferença de renda. Mas ela em nenhum momento prometeu aos eleitores maior igualdade — ela foi eleita para o cargo com o mandato de libertar a economia do controle estatal. E, como resultado dessas reformas, os trabalhadores de produção experimentaram um crescimento de 25,8% no salário

---

[354] Poller, *Mehr Freiheit statt mehr Sozialismus*, 45.

[355] *Ibid.*, 50.

[356] Walter Eltis, "*The Key to Higher Living Standards*", em *CPS Policy Study* no. 148 (London: Centre for Policy Studies, 1996), 26.

líquido entre 1979 e 1994.[357] Durante o mesmo período, os salários líquidos na Alemanha e na França aumentaram apenas 2,5% e 1,8%, respectivamente. Os eleitores britânicos honraram o sucesso de Thatcher reelegendo-a — não apenas uma, mas duas vezes. Ela permaneceu no cargo por um total de 11 anos, mais do que qualquer outro primeiro-ministro britânico do século XX.

Thatcher pode ter sido odiada por muitos da esquerda devido a suas políticas antissocialistas. No entanto, muitos resultados de suas reformas foram tão bem-sucedidos que o novo governo de Tony Blair não fez nenhuma tentativa de reverter as reformas quando o Partido Trabalhista finalmente voltou ao poder em 1997. Blair rompeu com a tradição de seu partido de apoiar uma economia controlada pelo Estado e, em vez disso, se posicionou como um forte defensor do capitalismo de livre mercado, semelhante ao chanceler social-democrata da Alemanha na época (Gerhard Schröder, inicialmente um aliado próximo de Blair).

Reformas pró-mercado de Ronald Reagan nos EUA

Fãs e críticos tendem a mencionar Margaret Thatcher e Ronald Reagan no mesmo contexto — e com razão, já que os dois políticos compartilhavam uma agenda melhor resumida como "arriscar mais com o capitalismo". Na década de 1970, os Estados Unidos foram atormentados por uma gama cada vez maior de problemas, sendo que a maioria foi resultado da excessiva intervenção governamental

---

[357] *Ibid., 18. Remuneração líquida; data em OECD.*

O CAPITALISMO NÃO É O PROBLEMA, É A SOLUÇÃO

na economia e da proliferação de programas de bem-estar social, contradizendo a imagem popular europeia dos Estados Unidos como um exemplo clássico de uma economia de livre mercado isenta de quaisquer programas e instituições de bem-estar social.

Os gastos com bem-estar social de fato aumentaram de US$ 3,57 bilhões para US$ 66,7 bilhões entre 1940 e 1970 — e mais que quadruplicaram para US$ 292 bilhões em 1980. Ajustados pela inflação e pelo crescimento populacional, os gastos federais *per capita* com programas de bem-estar social quase dobraram de US$ 1.293 em 1970 para US$ 2.555 em 1980.[358]

O crescimento anual nas despesas de bem-estar social *per capita* ficou em 12,5% ao ano sob a administração de Johnson (1963-1969), 8,3% ao ano durante as presidências de Richard Nixon e Gerald Ford (1969 a 1977) e 3,2% ao ano durante o mandato de Jimmy Carter (1977–1981).[359]

A situação econômica de muitos cidadãos dos EUA havia se deteriorado antes da chegada de Reagan à Casa Branca, embora o declínio econômico não tivesse sido tão drástico quanto na Grã-Bretanha antes da chegada de Thatcher.[360] Em termos reais, a renda familiar dos americanos brancos caiu 2,2% entre 1973 e 1981, enquanto os afro-americanos viram sua renda familiar diminuir 4,4%. Os 25%

---

[358] Dados (em constante, dólares do ano fiscal de 2000) são citados do William Voegeli, *Never Enough: America's Limitless Welfare State* (New York: Encounter Books, 2010), 23–25.

[359] *Ibid.*, 39.

[360] Todos os seguintes dados são citados do William A. Niskanen and Stephen Moore, *"Supply-Side Tax Cuts and the Truth about the Reagan Economic Record"*, *Cato Policy Analysis* no. 261 (22 October 1996).

equivalentes aos cidadãos mais pobres estavam em uma situação pior, já que a renda deles caiu 5%. No outro extremo, os que ganham mais tiveram de lidar com taxas de imposto de até 70%.

A taxa de desemprego havia subido para 7,6% quando Reagan assumiu o cargo, enquanto a inflação ficou em mais de 10% por três anos consecutivos, subindo para 13,5% — o nível mais alto desde 1947 — em 1980. Proprietários de casas e investidores imobiliários foram atingidos especialmente quando taxas de juros que já eram altas, de 15% em 1980, dispararam para um nível recorde de 18,9% no ano seguinte.[361]

Em outras palavras, Reagan assumiu o cargo em um momento em que as perspectivas econômicas eram sombrias. Tendo crescido em uma casa modesta, ele começou sua carreira como locutor de rádio antes de seguir para o cinema, atuando em mais de 50 filmes de Hollywood. Entre 1967 e 1975, ele serviu por dois mandatos como governador da Califórnia, onde equilibrou o orçamento com sucesso e alcançou uma recuperação econômica significativa.

Reagan ganhou em 44 estados, uma grande maioria dos votos eleitorais (489 a 49) e 50,7% do voto popular em sua vitória esmagadora sobre o presidente de então, Jimmy Carter, em 4 de novembro de 1980. Ao invés de basear sua campanha eleitoral em valores conservadores, ele "simplesmente perguntou aos eleitores se eles estavam em melhor ou pior condição em 1980 do que quatro anos atrás".[362] Seu discurso inaugural em 20 de janeiro de 1981 transmitiu uma mensagem simples,

---

[361] *Taxa de juros de uma hipoteca de 30 anos.*

[362] Michael Schaller, *Ronald Reagan* (Oxford: Oxford University Press, 2011), 30.

que ele repetiria muitas vezes nos anos seguintes: "Nesta crise atual, o governo não é a solução para o nosso problema, o governo é o problema".[363] Alguns anos depois, em uma coletiva de imprensa em agosto de 1986, ele diria a famosa declaração: "As palavras mais terríveis na língua inglesa são: 'Eu sou do governo e eu estou aqui para ajudar.'"[364] A agenda política de Reagan era simples: restringir a influência do Estado na esfera econômica e aumentar o papel do livre mercado. Para restaurar uma versão mais robusta do capitalismo, ele reduziu a burocracia, aboliu restrições desnecessárias e cortou impostos.

Em 1981, cerca de 60 democratas votaram com a minoria republicana no Congresso para aprovar a Lei de Imposto sobre Recuperação Econômica de Reagan, que implementou um corte de 25% nas taxas marginais de imposto individual ao longo de três anos, juntamente com a introdução de incentivos para pequenas empresas e poupança pessoal. O projeto de lei também incluía uma cláusula para indexar as taxas de impostos de 1985 em diante para evitar o *bracket creep* (o processo pelo qual a inflação empurra a renda para faixas salariais

---

[363] *Ibid.*, 34.

[364] Citado em Mark D. Brewer and Jeffrey M. Stonecash, *Dynamics of American Political Parties* (Cambridge: Cambridge University Press, 2009), 125; ver também Ronald Reagan, "*The President's News Conference*", *The American Presidency Project* (12 de Agosto de 1986), acessado em 20 de Junho de 2018, www.presidency.ucsb.edu/ws/?pid=37733. Dois anos depois, Reagan ofereceu uma versão ligeiramente diferente dessa citação em um discurso aos representantes dos Future Farmers of America, quando ele disse: "As nove palavras mais perigosas na língua inglesa são: Eu sou do governo e eu estou aqui para ajudar" (https://www.reaganlibrary.gov/sites/default/files/archives/speeches/1988/072888c.htm).

mais altas, resultando em tributação mais alta, mas sem aumento no poder de compra real). Os democratas também propuseram cortes de impostos próprios, distribuídos por quatro anos em vez de três, mas os especialistas calcularam que, se a inflação permanecesse em 8% nesse período de quatro anos, 98% do corte de 25% seriam perdidos para o *bracket creep*, a menos que as taxas de impostos fossem ajustadas em resposta à inflação.[365]

Esses foram os cortes de impostos mais drásticos da história americana até hoje e os contribuintes americanos economizariam um total de US$ 718 bilhões entre 1981 e 1986, de acordo com um prognóstico do Tesouro dos Estados Unidos. No entanto, Reagan esperava que de fato o ajudassem a cumprir sua promessa eleitoral de aumentar a receita tributária ao estimular o crescimento. Em uma entrevista coletiva em outubro de 1981, ele citou o prenúncio da teoria da Curva de Laffer pelo filósofo muçulmano do século 14, Ibn Khaldūn, como esse efeito é chamado no jargão econômico: "No início da dinastia, grandes receitas fiscais eram obtidas com pequenas avaliações. No final da dinastia, pequenas receitas fiscais foram obtidas com grandes avaliações." Reagan acrescentou: "E estamos tentando chegar às pequenas avaliações e às grandes receitas". E foi exatamente isso que ele fez.[366]

Os economistas William A. Niskanen e Stephen Moore analisaram dez indicadores de oferta chaves para comparar o registro econômico dos anos de Reagan com os períodos anteriores (1974 a 1981) e

---

[365] Robert L. Bartley, *The Seven Fat Years: And How to Do It Again* (New York: Free Press, 1992), 100–101.

[366] *Ibid.*, 89–90.

posteriores (1989 a 1995) aos seus dois mandatos na Casa Branca.[367] A seguir estão suas conclusões.

O *crescimento econômico* durante os anos Reagan foi de 3,2% ao ano, em comparação com 2,8% durante os anos de Carter-Ford e 2,1% durante os anos de Bush-Clinton. Niskanen e Moore enfatizam que a taxa de crescimento para os anos do mandato de Reagan inclui a recessão do início dos anos 1980, um efeito colateral da reversão das políticas de alta inflação de Carter. De 1983 a 1989, o PIB cresceu 3,8% ao ano e, no final do segundo mandato de Reagan, a economia dos EUA era quase um terço maior do que quando ele assumiu o cargo.[368]

Esse crescimento foi uma consequência direta da desregulamentação de Reagan e das políticas de reforma tributária em conjunto com a queda dos preços do petróleo. A taxa de crescimento na década de 1980 foi maior do que nas décadas de 1950 e 1970, embora substancialmente abaixo da taxa de crescimento de 5% após os cortes de taxas de impostos de John F. Kennedy em 1964, de 30%.

A *renda familiar média* cresceu US$ 4.000, de US$ 37.868 em 1981 para US$ 42.049 em 1989, após ter estagnado durante os oito anos anteriores. Sob o sucessor de Reagan, George W. Bush Sênior, ela caiu US$ 1.438.

O *desemprego* estava em 7,6% quando Reagan assumiu o cargo, aumentando para quase 10% durante a recessão de 1981-1982. Em seguida, continuou a cair para 5,5% no final do seu segundo mandato.

---

[367] As seguintes estatísticas são citados do Niskanen and Moore, "*Supply-Side Tax Cuts*", e com base nos oito anos em que as políticas de Reagan estavam em vigor após sua primeira proposta de orçamento para o ano fiscal de 1982. Seus cortes de impostos de 1981 entraram em vigor em 1 de janeiro de 1983.

[368] Bartley, *The Seven Fat Years*, 4.

Entre 1981 e 1989, foram criados 17 milhões de novos empregos cerca de 2 milhões por ano.

A *inflação* estava em dois dígitos quando Reagan chegou à Casa Branca. Em seu segundo ano de mandato, havia caído em mais da metade, para 6,2%. Ao final de seu segundo mandato, era de apenas 4,1%, em grande parte devido à política monetária prudente de Paul Volcker, que foi presidente do *Federal Reserve* de 1979 e 1987. Embora bem ciente de que isso causaria uma recessão temporária, Reagan apoiou explicitamente a estratégia de Volcker. Ao contrário das terríveis previsões de muitos de seus críticos, seus drásticos cortes de impostos não levaram a novos aumentos na inflação.

Como explicou um artigo de novembro de 1981 no *Wall Street Journal*, essa combinação de restrição fiscal e cortes drásticos de impostos foi precisamente o segredo dos sucessos posteriores de Reagan: "Você luta contra a inflação com uma política monetária restritiva. E você compensa o possível impacto recessivo de uma política monetária restritiva com os efeitos de incentivo das reduções nas taxas marginais de imposto. Já que estamos passando por uma recessão, você pode alegar que a fórmula falhou, exceto por um detalhe: o dinheiro estava apertado, é verdade, mas, queridos amigos, não tivemos nenhum corte de impostos."[369] Os cortes de impostos entraram em vigor em 1 de janeiro de 1983, marcando o início de uma era agora lembrada como os 'Seven Fat Years (Sete Anos Abundantes)'.

As *taxas de juros* caíram drasticamente durante os anos de Reagan. As taxas de juros em uma hipoteca de 30 anos caíram de 18,9% em

---

[369] *Ibid.*, 167.

O CAPITALISMO NÃO É O PROBLEMA, É A SOLUÇÃO

1981 para 8,2% em 1987, enquanto a taxa dos títulos do Tesouro caiu de 14% em 1981 para 7% em 1988.

Essas conquistas são apenas ligeiramente ofuscadas por números menos positivos em três áreas de análise. A *produtividade* cresceu apenas 1,5% ao ano, o que foi menor do que nas três décadas anteriores à presidência de Reagan, embora significativamente maior do que o crescimento anual de 0,3% alcançado sob Bill Clinton. A taxa de poupança pessoal caiu de 8% para 6,5% durante a década de 1980.

Os críticos de Reagan gostam de apontar uma estatística em particular para mostrar o que havia de errado com sua política econômica: o déficit orçamental, que em 1981 era de US$ 101 bilhões[370] e 2,7% do PIB, subiu para US$ 236 bilhões e 6,3% do PIB em 1983. Quando Reagan deixou a Casa Branca, ele deixou um déficit de US$ 141 bilhões (2,9% do PIB). A dívida nacional dobrou de US$ 1.004 para US$ 2.026 bilhões durante sua presidência — uma taxa de crescimento dramática em comparação com os anos anteriores, embora relativamente modesta em comparação com as taxas de crescimento de Bush pai e Barack Obama.

Reagan fez campanha com uma plataforma que incluía a promessa de criar novos empregos, combater a inflação, reduzir impostos e promover o crescimento econômico, ao mesmo tempo em que aumentava os gastos militares e reduzia o déficit orçamental. Conseguir tudo isso ao mesmo tempo provou ser impossível até mesmo para ele — até porque sua administração havia prometido proteger "programas básicos de rede de segurança", incluindo previdência social, benefícios de desemprego, benefícios em dinheiro para idosos pobres e o

---

[370] *Em dólares do ano fiscal de 1987.*

programa de veteranos, responsável por dois terços dos pagamentos de transferências federais.[371] Junto com o custo de seus ambiciosos planos para acelerar os gastos com defesa, essas despesas somaram 70% do orçamento total para 1981, o que lhe deixou muito pouco espaço de manobra para reduzir o nível de gastos.[372]

A tentativa de estabelecer uma ligação direta entre a dívida crescente e os cortes de impostos de Reagan vai contra os fatos. Apesar — ou melhor, por causa — das taxas de impostos mais baixas, a receita tributária cresceu 58% de US$ 347 bilhões em 1981 para US$ 549 bilhões em 1989. O crescimento da receita tributária durante seu mandato foi apenas um pouco inferior ao alcançado por seus sucessores Bush pai e Clinton, que aumentaram os impostos, enquanto Reagan os cortou.

O crescente acúmulo de dívidas foi causado pelos grandes gastos militares de Reagan, que viram o orçamento de defesa quase dobrar de US$ 158 bilhões em 1981 para US$ 304 bilhões em 1989. Niskanen e Moore mostram que o aumento cumulativo nos gastos com defesa ultrapassou o aumento cumulativo no déficit orçamentário. Se não fosse por esse grande aumento nos gastos militares, Reagan teria conseguido cortar impostos e dívidas, criando assim empregos e mantendo a inflação sob controle.[373]

No entanto, a segunda questão-chave enfrentada pelo governo de Reagan — a Guerra Fria, com que o presidente propôs acabar através de um grande crescimento da corrida armamentista — tornou isso

---

[371] William A. Niskanen, *Reaganomics: An Insider's Account of the Policies and the People* (New York: Oxford University Press, 1988), 35.

[372] *Ibid.*, 25.

[373] Niskanen and Moore, *"Supply-Side Tax Cuts"*, np.

impossível de alcançar. A Decisão *Dual-Track* da OTAN em dezembro de 1979 (vias paralelas de modernização das forças nucleares e controle de armas) precedeu imediatamente a invasão soviética do Afeganistão. Com a União Soviética já passando por sérios problemas econômicos durante os anos 1980, Reagan estava determinado em causar o colapso da superpotência comunista que ele gostava de chamar de "Império do Mal". Como Niskanen e Moore apontam, isso levanta uma questão política fundamental: "Se todo o acúmulo de dívidas na década de 1980 fosse para financiar o aumento da defesa de Reagan, a principal questão política mudaria para 'se era apropriado emprestar para aquelas grandes despesas militares'. O governo Reagan tinha justificativa para pagar por esse aumento único nos gastos de 'investimento público' por meio de dívidas ao invés de impostos? Ou, em outras palavras, foi apropriado ter pedido aos nossos filhos e netos para ajudar a custear o preço de derrotar a ameaça soviética? "[374]

Igualmente sem provas é a suposição de que a recuperação econômica durante os anos de Reagan foi alcançada por meio de cortes brutais de bem-estar social. Na verdade, o gasto federal total com programas de bem-estar social aumentou de US$ 339 bilhões em 1981 para US$ 539 bilhões em 1989.[375] Ajustado pelo crescimento populacional e pela inflação, isso representa uma taxa de crescimento anual de 0,9% — menor do que em qualquer outro período do pós-guerra da história americana.[376] A renda aumentou para cada quartil de renda, do mais rico ao mais pobre, durante o mandato de Reagan.[377]

---

[374] *Ibid.*

[375] Voegeli, *Never Enough*, 23.

[376] *Ibid.*, 39.

[377] Niskanen and Moore, *"Supply-Side Tax Cuts"*, np.

RAINER ZITELMANN

O sonho americano de mobilidade de renda, que para muitos hoje se transformou em um pesadelo devido às suas insatisfações, estava vivo e bem na década de 1980: 86% das famílias que estavam no quintil de renda mais pobre em 1981 conseguiram subir na "escada econômica" para um quintil mais alto em 1990. A porcentagem de famílias pobres que subiram até o quintil de renda mais rico entre 1981 e 1990 era até ligeiramente mais alta do que a porcentagem daqueles que permaneceram no quintil mais pobre. O número de americanos que ganhavam menos de US$ 10.000 por ano caiu 5% durante a década de 1980, enquanto o número daqueles que ganhavam mais de US$ 50.000 aumentou 60% e o número daqueles cuja renda anual ultrapassou US$ 75.000 aumentou 83%. Entre as fábulas que Niskanen e Moore desmascaram, a alegação de que os brancos ricos foram os únicos beneficiários das políticas de Reagan às custas dos afro-americanos mais pobres é uma das mais persistentes e perniciosas. Na realidade, as famílias afro-americanas viram um crescimento ainda mais forte no salário líquido real entre 1981 e 1988 do que os brancos.[378]

Entre as conquistas mais marcantes do governo Reagan está o fato de que ele implementou com sucesso essas reformas pró-mercado abrangentes em face da maioria democrata que dominou o Congresso na maior parte de seus dois mandatos. Ele foi capaz de fazer isso em grande parte devido a dois fatores-chave: em primeiro lugar — como costuma ser o caso —, as mudanças políticas foram precedidas por mudanças no clima cultural e intelectual que se refletiram no discurso público com relação à economia. Os defensores dos pontos de vista

---

[378] *Ibid.*

O CAPITALISMO NÃO É O PROBLEMA, É A SOLUÇÃO

keynesianos outrora dominantes (até mesmo Nixon era um keyne-
siano assumido) não conseguiram explicar o aumento simultâneo da
inflação e do desemprego. Em janeiro de 1977, o *Wall Street Journal*
publicou um editorial intitulado *Keynes está Morto* (*Keynes is Dead*).[379]
Em contraste, o pensamento pró-mercado intransigente — como
defendido pela Escola de Chicago de Milton Friedman em particular
— estava em ascensão.[380]

A vontade pública mudou, e até mesmo os democratas agora eram
a favor de cortes de impostos. Como mencionado acima, sua principal
iniciativa em 1981 foi um projeto de lei para reduzir as taxas marginais
de imposto para aqueles nas faixas de tributação mais altas em 25%
ao longo de quatro anos.[381] Esta foi a segunda razão para o sucesso de
Reagan: ele conseguiu obter apoio bipartidário para muitas de suas
propostas de reforma.

Após uma década de controle de preços e intervenção governamental na década de 1970, os americanos então começaram a acreditar
no mercado novamente. O clima otimista ajudou a impulsionar a economia, e a recuperação econômica ajudou a impulsionar o otimismo.
A década de 1980 testemunhou uma revolução na tecnologia das
comunicações. A proporção de casas americanas que possuíam um
videocassete disparou de apenas 1% em 1980 para 58% no final da
década.[382] A década de 1980 também viu o número de computadores
pessoais aumentar imensamente de pouco mais de 2 milhões em 1981
para 45 milhões em 1988, sendo cerca de metade delas em residências

---

[379] Bartley, *The Seven Fat Years*, 45.

[380] *Ibid.*, 49.

[381] *Ibid.*, 99–100.

[382] *Os dados e os parágrafos seguintes são citados do ibid.*, 135 et seq.

particulares. As histórias de maior sucesso econômico da década de 1980 incluíram a Microsoft (que lançou suas primeiras ações públicas em 1986), Apple e Sun Microsystems. Empresas jovens e inovadoras obtiveram o capital de investidores ou IPOs. Ao mesmo tempo, uma revolução *fitness* varreu o país, com academias de ginástica surgindo em todos os lugares e Arnold Schwarzenegger — que inclusive era um grande admirador de Friedman e Reagan — dando início a uma paixão por exercícios físicos.

Os dados da pesquisa de 1977 mostram que 53% dos entrevistados classificaram a inflação como o problema mais importante enfrentado pelos EUA, seguida pela recessão ou desemprego com 39%. Em 1981, impressionantes 70% dos americanos estavam mais preocupados com a inflação. Em 1987, esse número havia caído para 13%, com 11% citando o déficit como sua maior preocupação.[383]

Friedman foi um dos conselheiros econômicos de Reagan durante seus dois mandatos na Casa Branca. Ele dá uma avaliação geral muito positiva do legado político de Reagan em seus relatos, elogiando-o por sua "adesão a princípios claramente especificados dedicados à promoção e preservação de uma sociedade livre".[384] No entanto, Friedman critica o governo Reagan por se desviar dos princípios pró-mercado ao negociar um acordo protecionista com o Japão para impor uma cota "voluntária" na exportação de carros para os EUA.[385] Além disso, Friedman afirma que o segundo mandato de Reagan foi "muito menos produtivo do que o primeiro" porque sua segunda

---

[383] *Ibid.*, 146–147.

[384] Milton Friedman and Rose D. Friedman, *Two Lucky People: Memoirs* (Chicago: University of Chicago Press, 1998), 396.

[385] *Ibid.*, 394.

campanha presidencial em 1984 carecia de quaisquer "compromissos específicos de ação".[386]

Apesar dessas pequenas ressalvas, as reformas de Reagan provaram convincentemente que um retorno aos seus valores de livre mercado capitalistas tradicionais era o caminho para tornar os Estados Unidos fortes novamente. Infelizmente, seus sucessores falharam em seguir essa lição e continuar com suas reformas. Em vez disso, as reformas foram pouco mais do que um curto hiato no caminho para aumentar a intervenção do governo e um crescente estado de bem-estar social. *Becoming Europe*, de Samuel Gregg, descreve os prováveis resultados da progressiva "Europeização" da economia dos Estados Unidos em termos drásticos,[387] enquanto *Never Enough*, de William Voegeli, adverte que, por tudo o que ele realizou, nem mesmo Reagan foi capaz de reverter a desastrosa queda em direção a um sistema de bem-estar social — embora tenha conseguido manter o crescimento dos gastos sociais federais, ajustados pela inflação, abaixo de 1%.

Reagan, Thatcher e Erhard foram os defensores mais significativos e inflexíveis do capitalismo de livre mercado entre os líderes políticos ocidentais do século XX. Todos os três rejeitaram o estado de bem-estar social-democrata junto com o socialismo em sua forma marxista pura. E todos os três fizeram contribuições significativas para o crescimento da prosperidade das nações que eles governavam.

---

[386] *Ibid.*, 395–396.

[387] See Gregg, *Becoming Europe*.

CAPÍTULO 6

AMÉRICA DO SUL: POR QUE OS CHILENOS ESTÃO EM MELHOR SITUAÇÃO DO QUE OS VENEZUELANOS?

O contraste entre esses dois países latino-americanos dificilmente poderia ser maior: o Chile ocupa o 20º lugar entre 180 países no Índice de Liberdade Econômica de 2018, enquanto a Venezuela está entre os últimos lugares, atrás até de Cuba, e em uma melhor posição apenas se comparado à Coreia do Norte.[388] Enquanto os chilenos estão melhor hoje do que nunca, os venezuelanos estão sofrendo com a inflação, declínio econômico e crescente opressão política. No decorrer do século XX, a Venezuela deixou de ser um dos países mais pobres da América Latina para se tornar o mais rico. Em 1970, estava entre os 20 países mais ricos do mundo, com PIB *per capita* mais alto do que o da Espanha, Grécia e Israel, e apenas 13% mais baixo que o do Reino Unido.[389]

---

[388] Heritage Foundation, *2018 Index of Economic Freedom*, 3 and 7.

[389] Ricardo Hausmann and Francisco Rodríguez, eds., *Venezuela before Chávez: Anatomy of an Economic Collapse* (*University Park: Pennsylvania State University Press*, 2014), 1.

Venezuela: 'socialismo do século XXI'

A reversão da fortuna econômica da Venezuela começou na década de 1970. As razões pelas quais isso aconteceu estão sujeitas a um intenso e contínuo debate entre especialistas acadêmicos.[390] A forte dependência da Venezuela em relação ao petróleo é a principal suspeita, junto com uma série de outras razões, em primeiro lugar, o grau excepcionalmente alto de regulamentação governamental do mercado de trabalho. De 1974 em diante, as regras aplicáveis foram reforçadas ainda mais a um nível sem precedentes em quase qualquer outro lugar do mundo — quanto mais na América Latina. De adicionar o equivalente a 5,35 meses de salários ao custo de empregar alguém em 1972, os custos trabalhistas não salariais dispararam para adicionar o equivalente a 8,98 meses de salários em 1992.[391]

Esses fatores exacerbaram os problemas que os países cujas economias são amplamente dependentes das exportações de recursos naturais frequentemente enfrentam (ver a discussão sobre as economias africanas no Capítulo 2). Muitos venezuelanos colocaram sua fé no carismático líder socialista Hugo Chávez como o salvador que libertaria seu país da corrupção, pobreza e declínio econômico. Após uma tentativa fracassada de tomar o poder em 1992,[392] Chávez foi

---

[390] *Ver artigos em ibid.*

[391] Omar Bello and Adriana Bermúdez, *"The Incidence of Labor Market Reforms on Employment in the Venezuelan Manufacturing Sector, 1995–2001"*, em *Venezuela before Chávez: Anatomy of an Economic Collapse*, editado por Ricardo Hausmann e Francisco Rodríguez (University Park: Pennsylvania State University Press, 2014), 117.

[392] A. C. Clark, *The Revolutionary Has No Clothes: Hugo Chávez's Bolivarian Farce* (New York: Encounter Books, 2009), 55–56.

O CAPITALISMO NÃO É O PROBLEMA, É A SOLUÇÃO

eleito presidente em 1998. Um ano depois, a República da Venezuela foi renomeada de República Bolivariana da Venezuela a seu pedido. Como um raio de esperança para muitos dos pobres da Venezuela, a conversa de Chávez sobre um novo tipo de "socialismo do século 21" também despertou sonhos de um paraíso utópico entre os membros da esquerda europeia e norte-americana.

Após o colapso das economias socialistas na União Soviética e no Bloco Oriental no final dos anos 1980 e a transição da China para o capitalismo, os esquerdistas no Ocidente precisavam de um novo exemplo do mundo real para alimentar seus anseios utópicos. Coreia do Norte e Cuba, os únicos dois estados comunistas restantes, não preencheram totalmente essa lacuna. Então veio Chávez, que foi saudado por muitos como um novo messias. Membros proeminentes do Partido de Esquerda na Alemanha o viam como um modelo cuja "luta por justiça e dignidade" — evidência de que "um modelo econômico alternativo é possível" — estava mostrando a eles "o caminho para resolver os problemas econômicos da Alemanha".[393]

Chávez também tinha muitos admiradores entre os intelectuais de esquerda nos Estados Unidos, como Tom Hayden: "Com o passar do tempo, eu prevejo, o nome de Hugo Chávez será reverenciado por milhões."[394] Cornel West também disse ser um fã: "Adoro que Hugo

---

[393] Stefan Wirner, "*Die deutsche Linke nimmt sich Chávez als Vorbild*", *Die Welt* (29 de Novembro de 2007), acessado em 20 de Junho de 2018, https://www.welt.de/politik/article1412494/Die-deutsche-Linke-nimmt-sich-Chavez-als-Vorbild.html; see also "*Reaktionen: Wagenknecht preist Chávez' Arbeit*", Handelsblatt (3 de Março de 2013), acessado em 20 de Junho de 2018, www.handelsblatt.com/politik/deutschland/reaktionen-wagenknecht-preist-wirts-chaftsmodell-von-chvez/7887454.html.

[394] Citado em Hollander, *From Benito Mussolini*, 256.

Chávez tenha feito da pobreza uma grande prioridade. Eu gostaria que a América fizesse da pobreza uma prioridade."[395] A influente jornalista e apresentadora de *talk-show* Barbara Walters concordou: "Ele se preocupa muito com a pobreza, ele é um socialista. O que ele está tentando fazer por toda a América Latina, eles vêm tentando fazer há anos, eliminar a pobreza. Mas ele não é o louco que ouvimos [...] É um homem muito inteligente."[396]

Graças aos depósitos de petróleo venezuelanos — os maiores do mundo — e à explosão do preço do petróleo que coincidiu com a presidência de Chávez, enchendo os cofres de seu governo até a borda, sua experiência em grande escala no socialismo do século XXI teve um início promissor, embora eventualmente se transformaria em um desastre econômico, hiperinflação, fome e ditadura.

Nos primeiros dias, Chávez empregou uma retórica surpreendentemente conciliatória, apresentando-se como um grande admirador dos valores ocidentais que recebia investidores estrangeiros, um "Tony Blair do Caribe".[397] Assim como o Partido Comunista da Alemanha Oriental havia prometido em 1945 defender direitos de propriedade e iniciativa empresarial e abster-se de impor um sistema ao estilo soviético (ver discussão no Capítulo 3), Chávez inicialmente prometeu que nunca "desapropriaria nada de ninguém". Isso não o impediu de denunciar o "capitalismo neoliberal cruel" e de celebrar o socialismo cubano como um "mar de felicidade".[398]

---

[395] *Citado em ibid.*, 256.

[396] *Citado em ibid.*, 257.

[397] Citado em Clark, *The Revolutionary Has No Clothes*, 60.

[398] Citado em Raúl Gallegos, *Crude Nation: How Oil Riches Ruined Venezuela* (Lincoln: Potomac Books, 2016), 80.

O CAPITALISMO NÃO É O PROBLEMA, É A SOLUÇÃO

A indústria do petróleo, de longe a fonte de receita mais importante da Venezuela, já havia sido nacionalizada em 1976 com a criação da empresa de petróleo e gás natural Petróleos de Venezuela, SA (PDVSA), que empregava uma força de trabalho de 140.000 em 2014. Embora estatal, a PDVSA era administrada como uma empresa com fins lucrativos e "reconhecida como uma das gigantes do petróleo mais bem administradas do mundo". Graças aos fortes vínculos da empresa com empresas privadas no exterior, a Venezuela foi capaz de aumentar sua produção de petróleo para 3 milhões de barris por dia durante a década de 1990.[399]

A PDVSA era independente demais para o gosto de Chávez. Em 2002, ele preencheu os cargos do conselho com aliados políticos e generais sem qualquer experiência em negócios. Em protesto contra a intromissão de Chávez, milhares de funcionários da PDVSA declararam uma greve de dois meses que paralisou a indústria petrolífera da Venezuela. Chávez respondeu fazendo com que 19.000 trabalhadores em greve fossem demitidos e denunciados como "inimigos do povo".

No entanto, o conflito entre os trabalhadores e o governo socialista não parou por aí. Em 2006, o ministro da Energia Rafael Ramírez, que por acaso também era o chefe da PDVSA, ameaçou os trabalhadores dizendo que eles perderiam seus empregos se não apoiassem Chávez nas próximas eleições: "A PDVSA é vermelha, vermelha de cima a baixo". O próprio Chávez afirmou: "Os trabalhadores da PDVSA estão com essa revolução, e os que não estão devem ir para outro

---

[399] *Ibid.*, 81.

lugar. Vá para Miami."[400] Os lucros da empresa foram usados para financiar programas de bem-estar social, manter empresas falidas à tona e construir casas para os pobres a um custo de bilhões de dólares por ano.[401]

A PDVSA foi até alistada para pagar programas de bem-estar social nos Estados Unidos. Em novembro de 2005, Chávez ordenou que a empresa fornecesse óleo para aquecimento a famílias de baixa renda em Boston a 40% abaixo do preço de mercado por meio de sua subsidiária Citgo. Acordos semelhantes foram fechados com outras cidades e comunidades em todo o nordeste dos Estados Unidos. De acordo com os próprios números da Citgo, o programa forneceu um total de 235 milhões de galões de óleo para aquecimento para 1,8 milhão de pessoas entre 2005 e 2014. A Cuba socialista e os outros aliados também receberam doações de óleo para aquecimento.[402]

Em 2007, em uma tentativa de garantir o controle de pelo menos 60% dos empreendimentos petrolíferos venezuelanos para a PDVSA, o governo Chávez forçou as empresas petrolíferas estrangeiras a aceitarem participações minoritárias ou enfrentarem a nacionalização.[403] A ExxonMobil recusou e entrou com um pedido de arbitragem junto

---

[400] "*Storm over Venezuela Oil Speech*", *BBC News* (4 de Novembro de 2006), acessado em 7 de Novembro de 2006, http://news.bbc.co.uk/1/hi/world/americas/6114682.stm.

[401] Gallegos, *Crude Nation*, 84.

[402] Harald Neuber, "*Billiges Heizöl für 16 US-Bundesstaaten*", *Amerika21* (12 de Dezembro de 2007), acessado em 20 de Junho de 2018, https://amerika21.de/nachrichten/inhalt/2007/dez/heizoel-fuer-usa; ver também "*Citgo–Venezuela Heating Oil Program*" (nd), acessado em 20 Junho de 2018, www.citgoheatingoil.com/whoweserve.html.

[403] Gallegos, *Crude Nation*, 84.

O CAPITALISMO NÃO É O PROBLEMA, É A SOLUÇÃO

ao tribunal de arbitragem do Banco Mundial, o Centro Internacional para a Arbitragem de Disputas sobre Investimentos (ICSID), ao mesmo tempo em que instaura ações judiciais em tribunais nos Estados Unidos e no Reino Unido. Depois que um tribunal britânico congelou ativos da PDVSA no valor de US$ 12 bilhões, a empresa estatal parou de vender petróleo para a ExxonMobil em 2008 e suspendeu as relações comerciais. Em 2014, o ICSID ordenou que a Venezuela pagasse à ExxonMobil US$ 1,6 bilhão em compensação.[404] Quando Chávez chegou ao poder, mais de 50% dos lucros da produção de petróleo foram para o governo. Na época de sua morte, em 2013, a participação do governo de mais de 90% era uma das mais altas do mundo.[405]

Chávez se beneficiou enormemente com a explosão do preço do petróleo durante seu mandato. Na época de sua morte em 2013, o preço do petróleo havia disparado para US$ 111 por barril — mais de dez vezes mais do que o mínimo histórico de US$ 10,53 em 1998, quando ele assumiu o cargo. Conforme discutido no Capítulo 2, o aumento dos preços dos recursos naturais tem a tendência de convencer os governos a distribuírem sua fartura à direita, esquerda e centro, ao invés de criar reservas de caixa para se proteger contra futuros colapsos nos mercados de recursos naturais.

Isso provou ser particularmente arriscado em um país amplamente dependente das exportações de petróleo cujo presidente socialista estava ocupado generosamente concedendo benefícios ao distribui-los

---

[404] "*Boykott: Venezuela kappt Exxon die Ölzufuhr*", *Spiegel* (13 de Fevereiro de 2008), acessado em 20 de Junho de 2018, www.spiegel.de/wirtschaft/boykott-venezuela-kappt-exxon-die-oelzufuhr-a-534931.html.

[405] *Gallegos, Crude Nation*, 84.

à direita, esquerda e centro e reestruturando a economia de acordo com os princípios socialistas. Chávez quase não fez nenhum esforço para diversificar a produção. Como relatou o especialista alemão em América Latina Hans-Jürgen Burchardt em 2009, ao invés de Chávez reduzir a dependência de seu país na exportação de petróleo e importação de bens essenciais, "o oposto aconteceu".

> "[...] nos últimos dez anos: a produção agrária e industrial do país diminuiu ainda mais, a última registrando o pior desempenho em quatro décadas. Alguns comentaristas já estão levantando o espectro da desindustrialização [...] Com a revolução bolivariana agora em seu décimo ano, 85 por cento do volume de exportação e 60 por cento da receita do governo são gerados no setor de petróleo bruto, que emprega apenas um por cento da força de trabalho. A dependência do petróleo da Venezuela não diminuiu, mas cresceu desde que Hugo Chávez assumiu o cargo."[406]

Após sua reeleição em 2006, Chávez nacionalizou um número crescente de empresas industriais, começando com as indústrias de ferro e aço. Logo depois vieram as aquisições governamentais dos setores de cimento e alimentos, companhias elétricas e portos. Cerca de 350 empresas foram transferidas do setor privado para o público apenas entre 2007 e 2010. Em muitos casos, os cargos executivos nas empresas recém-nacionalizadas foram atribuídos a membros leais do

---

[406] Hans-Jürgen Burchardt, *"Zurück in die Zukunft? Venezuelas Sozialismus auf der Suche nach dem 21. Jahrhundert"*, em *Venezuela heute: Politik, Wirtschaft, Kultur*, editado por Andreas Boeckh, Friedrich Welsch e Nikolaus Werz (Frankfurt: Vervuert Verlagsgesellschaft, 2011), 439–440.

partido.[407] Com um em cada três trabalhadores empregados no setor público em 2008, a folha de pagamento do governo explodiu.[408]

Quando seu governo ofereceu grandes incentivos fiscais e financeiros a empresas administradas por cooperativas de trabalhadores, o número delas aumentou de 820 em 1999 para 280.000 em 2009. A maioria delas eram empresas de fachada improdutivas que só existiam para que seus proprietários pudessem ter acesso a subsídios e empréstimos de dinheiro baratos.[409]

A interferência de Chávez nos assuntos econômicos tornou-se cada vez mais intensa. O "decreto de imunidade" na Lei Orgânica do Trabalho da Venezuela, que proibia demissões em massa por motivos operacionais, se mostrou desastroso para algumas empresas. O governo também estabeleceu preços fixos muito baratos, em muitos casos abaixo do custo de produção, para carne e outros alimentos básicos. As empresas que se recusaram a vender a esses preços foram denunciadas como especuladoras e ameaçadas com penas de prisão.[410]

Embora o preço do petróleo estivesse alto, parecia não haver limites para a generosidade do socialismo venezuelano do século XXI. Críticos do capitalismo em todo o mundo admiraram Chávez pelos programas de bem-estar social que ele financiou com a receita de

---

[407] Sven Schaller, "*Wandel durch Persistenz (Teil 1): Eine Analyse der Wirtschaftspolitik von Hugo Chávez*", *Quetzal* (Março de 2013), acessado em 20 de Junho de 2018, www.quetzal-leipzig.de/lateinamerika/venezuela/venezuela--wirtschaftspolitik-hugo-chavez-erdoel-wirtschaftsstruktur-19093.html.

[408] Gallegos, *Crude Nation*, 85.

[409] *Ibid., 83–84; Schaller, "Wandel durch Persistenz."*

[410] Carl Moses, "*Der Öl-Caudillo*", *Frankfurter Allgemeine Zeitung* (27 de Fevereiro de 2007), acessado em 20 de Junho de 2018, www.faz.net/aktuell/wirtschaft/wirtschaftspolitik/hugochavez-der-oel-caudillo-1118662.html.

petróleo ilimitada: transferências de dinheiro para os pobres e subsídios do governo para alimentação, moradia, água, energia e serviços telefônicos. Abastecer com gasolina custava quase nada — dar gorjeta ao atendente costumava custar mais do que o combustível em si. Dólares americanos, abundantes graças às receitas do petróleo, eram trocados a taxas de câmbio preferenciais.

Empresas públicas mal administradas receberam subsídios generosos, o que lhes permitiu manter mais funcionários do que o necessário. O pagamento das receitas do petróleo para um fundo para emergências já havia sido interrompido em 2001, e o investimento na indústria do petróleo — a própria base de sustento do país — também foi sacrificado em favor de planos de gastos sociais cada vez mais ambiciosos.[411]

Os admiradores de Chávez pensaram estar testemunhando um milagre socialista — afinal, suas políticas sociais conseguiram reduzir a pobreza extrema em 50%, segundo dados oficiais. Se esses números são confiáveis, é outra questão. Por exemplo, a alegação de Chávez de ter melhorado a taxa de alfabetização em 1,5 milhão é um "enorme exagero", já que o número real está perto de 140.000 de acordo com cálculos do especialista venezuelano AC Clark.[412] Da mesma forma, as estatísticas de homicídios publicadas pelo regime de Chávez excluem vítimas de violência relacionada a gangues, bem como aqueles mortos "resistindo à autoridade". De acordo com dados compilados pela organização venezuelana de direitos humanos PROVEA, o número total de mortes relacionadas ao crime foi em média 15.000 por ano entre 2000 e 2005.[413]

---

[411] Gallegos, *Crude Nation*, 24.

[412] Clark, *The Revolutionary Has No Clothes*, 46–47.

[413] *Ibid.*, 48–49.

Até mesmo alguns acadêmicos de esquerda começaram a criticar os programas de bem-estar social de Chávez por "atenderem a interesses especiais", ao mesmo tempo em que faziam pouco para garantir resultados robustos e duradouros na luta contra a pobreza:

> "Em tempos de crescimento, um estilo de vida voltado para o consumo altera a forma da polarização social, usando políticas sociais e econômicas de redistribuição para aliviar os piores excessos sociais de uma economia dependente [...] sem, no entanto, efetuar quaisquer mudanças estruturais importantes nas condições em que os pobres vivem."[414]

Consequentemente, ao invés de eliminar a pobreza, as reformas de Chávez criaram uma casta "quase 'socialista estatal' de burocratas [...] cujo rápido avanço na hierarquia social é possibilitado por altos salários e práticas corruptas".[415]

Após a morte de Chávez em 2013, seu sucessor e ex-segundo em comando Nicolás Maduro acelerou a nacionalização de laticínios, produtores de café, supermercados, fabricantes de fertilizantes e fábricas de calçados. A produção entrou em colapso ou parou totalmente.[416] Então, os preços do petróleo despencaram, perdendo quase 50% do seu valor em um único ano, de US$ 111 por barril no final de 2013

---

[414] Alexander Rommel, "*Sozialstruktur, Armut, Ungleichheit und soziale Klassen*", em *Venezuela heute: Politik, Wirtschaft, Kultur*, editado por Andreas Boeckh, Friedrich Welsch e Nikolaus Werz (Frankfurt: Vervuert Verlagsgesellschaft, 2011), 72.

[415] *Ibid.*, 71.

[416] Klaus Ehringfeld, "*Venezuela droht der Kollaps*", *Spiegel* (30 de Maio de 2017), acessado em 20 de Junho de 2018, www.spiegel.de/wirtschaft/venezuela-droht-der-kollaps-a-1149662.html.

para US$ 57,60, caindo para US$ 37,60 um ano depois e oscilando entre US$ 27,10 e US$ 57,30 em 2016.

Embora isso pudesse ter causado uma situação difícil para qualquer nação produtora de petróleo, esses problemas foram amplificados em um país com uma economia socialista extremamente ineficiente e com controles de preços rigorosos. Agora, os efeitos fatais das políticas socialistas de Chávez tornaram-se óbvios de uma vez por todas. Todo o sistema desmoronou. Como em outros países, ficou claro que, longe de ser um meio eficiente de combate à inflação, o controle de preços só piora a situação. A inflação atingiu 225% em 2016, maior do que em qualquer outra parte do mundo, exceto no Sudão do Sul. Foi provavelmente perto de 800%, acompanhada por uma queda de 19% na produção econômica em 2016, de acordo com um relatório interno do governador do Banco Nacional.[417] Em maio de 2018, a taxa de inflação disparou para quase 14.000%.

Embora a Venezuela possuísse máquinas de imprimir dinheiro de última geração, incluindo uma Super Simultan IV de fabricação alemã, elas não eram mais capazes de imprimir o grande número de notas necessárias. A Venezuela foi forçada a terceirizar uma grande parte desse trabalho para empresas sediadas no Reino Unido e Alemanha e bancos centrais de algumas nações amigas. Aviões Boeing 747 transportando entre 150 e 200 toneladas de notas pousavam na Venezuela a cada duas semanas.[418]

---

[417] Matthias Rüb, "*Telenovela über Hugo Chávez: Er konnte Menschen verführen*", *Frankfurter Allgemeine* (1 de Fevereiro de 2017), acessado em 20 de Junho de 2018, www.faz.net/aktuell/feuilleton/medien/el-comandante-eine--serie-ueber-hugo-chavez-14799710.html.

[418] Gallegos, *Crude Nation*, 23.

O CAPITALISMO NÃO É O PROBLEMA, É A SOLUÇÃO

Em janeiro de 2017, o custo da cesta básica havia aumentado 481% em relação ao ano anterior, para o valor de 15,3 salários mínimos.[419] Para entender bem o que isso significa, é importante saber que os professores estavam ganhando o dobro do salário mínimo, enquanto os taxistas logo começaram a ganhar mais do que médicos ou arquitetos. De acordo com estimativas, 1,2 milhão dos profissionais mais bem treinados do país haviam partido para os EUA ou Europa em 2014.[420]

Como muitos bens estavam sujeitos a controles de preços, enquanto as matérias-primas e os bens de produção tinham de ser pagos em dólares americanos, o declínio da moeda levou a uma escassez cada vez mais dramática no fornecimento. As pessoas começaram a acumular todos os tipos de coisas que eram vendidas a preços muito baixos e frequentemente ficavam na fila por horas para comprar algo que venderiam a um preço muito mais alto no mercado negro.

Foi o que aconteceu com o papel higiênico, que quase não ficava disponível nas lojas. As empresas que o fabricam foram forçadas a vendê-lo a um preço fixo muito abaixo do custo de produção, que foi impulsionado pela inflação. E quando a produção foi suspensa por falta de matéria-prima, os trabalhadores ainda tinham que ser pagos porque as empresas não tinham permissão para reduzir sua força de trabalho sem a aprovação do governo.[421] No entanto, o chefe do Instituto Nacional de Estatística conseguiu transformar a escassez de papel higiênico em uma boa notícia, saudando-a como prova da abundante dieta nacional.[422]

---

[419] *Venezuela's Tragic Meltdown*, 34.
[420] Gallegos, *Crude Nation*, 97.
[421] *Ibid.*, 37–38.
[422] *Ibid.*, 36–37.

RAINER ZITELMANN

Nas raras ocasiões em que o papel higiênico estava disponível a preços fixos do governo, ele se esgotou rapidamente. Muitos venezuelanos desistiram de seus empregos porque, com os salários não conseguindo acompanhar a alta dos preços, vender produtos em falta — incluindo papel higiênico — no mercado negro era uma opção muito mais lucrativa. Os produtos de higiene feminina também desapareceram das lojas. Em vez disso, as mulheres venezuelanas foram incentivadas a assistir a um tutorial transmitido no canal de televisão estatal sobre como fazer seus próprios absorventes higiênicos laváveis e reutilizáveis. O demonstrador no vídeo chegou a dar um toque anticapitalista à situação de forma entusiasmada: "Evitamos entrar no ciclo comercial do capitalismo selvagem. Estamos mais conscientes e em harmonia com o meio ambiente."[423]

Em julho de 2016, 500 mulheres venezuelanas deram o passo extraordinário de cruzar para a vizinha Colômbia através de uma passagem de fronteira fechada para comprar comida. "Estamos morrendo de fome, estamos desesperados", disse uma das mulheres à estação colombiana Caracol Radio. Não havia mais nada para comer em seu país, disse ela.[424]

Uma assistente social em uma casa de repouso contou a repórteres de uma estação de rádio alemã sobre sua própria situação desesperadora. Restaram apenas 9 dos 24 residentes. Os outros morreram ou foram mandados embora porque não havia comida suficiente e seus suprimentos de medicamentos essenciais para pacientes que sofriam

---

[423] *Ibid.*, 44.

[424] Venezuela: *"Wenn Hunger Grenzen überschreitet"*, *Die Zeit* (6 de Julho de 2016), https://www.zeit.de/politik/ausland/2016-07/venezuela-krise-nahrung--grenze-kolumbien, acessado em 6 de Julho de 2018.

de diabetes ou hipertensão haviam acabado. Subvertendo a proibição de visitas de jornalistas, um médico mostrou aos repórteres um hospital público onde a única máquina de raio-X estava quebrada há muito tempo, o laboratório não conseguia processar nenhuma amostra de urina ou sangue, não havia água encanada nos banheiros e os elevadores estavam quebrados.[425] Os pacientes do hospital tiveram que fornecer seus próprios medicamentos porque os estoques de tudo, de analgésicos a medicamentos para o tratamento do câncer, havia se esgotado.[426]

Em apenas um único ano, entre 2015 e 2016, a mortalidade infantil aumentou 33%, enquanto a taxa de mulheres que morrem no parto cresceu 66%. O ministro da Saúde que publicou essas estatísticas foi demitido por Maduro, que proibiu a divulgação de quaisquer indicadores sociais ou econômicos em uma tentativa de evitar "interpretações políticas".[427] Após uma queda inicial de 20,3% para 12,9% em 13 anos de Chávez,[428] a mortalidade infantil atingiu níveis acima das estimativas da UNICEF para a Síria, atingida pela guerra em 2016.[429]

Uma pesquisa de 2016 da Universidade Central da Venezuela descobriu que quatro em cada cinco famílias venezuelanas viviam na pobreza.[430] Cerca de 73% da população perdeu peso, com a perda

---

[425] "*Venezuela: Von Hunger und Sterben*" [broadcast], *NDR* (17 de Julho de 2017).

[426] *Venezuela's Tragic Meltdown*, 29.

[427] Ehringfeld, "*Venezuela droht der Kollaps.*"

[428] Gallegos, *Crude Nation*, 85.

[429] *Venezuela's Tragic Meltdown*, 35.

[430] Thomas Schweizer, "*So regiert Maduro sein Land in den Abgrund*", *Wirtschaftswoche* (25 de Maio de 2017), acessado em 20 de Junho de 2018, https://www.wiwo.de/politik/ausland/venezuela-so-regiert-maduro-sein-land-in-den-abgrund/19850212.html.

média de 8,7 kg em 2016.[431] Em uma audiência antes do Subcomitê da Câmara dos Representantes dos EUA para o Hemisfério Ocidental em março de 2017, Hector E. Schamis, professor auxiliar da Universidade de Georgetown, relatou taxas recordes de pobreza de 82%, com 52% vivendo em extrema pobreza.[432]

Perante os contínuos protestos populares e uma vitória da oposição nas eleições parlamentares, Maduro dissolveu a Assembleia Nacional e aboliu a liberdade de imprensa, juntamente com todos os outros vestígios de democracia. Em outubro de 2017, o número de mortos durante manifestações e protestos antigovernamentais havia subido para mais de 120 — testemunho do fracasso de mais uma experiência socialista.

Chile: do socialismo ao capitalismo de livre mercado

Assim como aconteceu com a ascensão de Hugo Chávez ao poder 28 anos depois, intelectuais de esquerda em todo o mundo ficaram orgulhosos com relação à eleição de Salvador Allende como presidente do Chile em setembro de 1970. O candidato da Unidad Popular foi o primeiro marxista radical a chegar ao poder através de uma eleição democrática — embora com uma pequena maioria de 36,5% dos votos — em vez de uma revolução violenta ou uma guerra perdida, como foi o caso com os regimes impostos pelos soviéticos na Alemanha Oriental e na Coreia do Norte após a Segunda Guerra Mundial.

---

[431] *Venezuela's Tragic Meltdown*, 34–35.

[432] *Ibid.*, 29.

O CAPITALISMO NÃO É O PROBLEMA, É A SOLUÇÃO

O Unidad Popular foi ajudado na sua ascensão ao poder pela natureza oligárquica da economia chilena e a enorme diferença de renda entre 1,5% da renda total que foi para os 10% mais pobres e 40,2% para os 10% mais ricos,[433] enquanto a inflação situou-se em 36,1% em 1970.[434]

Em seu primeiro ato oficial como presidente, Allende nacionalizou as minas de cobre que eram a fonte de receita mais importante do Chile. Ao invés de pagar uma compensação às corporações multinacionais que anteriormente administravam as minas como parte do acordo de "nacionalização negociado" assinado com o antecessor de Allende, Eduardo Frei Montalva, em 1969, o governo de Allende apresentou a elas deduções por "lucros excessivos" para além das "práticas comerciais normais" que excedeu o valor de venda da maioria de suas participações.[435] Bancos e outras empresas também foram nacionalizados em rápida sucessão. Quando Allende foi afastado em 1973, 80% da produção industrial do país havia sido transferida para o setor público.[436] Os aluguéis e os preços dos alimentos básicos eram fixados pelo governo, que também fornecia saúde gratuita.

O uso do gasto público pelo governo socialista para aumentar sua popularidade fez com que os gastos sociais aumentassem quase 60% em termos reais em um período de apenas dois anos. Entre 1970 e 1973, o emprego no governo central e nas firmas do setor público

---

[433] Patricio Meller, *The Unidad Popular and the Pinochet Dictatorship: A Political Economy Analysis* (London: Palgrave Macmillan, 2000), 28.

[434] *Ibid.*, 33.

[435] Stefan Rinke, *Kleine Geschichte Chiles* (Munich: C. H. Beck, 2007), 146.

[436] *Ibid.*, 147.

cresceu 50% e 35%, respectivamente.[437] Essas medidas foram pagas, não por aumentos na receita tributária, mas pelo aumento da dívida pública e pela expansão da massa monetária. O déficit orçamentário cresceu de 3,5% do PIB em 1970 para 9,8% em 1971. Um aumento de 10,3% no investimento do setor público foi contrabalançado por uma queda de 16,8% no investimento do setor privado[438] — o que não é surpreendente, dada a taxa de desapropriação dos donos de empresas privadas: 377 firmas produtivas foram nacionalizadas entre 1970 e 1973.[439]

Economicamente, a nacionalização foi um fracasso. Trabalhadores altamente qualificados e executivos experientes deixaram o país em massa e foram substituídos por membros leais do partido. "Muitas empresas nacionalizadas também registraram incidentes frequentes de comportamento indisciplinado e absenteísmo. Em empresas que ainda não haviam sido transferidas para o estado, os próprios trabalhadores tomaram a iniciativa ao ocupar instalações de produção."[440]

Além disso, quase 16 milhões de acres de terra foram desapropriados. Em alguns casos, os coletivos foram estabelecidos de acordo com o modelo familiar socialista. Os fazendeiros que viraram proprietários de terras nas reformas da década de 1960 agora tinham que trabalhar em grupos agrícolas como funcionários do setor público.[441] As desapropriações ou ocupações aconteciam a uma taxa de 5,5 propriedades agrícolas por dia: "Dia sim, dia não, uma firma produtiva

---

[437] Meller, *The Unidad Popular*, 39.

[438] *Ibid.*, 35.

[439] *Ibid.*, 55.

[440] Rinke, *Kleine Geschichte Chiles*, 147.

[441] *Ibid.*, 149.

O CAPITALISMO NÃO É O PROBLEMA, É A SOLUÇÃO

era nacionalizada ou adquirida".[442] A produtividade despencou e, em 1972, o Chile teve de gastar grande parte de sua receita de exportação na importação de alimentos.[443] A tentativa de reestruturar o setor agrícola de acordo com os princípios socialistas foi um fracasso tanto no Chile quanto na China, Alemanha Oriental e Coreia do Norte. "No geral, a política econômica da Unidad Popular foi um fracasso. Isso é verdade ainda mais na área fiscal do que nos setores agrícola e industrial. O governo não foi mais capaz de controlar a inflação do que o seu antecessor foi — na verdade, os gastos públicos abundantes só pioraram a situação."[444]

A inflação, que era de 36% em 1970, disparou para 605% em 1973, um padrão que iria repetir-se na Venezuela três décadas depois[445] — assim como os protestos que começaram a ocorrer no Chile. Durante uma visita de Estado de três semanas do líder cubano Fidel Castro no final de 1971, milhares de mulheres chilenas se juntaram a uma "Marcha dos Potes e Panelas Vazias" no palácio presidencial. Elas foram atacadas por ativistas marxistas e dispersas pela polícia com granadas de gás lacrimogêneo, resultando em dezenas de feridos. Em outubro de 1972, meio milhão de pequenos empresários, agricultores e profissionais liberais participaram de protestos antigovernamentais.[446]

Em setembro de 1973, o exército chileno, liderado pelo chefe do exército nomeado por Allende, Augusto Pinochet, derrubou o governo socialista. Allende se matou pouco antes de os líderes do

---

[442] Meller, *The Unidad Popular*, 70.

[443] Rinke, *Kleine Geschichte Chiles*, 149–150.

[444] *Ibid.*, 150.

[445] Meller, *The Unidad Popular*, 33.

[446] Rinke, *Kleine Geschichte Chiles*, 153–154.

golpe de Estado invadirem o palácio presidencial. O general Pinochet estabeleceu uma ditadura militar. A liberdade de imprensa e outros direitos democráticos foram abolidos; aqueles que se opuseram ao regime foram presos e torturados. Em total contraste com o impulso autoritário e antiliberal de sua política doméstica, a orientação econômica de Pinochet era, em sua maior parte, liberal e pró-mercado.

A transformação do Chile em uma economia de mercado livre sob Pinochet foi planejada por um grupo de economistas que posteriormente se tornou conhecido como *Chicago Boys*. Eles eram admiradores e ex-alunos de Milton Friedman, o economista ganhador do Prêmio Nobel e fervoroso defensor do capitalismo de livre mercado da Universidade de Chicago. Em seu retorno ao Chile, eles redigiram 189 páginas de análises econômicas e propostas de reforma para os generais, que inicialmente "pouco fizeram com as propostas". Foi só quando os próprios esforços militares falharam em conter a inflação que Pinochet nomeou vários dos *Chicago Boys* para posições de poder.[447]

O próprio Friedman deu uma série de seminários e palestras públicas no Chile durante um período de seis dias em março de 1975. Seu papel como conselheiro de Pinochet deu origem a muitas críticas severas. Na verdade, Friedman só se encontrou com o ditador chileno uma vez e, posteriormente, escreveu-lhe uma carta na qual recomendava um programa de combate à hiperinflação e liberalização da economia.[448] Ele deu conselhos semelhantes aos governantes

---

[447] Friedman, *Two Lucky People*, 398.

[448] *Ver ibid.*, 398–407.

comunistas na União Soviética, China e Iugoslávia.[449] Mas, embora seu suposto envolvimento com o regime chileno tenha desencadeado uma campanha global contra ele, ninguém parecia muito preocupado com seu papel de aconselhar os regimes comunistas.

De modo geral, Friedman ficou impressionado com as políticas econômicas implementadas pelos economistas chilenos que ele havia inspirado — entre eles, Sergio de Castro Spikula, que foi ministro de Assuntos Econômicos de Pinochet e mais tarde se tornou ministro das Finanças —, embora tenha criticado a decisão de Castro de estabelecer uma paridade fixa da moeda chilena ao dólar americano. Castro e seus seguidores começaram a instigar uma agenda econômica centrada na redução dos gastos públicos, desregulamentando o setor financeiro e econômico, privatizando empresas estatais (exceto a indústria do cobre) e abrindo a economia para investidores estrangeiros, revertendo de um modo geral as políticas do Governo Allende:

> "O Estado e tudo o que está ligado ao setor público se tornou a causa central de todos os problemas; quanto menos interferisse na economia, maior e mais rápido seria o crescimento do bem-estar social. Isso formou a base para as inúmeras reformas econômicas introduzidas durante o regime militar: privatizações e reprivatizações, reforma do Estado e reforma fiscal, liberalização, desregulamentação, abertura da economia e autonomia do Banco Central."[450]

---

[449] Richard W. Kahn, "*A Tale of Two Economies*", *Washington Times* (2 de Julho de 2013), acessado em 20 de Junho de 2018, https://www.washingtontimes.com/news/2013/jul/2/a-tale-of-two-economieschile-has-employed-free-mar.

[450] Meller, *The Unidad Popular*, 76.

O Estado controlava 400 empresas e bancos em 1973, mas esse número caiu para cerca de 45 empresas (incluindo um banco) em 1980.[451] Reformas fiscais e tributárias e medidas de desregulamentação introduzidas em meados da década de 1970 minimizaram a influência do governo em todos os setores, abolindo os controles de preços e impostos sobre a riqueza e ganhos de capital e redução do imposto de renda. O IVA, estabelecido a uma taxa padrão de 20% cobrada sobre todos os bens e serviços, tornou-se a principal fonte de receita fiscal do governo. Isso resultou em um "milagre econômico" de magnitude semelhante aos alcançados por Margaret Thatcher e Ronald Reagan: taxas de impostos mais baixas levaram a um crescimento na receita de 22% do PIB em 1973-1974 para 27% em 1975-1977, e a transformação do déficit orçamental crônico em superávit no período de 1979 a 1981.[452]

Uma comparação entre os indicadores-chave para 1973 e 1981 mostra claramente o quão bem-sucedidas essas políticas foram. A inflação, que era superior a 600% em 1973, havia caído para apenas 9,5% em 1981, embora o progresso tivesse sido lento. Durante o mesmo período, o Chile viu sua taxa de crescimento econômico se recuperar de -4,3% para saudáveis 5,5%, enquanto as exportações quase triplicaram de US$ 1,3 bilhão para US$ 3,8 bilhões. Mais impressionante ainda foi o crescimento das exportações não tradicionais (excluindo cobre e outros recursos naturais) de US$ 104 milhões para US$ 1,4 bilhão. Os salários, que haviam caído mais de 25% em 1973, cresceram 9% em 1981.[453]

---

[451] *Ibid.*, 79.

[452] *Ibid.*, 80–81.

[453] *Ibid.*, 86.

O CAPITALISMO NÃO É O PROBLEMA, É A SOLUÇÃO

As políticas fiscais e econômicas introduzidas pelos *Chicago Boys* foram fundamentais para a recuperação a longo prazo do Chile e sua atual estabilidade econômica. A curto prazo, no entanto, seus resultados foram menos diretos: assim como as reformas de Thatcher e Reagan, os efeitos positivos a longo prazo vieram ao preço de um aumento inicial no desemprego.

Com os investidores estrangeiros cada vez mais confiando na economia chilena, as exportações começaram a aumentar, enquanto o déficit diminuiu e a economia cresceu 32% em quatro anos. O milagre econômico do Chile foi saudado no mundo das finanças globais e celebrado na imprensa de negócios. O consumo em massa aumentou à medida que os padrões de vida melhoraram em toda a população, conforme refletido no aumento drástico no número de carros registrados entre 1976 e 1981.[454]

No início da década de 1980, uma enorme crise de dívida varreu a América Latina. Em 1982, o México deixou de cumprir sua dívida soberana. No mesmo ano, o Chile — junto com outros países latino-americanos — mergulhou na recessão devido a uma queda drástica na entrada de capital. Em 1982-1983, o Chile experimentou sua pior recessão desde os anos 1930, com o PIB despencando 15% e o desemprego aumentando para 30% em termos reais.[455] As origens da crise de 1982-1983 são o assunto de um debate contínuo. O que está claro, porém, é que o Chile conseguiu superar a crise muito mais rápido do que seus vizinhos latino-americanos: "O Chile liderou o

---

[454] Rinke, *Kleine Geschichte Chiles*, 163–164.
[455] Meller, *The Unidad Popular*, 121.

continente na saída desta recessão. Foi o único país em crise de dívida que voltou aos níveis de PIB anteriores à crise antes do final da década de 80; portanto, para a maioria dos países, foi a década inteira que eles chamaram de 'década perdida'."[456]

Passada a crise, o governo continuou com mais reformas. A segunda rodada de reprivatizações levou em consideração as lições aprendidas com a primeira, que foi em grande parte um processo de privatização baseado em dívidas. Desta vez, as empresas foram negociadas na bolsa de valores, o que lhes deu um início sem dívidas. A privatização das maiores empresas de propriedade pública — excluindo a estatal General Minerals Corporation — começou em 1986, gerando um valor total de ativos de US$ 3,6 bilhões.[457]

O sistema político começou a mudar após a derrota de Pinochet em 1988 em um plebiscito sobre a extensão de seu governo por mais oito anos. As eleições gerais de 1989 foram vencidas por uma aliança democrática liderada pelo democrata-cristão Patricio Aylwin Azócar, que governou como presidente de 1990 a 1994. Friedman enfatiza o papel que a liberalização econômica, que por sua vez levou à liberalização política, desempenhou na transição da ditadura à democracia: "A economia chilena prosperou, mas mais importante, no final de tudo, o governo central, a junta militar, foi substituído por uma sociedade democrática. Portanto, o que é realmente importante

---

[456] Arnold Harberger, *"The Miracle of Chile"*, em *Up for Debate: Reform without Liberty: Chile's Ambiguous Legacy* (nd), acessado em 20 de Junho de 2018, www.pbs.org/wgbh/commandingheights/shared/minitextlo/ufd_reformliberty_full.html.

[457] Meller, *The Unidad Popular*, 142.

O CAPITALISMO NÃO É O PROBLEMA, É A SOLUÇÃO

sobre os negócios chilenos é que os mercados livres abriram caminho para criar uma sociedade livre."[458]

Embora a liberalização da economia tenha contribuído claramente para o fim da ditadura por meio do fortalecimento da sociedade civil chilena, a afirmação de Friedman de que a vitória da democracia foi uma consequência direta e inevitável das reformas econômicas é um exagero infundado. O fato de que em outros países — incluindo a China, conforme discutido no Capítulo 1 — a liberalização econômica até agora não produziu uma transição para a democracia torna sua argumentação difícil de sustentar.

No entanto, não há como negar os efeitos positivos de longo prazo das reformas econômicas instigadas pelos *Chicago Boys*. Embora um tanto atenuadas pelos governos posteriores, essas reformas estabeleceram as bases para o atual sucesso econômico do Chile e levaram à alta posição do país no Índice de Liberdade Econômica. Mesmo os líderes socialistas Ricardo Lagos Escobar (2000–2006) e Michelle Bachelet (2006–2010 e 2014–2018) não alteraram fundamentalmente a orientação do Chile como uma economia de mercado livre. Em 2010, o Chile se tornou a primeira nação sul-americana a aderir à Organização para a Cooperação e Desenvolvimento Econômico — um sinal claro de que, ao contrário da maioria dos outros países da região, o Chile faz parte do "Primeiro Mundo" dos países desenvolvidos. Isso é ainda mais notável porque, antes das reformas, o Chile estava entre as economias mais protecionistas do mundo.

---

[458] Milton Friedman, "*The Chicago Boys*", in *Up for Debate: Reform without Liberty: Chile's Ambiguous Legacy* (nd), acessado em 20 de Junho de 2018, www.pbs.org/wgbh/commandingheights/shared/minitextlo/ufd_reformliberty_full.html.

O fato de que nem os democratas-cristãos que governaram o Chile durante os anos 1990 nem os governos socialistas eleitos nos anos 2000 fizeram mudanças significativas nas reformas introduzidas por Pinochet deve ser considerado como um dos argumentos mais fortes em favor de sua eficácia. Conforme mostrado no Capítulo 5, uma observação semelhante é válida para o Reino Unido e os EUA, onde nem o governo trabalhista de Tony Blair nem a Casa Branca de Bill Clinton interferiram na substância das reformas introduzidas por Thatcher e Reagan.

Os críticos das reformas dos *Chicago Boys* de Pinochet gostam de apontar para a crescnte desigualdade social que acompanhou seu inegável sucesso econômico — ao que o ex-ministro da Economia e Finanças do Chile Sergio de Castro responde: "Em 1970, por exemplo, a mortalidade infantil era de 80 em 1.000. Em 1990, no fim do regime militar, havia caído para 20 em 1.000. Isso se deve à saúde econômica do país e ao fato de que o governo conseguiu gastar mais dinheiro com os pobres."[459]

No entanto, outros indicadores econômicos e sociais mostram alto grau de desigualdade na sociedade chilena que persiste até o presente. O Índice de Gini, que mede a distribuição de renda entre os residentes, classifica o Chile entre os 20 países mais desiguais do mundo.[460]

---

[459] Sergio de Castro, "There's No Doubt They're Doing Better," em *Up for Debate: Reform without Liberty: Chile's Ambiguous Legacy* (nd), acessado em 20 de Junho de 2018, www.pbs.org/wgbh/commandingheights/shared/minitextlo/ufd_reformliberty_full.html.

[460] Em uma escala de 0 (mais igual) a 100 (mais desigual) Chile pontuou 50.5 e ficou em 15 ° lugar entre os países mais desiguais do mundo entre o período de 2010 e 2015.

O CAPITALISMO NÃO É O PROBLEMA, É A SOLUÇÃO

A maioria dos chilenos parece valorizar mais o progresso econômico alcançado em seu país do que a "igualdade social" lamentada pelos críticos — como evidenciado pelos sucessivos governos socialistas que aderiram amplamente a um curso de livre mercado e pela eleição de 2010 de Sebastián Piñera para presidente. Um ex-aliado próximo do governo Pinochet, cujo irmão foi fundamental na implantação de um sistema de previdência social privatizado, Piñera acreditava piamente no mercado livre. Sua vitória eleitoral, o jornal alemão *Handelsblatt* comentou na época, "pode anunciar o início de uma nova era de capitalismo puro na América Latina".[461] Piñera perdeu as eleições presidenciais de 2013 contra Michelle Bachelet, que por sua vez foi destituída do cargo em 2017 para abrir caminho para o segundo mandato de Piñera, que começou em março de 2018.

No final de junho de 2017, o jornal semanal esquerdista alemão *Die Zeit* publicou um artigo sobre o Chile que vai da consternação à admiração relutante:

> "O capitalismo tem uma influência poderosa e rara aqui, e o impacto na coesão social e nos membros mais fracos da sociedade é igualmente forte. Se você não consegue acompanhar, você não pertence: essa mentalidade faz parte do legado deixado no Chile pela ditadura militar de Augusto Pinochet, que governou o pequeno país na extremidade da América do Sul entre 1973 e 1990. Muito tempo após a morte de

---

[461] Martin Hutchinson, "*Rückkehr zum Vollblutkapitalismus*", *Handelsblatt* (19 de Janeiro de 2010), acessado em 20 de Junho de 2018, https://www.handelsblatt.com/meinung/kolumnen/chile-rueckkehr-zum-vollblutkapitalismus/3348842.html.

Pinochet, seus *Chicago Boys* continuam vivos... Até agora, seus sucessores democráticos no governo continuaram sua política de pouca regulamentação do mercado."[462]

Por outro lado, até o jornalista do *Die Zeit* é forçado a admitir:

> "Com 6%, o desemprego é tão baixo quanto na Alemanha, e a inflação também é quase inexistente. As obrigações governamentais do Chile têm uma boa classificação. Em comparação com a reputação de seus vizinhos latino-americanos de caos econômico, os chilenos são considerados bons parceiros de negócios. Eles também têm uma infraestrutura funcional, taxas sólidas de construção e investimento e redes de transporte bem organizadas. As melhorias no padrão de vida nos últimos anos beneficiaram até mesmo os pobres."[463]

É verdade: com uma população de pouco menos de 18 milhões, o Chile tem uma renda *per capita* quase duas vezes maior que a do Brasil, enquanto a porcentagem da população vivendo abaixo do nível de pobreza caiu de 20% em 2003 para 7% em 2014. Durante o mesmo período, os 40% mais pobres viram sua renda aumentar de forma mais acentuada do que a média nacional. Em 2017, o Chile foi o país latino-americano com melhor classificação no Relatório de Competitividade Global compilado pelo Fórum Econômico Mundial. O Chile possui o sistema bancário mais estável da região e algumas

---

[462] Lisa Caspari, "*Endstation Reichtum*", *Die Zeit* (27 de Junho de 2017), acessado em 20 de Junho de 2018, https://www.zeit.de/wirtschaft/2017-06/chile-neoliberalismus-armutsgrenze-wirtschaft-reichtum.

[463] *Ibid.*

O CAPITALISMO NÃO É O PROBLEMA, É A SOLUÇÃO

das melhores condições para empresas privadas em todo o mundo. É a economia mais aberta da América Latina, assinando acordos de livre comércio com países que juntos produzem 75% da produção econômica global. Nos últimos 30 anos, a economia do Chile atingiu taxas de crescimento anual de cerca de 5%.[464]

No período entre 1990 e 2005, o Chile registrou uma das maiores taxas de crescimento econômico do mundo — muito maior do que qualquer outro país da América Latina e no mesmo nível da Coreia do Sul. Em conjunto com a privatização consistente de ativos de infraestrutura de transporte público sobre hospitais, prisões e tele-comunicações até gestão de água e esgoto, baixas taxas de impostos corporativos e mercados de capitais desregulamentados criaram incentivos para investidores.[465]

Em contrapartida, a economia do Chile continua a depender em grande parte do cobre. O país tem os maiores depósitos de cobre do mundo e cerca de 30% da produção global. O preço do cobre dificilmente ficou estável nos últimos 20 anos, passando de uma baixa recorde de US$ 1.438 por tonelada em 1998 para uma alta recorde de US$ 8.982 em 2008, antes de despencar para US$ 2.767 no mesmo ano, seguido por um aumento de 150% no próximo ano e um período de extremas oscilações desde então.

Essas tendências são obviamente problemáticas para um país cuja economia depende muito do cobre. Mas, ao contrário da Venezuela,

---

[464] Alexander Busch, "*Länderanalyse Chile: Gefangen in der Mittelschicht*", *Neue Zürcher Zeitung* (22 de Fevereiro de 2017), acessado em 20 de Junho de 2018, https://www.nzz.ch/wirtschaft/laenderanalyse-chile-gefangen-in-der-mittelschicht-ld.146938.

[465] Rinke, *Kleine Geschichte Chiles*, 176.

onde a oscilação do preço do petróleo que inicialmente desencadeou o crescimento econômico e permitiu a Chávez distribuir benefícios sociais foi posteriormente responsabilizada pela dramática crise econômica do país, a economia de livre mercado do Chile estava muito mais bem equipada para lidar com as quedas e oscilações no preço do cobre. A Venezuela também poderia ter prosperado apesar de seu alto grau de dependência do petróleo, não fosse por sua economia socialista controlada pelo Estado.

O desenvolvimento do Chile nas últimas décadas não demonstra apenas que o capitalismo é superior ao socialismo. Crucialmente, a tentativa dos *Chicago Boys* de implantar um sistema capitalista da noite para o dia na década de 1970 também destaca uma diferença fundamental entre os dois. Ao contrário do socialismo, o capitalismo não é um sistema inventado por intelectuais — e, portanto, sua imposição repentina de um dia para o outro está fadada ao fracasso, mesmo sob uma ditadura.

Em vez disso, o capitalismo cresce naturalmente e espontaneamente. Conforme discutido no Capítulo 1, a transição bem-sucedida da China do socialismo para o capitalismo levou muitos anos de iniciativas espontâneas *bottom-up* (de baixo para cima) apoiadas por mudanças na política instigadas por Deng Xiaoping e outros. Embora as reformas dos *Chicago Boys* tenham constituído uma importante mudança de direção que marcou o início do caminho do Chile para o sucesso econômico, o país levou várias décadas para fazer a transição para uma economia de mercado capitalista totalmente desenvolvida.

CAPÍTULO 7

SUÉCIA: O MITO DO SOCIALISMO NÓRDICO

Eu passei dois meses em Nova York durante a campanha para as eleições presidenciais de 2016. Lembro-me de ver um jovem delirando sobre os benefícios do socialismo na televisão — uma imagem que ficou na minha mente porque realmente não se encaixava com a minha ideia dos EUA. O jovem estava falando sobre "socialismo escandinavo". Ele era um fã de Bernie Sanders, o socialista assumido cuja própria interpretação dessa ideologia tem pouco a ver com um sistema no estilo soviético ou da República Democrática Alemã. Em vez disso, o paraíso socialista que Sanders gostaria de implementar nos Estados Unidos é modelado em um que ele acredita existir na Escandinávia, na Dinamarca e na Suécia em particular.

A Suécia deixou de ser um país socialista há várias décadas — se é que alguma vez foi. Porém, assim como os indivíduos frequentemente acham difícil mudar a imagem que persistentemente adere a eles na mente dos outros, o mesmo é verdadeiro para as nações. No geral, relutamos muito em mudar crenças antigas sobre outros países.

Alerta de *spoiler*: a Suécia contemporânea não é um país socialista. De acordo com a classificação do Índice de Liberdade Econômica da Heritage Foundation de 2018, a Suécia está entre as economias mais orientadas para o mercado em todo o mundo. No geral, ocupa o 15° lugar, à frente da Coreia do Sul (27°) e da Alemanha (25°) e atrás da Dinamarca — outro país supostamente socialista —, em 12° lugar.[466] O que é mais notável é o quanto a Suécia mudou nas últimas duas décadas, aumentando sua pontuação geral em 14,9 pontos (de 61,4 para 76,3 pontos) entre 1995 e 2018. A China, que passou por sua transformação econômica no mesmo período, somou apenas 5,8 pontos à sua pontuação, enquanto as reformas pró-mercado do chanceler Gerhard Schröder aumentaram a pontuação da Alemanha por míseros quatro pontos, e a França (-0,5) e os Estados Unidos (-1,0) registraram muito pouca mudança. Ficando para trás por mais de 15 pontos em 1995, a Suécia agora tem o mesmo nível de liberdade econômica que os EUA.

No entanto, as pontuações da Suécia em outras categorias mostram um cenário um pouco diferente.[467] O gasto público, 51,1% do PIB no período entre 2014 e 2016, ainda é alto, colocando a Suécia em 170° lugar entre 180. Embora as taxas de imposto de renda tenham caído consideravelmente do seu pico nas décadas de 1970 e 1980, com 42,7% da renda doméstica total (179° lugar), elas ainda são mais altas do que em quase qualquer outro lugar do mundo. No entanto, o que muitos não percebem é que os impostos sobre herança, acessão, riqueza e ganhos de capital foram todos abolidos. Por outro lado, o mercado de trabalho sueco ainda é fortemente regulamentado (126° lugar).

---

[466] Heritage Foundation, *2018 Index of Economic Freedom*, 3–7.

[467] Os dados seguintes são citados do Heritage Foundation, *2017 Index of Economic Freedom*, 287.

O CAPITALISMO NÃO É O PROBLEMA, É A SOLUÇÃO

Em outras palavras, apesar da ascensão de elementos capitalistas, a Suécia não está totalmente livre de influências socialistas. No entanto, a imagem da Suécia e de outros países escandinavos como fortalezas do socialismo remonta aos anos 1970 e 1980. O economista Nima Sanandaji oferece a seguinte descrição de sua trajetória econômica durante o período desde 1870: "Esses países tiveram um crescimento econômico fenomenal quando tinham governos pequenos e livres mercados. À medida que avançavam em direção ao socialismo, o empreendedorismo, a prosperidade crescente e novos empregos foram interrompidos. Uma mudança de volta para os mercados livres trouxe de volta o crescimento."[468]

As bases para a crescente força econômica da Suécia foram estabelecidas antes da era social-democrata, entre 1870 e 1936. Durante este período, quando a Suécia ainda tinha uma economia de mercado livre e baixos impostos, seu crescimento econômico excedeu significativamente o de outros países europeus, como o da Alemanha, Itália ou França, com taxas de crescimento anual duas vezes mais altas que no Reino Unido.[469]

A ascensão dos social-democratas ao poder em 1936 foi seguida por um período "pragmático" de primeiros passos moderados em direção à introdução de políticas de estado de bem-estar social, que chegou ao fim no final dos anos 1960 e início dos anos 1970. Entre 1936 e 1970, a Suécia ficou atrás de países como Itália e França, com taxas de crescimento anual apenas ligeiramente superiores às da Alemanha.[470]

---

[468] Nima Sanandaji, *Debunking Utopia: Exposing the Myth of Nordic Socialism* (Washington, DC: WND Books, 2016), 104.

[469] *Ibid.*, 88.

[470] *Ibid.*, 89.

Durante o período de expansão do estado de bem-estar social socialista de 1970 a 1991, a Suécia ficou muito atrás de muitos de seus concorrentes europeus. O crescimento econômico foi menor do que em vários outros países, incluindo Itália, França, Alemanha, Reino Unido, Holanda e Áustria, o último dos quais registrou uma taxa de crescimento duas vezes maior que a da Suécia.[471] A Suécia esteve em 4º lugar na classificação do PIB *per capita* da Organização para a Cooperação e Desenvolvimento Econômico (OECD) em 1970, mas ela caiu para 16º lugar em 1995, na era socialista.[472]

Durante a era da reforma de mercado de 1991 a 2014, a Suécia estava novamente à frente da Alemanha, França e Itália em termos de crescimento econômico.[473] Em 2016, a Suécia tinha o 12º maior PIB *per capita* no ranking da OCDE — o que é notável dado o progresso significativo alcançado em vários outros países desde 1995, quando a Suécia registrou seu pior desempenho em 16º lugar.

É claro que existem razões complexas para a ascensão e queda do crescimento econômico de um período para o outro, que não podem ser reduzidas ao grau de orientação socialista ou capitalista a qualquer momento. As tendências econômicas globais, que afetam qualquer nação com um foco forte na exportação, são um fator contribuinte, assim como as fraquezas estruturais do sistema econômico. Mas é importante notar que o período em que a Suécia ficou atrás de outros países europeus coincidiu com a implementação de políticas socialistas de estado de bem-estar social.

---

[471] *Ibid.*, 94.

[472] Assar Lindbeck, *"The Swedish Experiment"*, *Journal of Economic Literature 35*, no. 3 (1997), 1285.

[473] Sanandaji, *Debunking Utopia*, 95.

O CAPITALISMO NÃO É O PROBLEMA, É A SOLUÇÃO

No entanto, o exemplo sueco também ilustra que, embora o sistema econômico desempenhe um papel importante, os fatores culturais também são significativos na determinação do sucesso econômico de um país, como o exemplo da Coreia do Sul (discutido no Capítulo 4) mostrou. No caso da Coreia do Sul, o espírito de trabalho, as aspirações educacionais e um alto grau de motivação e diligência desempenharam papeis importantes. Existem fatores de importância semelhante para o sucesso econômico da Suécia?

Em comparação com outros países europeus, a população da Suécia é notavelmente homogênea. Os economistas acreditam que seu grau relativamente baixo de diversidade étnica, denominacional, cultural e linguística promove a construção de consenso e reduz o potencial de conflito.[474] Os cientistas sociais consideram a mentalidade sueca a principal razão para a diferença de renda comparativamente pequena, que já estava em evidência na década de 1920 e, portanto, precede a introdução de políticas de estado de bem-estar social e redistribuição de renda baseada em impostos nas décadas de 1960 e 1970.[475]

Uma forte ética de trabalho, ambição e honestidade são características da Suécia e de outros países nórdicos. São esses fatores, e não o estado de bem-estar social sueco, que geraram o alto padrão de vida e os altos níveis de renda nos países escandinavos. Estudos comparando dados de americanos de ascendência escandinava (uma população total de 11 milhões) com dados da população dos Estados Unidos como um todo e dados de países escandinavos confirmam isso. Por exemplo, o PIB *per capita* em 2013 ficou em US$ 68.897 para

---

[474] Philip Mehrtens, *Staatsschulden und Staatstätigkeit: Zur Transformation der politischen Ökonomie Schwedens* (Frankfurt: Campus Verlag, 2014), 80.

[475] Sanandaji, *Debunking Utopia*, 38.

sueco-americanos, significativamente superior à média nacional de US$ 52.592 e superior à média sueca de US$ 45.067.[476]

Da mesma forma, a taxa de conclusão do ensino médio é muito maior entre os sueco-americanos (96,6%) do que a taxa de 86,3% entre a população em geral. Sueco-americanos também registram taxas de desemprego (3,9%) e pobreza (5,1%) mais baixas do que as médias nacionais de 5,9% e 11,7%, respectivamente.[477] Esses números mostram que, ao contrário dos equívocos comuns, o estado de bem-estar social sueco não é a razão para o alto padrão de vida na Suécia. Por sua vez, isso é reforçado pela observação de que a Suécia era economicamente bem-sucedida muito antes da introdução de políticas de estado de bem-estar social. Para ser mais preciso, o país foi particularmente bem-sucedido antes de embarcar nesse caminho. Embora os sociais-democratas estivessem no poder entre 1932 e 2006, com apenas três breves interrupções, eles inicialmente não buscavam nenhum esquema de nacionalização ambicioso. Os sindicatos suecos também tinham menos inclinações belicosas do que em outros países, exigindo a abolição de subsídios governamentais e tarifas protecionistas a fim de facilitar a expansão para novos mercados de exportação.[478]

Fase socialista da Suécia

Até meados da década de 1960, não havia diferenças significativas entre a Suécia e outros países europeus e nada que pudesse ser definido

---

[476] *Ibid.*, 63.

[477] *Ibid.*, 64–66.

[478] Mehrtens, *Staatsschulden und Staatstätigkeit*, 82.

O CAPITALISMO NÃO É O PROBLEMA, É A SOLUÇÃO

como um "modelo sueco" distinto. No final dos anos 1960, os gastos do governo ainda estavam no mesmo patamar dos níveis médios nos estados da OCDE.[479] No entanto, isso mudaria durante o final dos anos 1960, 1970 e 1980. No período entre 1965 e 1975, o número de funcionários públicos cresceu de 700.000 para 1,2 milhão, juntamente com o aumento da intervenção governamental nos assuntos econômicos e a criação de uma série de novas autoridades reguladoras. Entre 1970 e 1984, o setor público absorveu todo o crescimento da força de trabalho sueca, com o maior número de novos empregos criados nos serviços sociais.[480]

Vale a pena analisar mais de perto o desenvolvimento de dois grupos-chave ao longo do tempo. Em 1960, para cada 100 suecos "financiados pelo mercado" (ou seja, aqueles que obtinham sua renda predominantemente de empresas privadas), havia 38 que eram "financiados por impostos" (ou seja, dependentes do setor público para sua renda, seja como funcionários públicos, seja como destinatários de pagamentos do Estado). Trinta anos depois, esse número havia subido para 151. Durante o mesmo período, o número total de pessoas empregadas ou autônomas no setor de mercado caiu de pouco menos de 3 milhões para pouco menos de 2,6 milhões, enquanto o número total de pessoas financiadas por impostos cresceu de 1,1 milhão para 3,9 milhões.[481] Esses números refletem a mudança da Suécia de uma economia capitalista de livre mercado para um modelo socialista durante aquele período.

---

[479] Lindbeck, "*The Swedish Experiment*", 1274–1275.

[480] *Mehrtens, Staatsschulden und Staatstätigkeit*, 91.

[481] Lindbeck, "*The Swedish Experiment*", 1279.

Quando a Suécia foi atingida pela recessão global em meados da década de 1970, os sociais-democratas se mantiveram firmes, estendendo suas políticas de estado de bem-estar, aumentando ainda mais os benefícios sociais e introduzindo regulamentações mais rígidas para proteger os trabalhadores contra demissões. Em 1973, o seguro-desemprego foi estendido de 30 para 60 dias, enquanto a idade legal da aposentadoria foi reduzida de 67 para 65 anos em 1975. O governo continuou pedindo mais e mais dinheiro para financiar a extensão de suas políticas de bem-estar social.[482] Os sindicatos, que eram aliados próximos do Partido Social-Democrata, pioraram as coisas ao tentar impor noções socialistas de igualdade por meio de demandas irresponsáveis destinadas a nivelar os salários. Em alguns casos, os salários foram aumentados em até 35% ao longo de três anos.[483]

Os sindicatos se tornaram ainda mais poderosos do que no Reino Unido antes do primeiro mandato de Margaret Thatcher (ver Capítulo 5). Durante a década de 1970, novas leis expandiram significativamente a influência dos sindicatos no local de trabalho. Os representantes designados de saúde e segurança tinham o poder de suspender qualquer processo de fluxo de trabalho que considerassem inseguro, aguardando uma análise mais aprofundada por funcionários públicos. A proteção contra a demissão foi estendida aos trabalhadores mais velhos e membros do sindicato, e o ônus da prova foi revertido em qualquer disputa legal entre empregadores e sindicatos, o que significa que as empresas acusadas de irregularidades foram consideradas culpadas até que pudessem provar o contrário em um tribunal de lei.

---

[482] Mehrtens, *Staatsschulden und Staatstätigkeit*, 92.

[483] *Ibid.*, 93–94.

O CAPITALISMO NÃO É O PROBLEMA, É A SOLUÇÃO

A Lei de Co-Decisão no Local de Trabalho de 1977 estipulou que os representantes dos funcionários deveríam ser nomeados para os conselhos de supervisão de todas as empresas com 25 ou mais funcionários. Desta forma, os sindicatos ganharam influência em todos os níveis, desde questões operacionais do dia a dia até o recrutamento ou demissão de funcionários e estratégia corporativa geral.[484]

A agenda socialista prejudicou a economia sueca e resultou em empresários proeminentes deixando o país frustrado. O fundador da Ikea, Ingvar Kamprad, foi um deles. A taxa marginal de imposto de renda de 85% foi complementada por um imposto de riqueza sobre seus ativos pessoais, que o forçou a pedir dinheiro emprestado de sua própria empresa para pagar seus impostos.[485]

Para pagar sua dívida com a Ikea, Kamprad queria vender uma das pequenas empresas que possuía para a Ikea com lucro — na época uma prática comum entre os empresários suecos que tentavam reduzir sua carga tributária sobre o patrimônio. Enquanto Kamprad estava preparando a venda, o governo fez alterações retroativas na legislação tributária.[486] Ele estava preso com os custos e estava furioso com o tratamento injusto de seu país aos empresários. Em 1974, mudou-se para a Dinamarca e mais tarde para a Suíça, onde passou as décadas seguintes — por um tempo como o homem mais rico da Europa. Kamprad não voltou para a Suécia para viver e pagar impostos até 2013 — um exemplo clássico de como os países prejudicam a si mesmos ao taxar excessivamente os ricos.

---

[484] *Ibid.*, 96.

[485] See Rüdiger Jungbluth, *Die elf Geheimnisse des IKEA-Erfolges* (Bergisch Gladbach: Bastei Lübbe (Bastei Verlag), 2008), 63 et seq.

[486] *Ibid.*, 85.

RAINER ZITELMANN

O escritor alemão Hans Magnus Enzensberger expressou seu apoio aos ricos enclausurados da Suécia:

"Parece que a vida não é um mar de rosas para os ricos em uma sociedade como esta. Se fosse apenas uma questão com relação aos impostos! Embora relutantemente, eles querem pagá-los em dia — eles são cidadãos íntegros, afinal. O fato de que ninguém tem qualquer simpatia por sua situação é muito mais doloroso."

A Suécia se tornou um país onde os ricos se sentiam "supérfluos, ignorados e excluídos", acrescentou Enzensberger.[487] O fato de que qualquer residente sueco que ganhasse mais de 50.000 coroas tinha sua renda listada em uma "lista de impostos" acessível ao público apenas agravou a pressão sobre as figuras públicas.[488]

Essas políticas socialistas radicais alienaram até mesmo aqueles que simpatizavam com o projeto dos social-democratas. Astrid Lindgren, autora mundialmente famosa de uma série de clássicos infantis, incluindo a série Pippi das Meias Longas, é apenas um exemplo. Seu compromisso de longa data com as crenças social-democratas defendidas pelo simpático editor de jornal com um forte senso de justiça, que é uma personagem central em sua série Madicken, não a impediu de se sentir indignada com a taxa de imposto marginal de 102% cobrada sobre seus ganhos em 1976.

Lindgren expressou sua raiva em uma sátira ao sistema tributário sueco intitulada *Pomperipossa i Monismanien*, publicada em um jornal

---

[487] *Citado em ibid.*, 85.
[488] *Ibid.*

O CAPITALISMO NÃO É O PROBLEMA, É A SOLUÇÃO

importante. Em resposta, o ministro das finanças da Suécia, Gunnar Sträng, acrescentou arrogantemente o insulto à injúria durante uma sessão no parlamento, dizendo: "O artigo é uma combinação interessante de estimulação da capacidade literária e profunda ignorância do labirinto da política fiscal. Mas não esperamos que Astrid Lindgren consiga isso."[489] Ele sugeriu que Lindgren deve ter somado seus números incorretamente. Destemida, a escritora replicou: "Gunnar Sträng parece ter aprendido a contar histórias, mas com certeza não sabe contar! Seria melhor se trocássemos de emprego."[490] O público estava do lado de Lindgren. Se uma eleição tivesse sido convocada naquela época, os sociais-democratas teriam vencido apenas 38% contra 53% da oposição centrista. Por fim, o primeiro-ministro sueco, Olof Palme, tratou pessoalmente do assunto e admitiu na televisão que Lindgren tinha seus números corretos.

Um mês após a publicação do artigo *Pomperipossa* de Lindgren, o renomado cineasta Ingmar Bergman, vencedor do prêmio *Palm of Palms* do Festival de Cannes, anunciou sua intenção de deixar o país após uma disputa com as autoridades fiscais.[491] No final de janeiro, dois policiais à paisana apareceram no Teatro Royal Dramatic em Estocolmo para entrevistá-lo. "Espero que ele apareça, senão as coisas vão ficar sérias para ele", disse um dos policiais à recepcionista. Bergman foi levado para a delegacia de polícia, onde foi interrogado por várias horas; simultaneamente, sua casa e escritório foram

---

[489] Citado em Daniel Hammarberg, *The Madhouse: A Critical Study of Swedish Society* (Daniel Hammarberg, 2011), 430–431.

[490] Citado em Henrik Berggren, *Underbara dagar framför oss: En biografi över Olof Palme* (Stockholm: Norstedt, 2010), 540.

[491] *As passagens seguintes são citadas do ibid.*, 540–541.

revistados e seu passaporte confiscado. A prisão ganhou as manchetes em todo o mundo.[492]

Lindgren oficialmente apoiou o diretor de cinema, que, como ela, havia caído em desgraça com as taxas marginais de impostos excessivas da Suécia. O ministro das finanças não se arrependeu, insistindo em que os "trabalhadores culturais" estavam sujeitos às mesmas leis que todos os outros. As acusações contra Bergman foram posteriormente retiradas por falta de provas. O promotor público que iniciou o processo recebeu uma advertência disciplinar e Bergman foi inocentado de qualquer irregularidade. Ele caiu em uma depressão severa e teve que ser hospitalizado.

Sua decisão posterior de deixar a Suécia foi parcialmente motivada por insinuações de que a questão que as autoridades fiscais tinham com ele ainda não havia acabado. Bergman e sua esposa fugiram para Paris, onde foram recebidos por uma grande multidão de jornalistas. "A Suécia conseguiu levar ao exílio o homem que provavelmente era o artista vivo mais conhecido do país", comenta Henrik Berggren, biógrafo de Olof Palme.[493]

Esses exemplos mostram até que ponto até os intelectuais tendem a renunciar aos seus elevados sentimentos anticapitalistas (discutidos com mais profundidade no Capítulo 10) e suas declaradas simpatias pelo socialismo de estilo escandinavo assim que seus próprios bens estão sob ameaça. Lindgren e Bergman responderam de forma fiel à realidade. Em 1975, o governo sueco desencadeou uma tempestade de protestos ao reclassificar "trabalhadores culturais" como empresários.

---

[492] *Ibid.*, 540.

[493] *Ibid.*, 541.

O CAPITALISMO NÃO É O PROBLEMA, É A SOLUÇÃO

"Ao contrário dos membros dóceis da comunidade empresarial, os 'trabalhadores culturais' sempre tiveram uma voz forte nos meios de comunicação sueco. Eles foram capazes de expressar com eloquência a discriminação a que foram submetidos, a injustiça que sofreram e a ignorância com a qual foram confrontados. Eles esclareceram problemas que estavam ocultos enquanto afetavam apenas a comunidade empresarial."[494]

Seu novo *status* como empresários obrigou os trabalhadores culturais a manter contas e arquivos para auditorias fiscais e pagar um imposto corporativo antecipado não relacionado aos seus ganhos, bem como benefícios sociais absurdos para empregados inexistentes. "Eu repetidamente tive inspetores de impostos — cuja profissão não envolve exatamente leitura ampla e um bom conhecimento do mundo literário — me dizendo quais livros comprar para fazer melhorar minha obra literária", reclamou o escritor Per Erik Wahlund.[495]

A atitude mais simpática que os escritores poderiam esperar encontrar em suas negociações com as autoridades fiscais suecas foi resumida nestas instruções do chefe do novo Departamento de Orçamento: "Claro, os escritores devem sempre poder viajar se isso aumentar o valor de seus livros. Quanto a mim, o livro que escrevi em casa acabou sendo tão bom quanto se eu tivesse viajado para Londres ou Paris." O livro em questão foi uma obra de sociologia. Em resposta, o escritor Anderz Harning retrucou: "Os tribunais fiscais não são de forma alguma inspirados por um grande amor pela justiça, como você

---

[494] Jacob Sundberg, *"Die schwedische Hochsteuergesellschaft: Eine Herausforderung an den Rechtsstaat"*, em *Lothar Bossle and Gerhard Radnitzky, Selbstgefährdung der offenen Gesellschaft* (Würzburg: Naumann, 1982), 180.

[495] *Ibid.*, 181.

supõe. Pelo contrário, quando se trata de despesas com viagens com o objetivo de gerar renda, os tribunais e os auditores são influenciados por pensamentos puramente emocionais." Consequentemente, viagens para destinos tropicais foram classificadas como viagens não dedutíveis por uma questão de princípio, enquanto uma viagem para o Afeganistão no meio do inverno mais intenso seria sempre classificada como dedutível. Harning acrescentou que — de acordo com a exigência de utilizar o meio de transporte mais barato para qualquer viagem de negócios — ele foi aconselhado pelas autoridades fiscais a viajar de Chipre a Beirute de trem em vez de avião.[496]

Ao chamar a atenção do público para as maneiras pelas quais o regime tributário sueco procurava controlar todos os aspectos de suas vidas profissionais e denunciar publicamente a burocracia tributária, os escritores finalmente conseguiram fazer o que a comunidade empresarial não conseguiu, através dos seus protestos vociferantes. Esse era o clima predominante no modelo sueco do socialismo, tão admirado pela esquerda em todo o mundo durante os anos 1970.

Como Assar Lindbeck enfatiza em um artigo sobre *O Experimento Sueco*, este "modelo sueco" de impostos muito altos, extensa redistribuição, intervenção massiva governamental nos assuntos econômicos, um alto grau de regulamentação e a posição dominante dos sindicatos, que eram afiliados próximos dos social-democratas, não foi planejado de acordo com um grande projeto, mas sim o "resultado de centenas de decisões separadas". Lindbeck acrescenta:

> "Por trás de muitas dessas decisões, no entanto, é possível detectar uma visão específica do mundo, como uma firme crença da importância

---

[496] *Ibid.*, 181 et seq.

O CAPITALISMO NÃO É O PROBLEMA, É A SOLUÇÃO

dos retornos à escala, a utilidade da intervenção política centralizada na vida econômica das empresas e das famílias, e forte desconfiança de mercados, incentivos econômicos e empreendedorismo privado não incorporados em grandes empresas."[497]

Nas eleições de setembro de 1976, os eleitores suecos penalizaram os social-democratas por levarem sua agenda socialista longe demais, retirando-os do poder pela primeira vez em mais de 40 anos. Infelizmente, o novo governo centrista não teve coragem para uma reviravolta radical, visto que a visão específica do mundo citada por Lindbeck estava profundamente enraizada na sociedade sueca muito além da esquerda política. O novo governo continuou a aumentar a dívida pública para esquemas de criação de empregos no setor público e generosamente concedeu subsídios ao setor privado. No entanto, isso apenas escondeu o problema do desemprego, ao mesmo tempo em que falhou em resolver suas causas subjacentes. As principais indústrias foram nacionalizadas e setores inteiros da economia socorridos com o dinheiro dos contribuintes.

Em algumas áreas, os absurdos atingiram proporções quase ridículas. Super-petroleiros que não eram mais economicamente viáveis foram construídos e estocados com subsídios do governo, apenas para serem sucateados com mais dinheiro dos contribuintes. Finalmente, toda a indústria naval foi nacionalizada. Ao todo, o resgate da indústria de construção naval custou aos contribuintes suecos o equivalente a cerca de US$ 12 bilhões.[498] "Mesmo quando a Suécia foi atingida

---

[497] Lindbeck, "*The Swedish Experiment*", 1275.
[498] Mehrtens, *Staatsschulden und Staatstätigkeit*, 99.

pela pior crise econômica desde a Segunda Guerra Mundial, o generoso estado de bem-estar e a política de pleno emprego não foram questionados, mas seguidos com mais tenacidade do que nunca."[499]

Muitas extrapolações do estado de bem-estar social eram igualmente absurdas, incluindo a generosa licença médica. Além dos pagamentos legais, a maioria dos empregados na Suécia recebia uma licença médica adicional através de acordos empresariais e dos seus acordos coletivos, o que significava que quem tirava licença médica acabava com um salário mais elevado do que uma pessoa saudável que vinha trabalhar todos os dias. Sem grande surpresa, a Suécia manteve o recorde da OCDE para a taxa mais alta de adultos que não trabalhavam por várias décadas.[500] Também sem surpresa, os picos na taxa de absenteísmo por doença frequentemente coincidiam com grandes eventos esportivos. Mesmo durante a Copa do Mundo de 2002 — época em que as reformas já haviam revertido as piores extrapolações —, o número de licenças médicas aumentou 41% entre os trabalhadores do sexo masculino.[501]

O retorno dos social-democratas ao poder em 1982 marcou o início de uma lenta mudança de pensamento. Os erros da maneira sueca de expandir o estado de bem-estar social e sufocar o mercado com mais e mais regulamentação tornaram-se evidentemente óbvios. Com a dívida nacional atingindo níveis tão altos que a política consagrada de incorrer em mais dívidas para criar novos empregos no serviço público simplesmente se tornou insustentável, a nova política do

---

[499] *Ibid.*, 100.

[500] *Ibid.*, 180.

[501] Sanandaji, *Debunking Utopia*, 134.

O CAPITALISMO NÃO É O PROBLEMA, É A SOLUÇÃO

Partido Social-Democrata de "crescimento antes de redistribuição" focou no fortalecimento da capacidade de exportação em vez de experimentos socialistas.

A recusa de muitos social-democratas em abandonar sua ideologia levou a protestos, tanto dentro do partido quanto dos sindicatos, contra as políticas mais pragmáticas do ministro das finanças Kjell-Olof Feldt. Seu governo tentou garantir o consentimento para os cortes necessários nos gastos com o bem-estar social ao aumentar simultaneamente os impostos para os que ganham mais. Mas, enquanto as políticas governamentais visavam a livrar o país dos piores excessos do estado de bem-estar, os sindicatos tentaram impor a introdução de "fundos dos trabalhadores", o que tornaria obrigatório para as empresas colocarem uma grande parte de seus lucros à disposição dos sindicatos. "Os instigadores desses fundos dos trabalhadores estavam cientes e não se preocuparam em negar que eles constituíam um ataque aos princípios básicos do capitalismo."[502]

A intenção por trás dos fundos era desapropriar progressivamente as empresas suecas de seus proprietários privados e transferi-las para o controle dos sindicatos. Pelos cálculos, após 20 anos, uma em cada três empresas seria propriedade dos fundos, abrindo caminho para o eventual desaparecimento da iniciativa privada da economia sueca.[503]

No entanto, as pesquisas mostram que a maioria da população se opôs a esses fundos. Uma das maiores manifestações da história do país ocorreu em protesto contra sua introdução pouco antes da votação no parlamento sueco em outubro de 1983. Embora a forma como

---

[502] Mehrtens, *Staatsschulden und Staatstätigkeit*, 117.
[503] *Ibid.*

foram aprovadas em lei em 1984 fosse moderada em comparação com o conceito original, em 1992 os fundos dos trabalhadores já detinham 7% da capitalização de mercado total da Suécia. No entanto, após a vitória eleitoral dos partidos centristas, os fundos existentes foram dissolvidos e os sociais-democratas mais tarde não fizeram nenhuma tentativa de reintroduzir fundos desse tipo.

Suécia pós-socialista

A resistência aos proponentes das ideias socialistas ganhou cada vez mais ímpeto e, na década de 1990, houve um contra-movimento abrangente que — sem questionar fundamentalmente o modelo sueco de altos impostos e benefícios sociais abrangentes — eliminou muitas de suas extrapolações. Uma grande reforma tributária em 1990/91 reduziu os impostos corporativos de 57% (incluindo pagamentos em fundos dos trabalhadores) para 30%.[504] A receita de ações foi isenta de tributação, enquanto os ganhos de capital de ações foram tributados em apenas 12,5%.[505]

A taxa marginal máxima de imposto de renda foi fixada em cerca de 50%, uma redução de 24 a 27 pontos percentuais para a maioria da força de trabalho. A proporção de assalariados tributados a uma taxa marginal de mais de 50% caiu de mais da metade para apenas 17% pagando imposto de renda ao governo central, enquanto a maioria dos assalariados pagava apenas imposto de renda municipal. O imposto

---

[504] *Ibid.*, 128.

[505] *Ibid.*, 149.

O CAPITALISMO NÃO É O PROBLEMA, É A SOLUÇÃO

sobre a fortuna foi reduzido de 2% para 1,5%. As reformas também incluíram a introdução de indexação para evitar o *bracket creep* devido à inflação.[506]

Esses cortes de impostos foram acompanhados pela abolição de exceções especiais e taxas de amortização que levaram ao desvio de recursos. O governo também aumentou os impostos indiretos para compensar os cortes de impostos diretos. As reformas continuaram nos anos seguintes: em 2004, o imposto de propriedade e de adesão de até 30% foi eliminado. A abolição do imposto sobre a fortuna, que já tinha sido reduzido, entrou em vigor retroativamente a partir de 1º de janeiro de 2007. A taxa de imposto corporativo de 30% foi reduzida para 26,3% em 2009 e para 22% em 2013. As taxas de imposto sobre a propriedade também foram reduzidas substancialmente.[507] As reformas posteriores deram aos proprietários de empresas e profissionais autônomos a opção de reduzir significativamente sua carga tributária, declarando uma parte de seus ganhos como ganhos de capital ao invés de renda.[508]

A abolição de uma série de isenções simplificou o sistema tributário sueco a um ponto em que a maioria dos contribuintes agora apresenta suas próprias declarações de imposto de renda sem a assistência de um contador. Em 2013, 750.000 residentes suecos usaram o serviço de

---

[506] *Ibid.*, 128.

[507] Frank Bandau, "*Soziale Ungleichheit im sozialdemokratischen Musterland Schweden*", *Verteilungsfrage* (30 de Março de 2016), acessado em 20 de Junho de 2018, http://verteilungsfrage.org/2016/03/soziale-ungleichheit-im--sozialdemokratischen-musterland-schweden; *Mehrtens, Staatsschulden und Staatstätigkeit*, 174 and 193.

[508] Mehrtens, *Staatsschulden und Staatstätigkeit*, 194.

mensagens de texto do governo para revisar e confirmar uma declaração de imposto de renda pré-impressa. A grande maioria da população apresentou suas declarações de impostos online, com apenas um em cada três residentes enviando declarações postais.[509]

Em 1992, o governo sueco nomeou uma comissão de acadêmicos independentes liderada por Lindbeck para analisar e propor soluções para a crise econômica do país. Suas descobertas foram inequívocas: as tentativas dos governos anteriores de aliviar a crise resultaram apenas em agravá-la e atrasar os ajustes necessários. Em setembro de 1993, o desemprego atingiu níveis sem precedentes de cerca de 14% (incluindo o número oficial de 9%, bem como os 5% da força de trabalho "engajada em vários tipos de programas ativos do mercado de trabalho").[510] Os economistas continuaram a demonstrar que o aumento enorme nos gastos do setor público (de 25% do PIB em 1950 para 70% em 1992) contribuiu para uma série de questões sérias, incluindo "o superaquecimento da economia durante os períodos de expansão e [...] déficits orçamentários recorrentes".[511] Especificamente, as tentativas dos legisladores suecos nas décadas de 1970 e 1980 de evitar o alto desemprego ao aumentar o emprego no setor público contribuíram para "uma tendência inflacionária brusca".[512]

---

[509] *"Für deutsche Ohren mag es nach Überwachungsstaat klingen"*, *Süddeutsche Zeitung* (10 de Setembro de 2014), acessado em 20 de Junho de 2018, www.sueddeutsche.de/wirtschaft/schweden-steuererklaerung-per-sms-1.1728167–2.

[510] Assar Lindbeck, Per Molander, Torsten Persson, Olof Petersson, Agnar Sandmo, Birgitta Swedenborg and Niels Thygesen, *Turning Sweden Around* (Cambridge, MA: MIT Press, 1994), 2–4.

[511] *Ibid.*, 5.

[512] *Ibid.*, 207.

O CAPITALISMO NÃO É O PROBLEMA, É A SOLUÇÃO

Para remediar a situação, a comissão deu uma recomendação clara a favor do fortalecimento do mercado e da redução do setor público.

"O que a comissão gostaria de ver em relação ao sistema de mercado é nada menos do que a restauração das liberdades de entrada, ocupação e profissão que as novas legislações em 1846 e 1864 estabeleceram na Suécia. Essas reformas liberais precederam um período de crescimento sem precedentes. Porém, durante o século passado, essas liberdades foram cada vez mais diluídas por regulamentações e barreiras à concorrência, em grande parte devido à influência de diferentes interesses especiais de curto prazo."[513]

As reformas vigorosas implementadas durante a década de 1990 forneceram correções para alguns desenvolvimentos prejudiciais, incluindo cortes no seguro-desemprego de 90% para 80% e a introdução de um período de espera de cinco dias.[514] Entre 1993 e 2000, os gastos sociais caíram de 22,2% para 16,9% do PIB, subsídios econômicos de 8,7% para 1,8% e despesas com folha de pagamento do setor público de 18,2% para 15,6%.[515]

Um dos aspectos mais admiráveis dessas reformas foi a adesão da Suécia a uma disciplina orçamentária rígida, mesmo durante os difíceis anos da crise financeira, quando a dívida pública inflou em todos os outros lugares.[516] Entre 1990 e 2012, os gastos do governo caíram de 61,3% para 52,0% do PIB, atrás apenas da Noruega, que registrou

---

[513] *Ibid.*, 206.

[514] Mehrtens, *Staatsschulden und Staatstätigkeit*, 150.

[515] *Ibid.*, 183.

[516] *Ibid.*, 195.

uma queda ainda mais drástica de 54,0% para 43,2% do PIB no mesmo período. A conquista sueca é ainda mais notável em comparação com o aumento de 2,5% em toda a OCDE nos gastos do governo em relação ao PIB (3,2% nos EUA e espantosos 11,3% no Japão).[517]

A população sueca parecia disposta a aceitar que a retirada do sistema de bem-estar social resultou em um declínio mais drástico na igualdade do que em qualquer outro lugar do mundo. O coeficiente de Gini, que mede a distribuição de renda, cresceu cerca de 30% entre meados dos anos 1980 e o final dos anos 2000. Apenas a Nova Zelândia registrou um crescimento semelhante na desigualdade durante o mesmo período.[518] A Suécia perdeu sua classificação como o país mais igualitário do mundo há muito tempo — atualmente está em 12º lugar, logo atrás da Bielo-Rússia.

Embora a sociedade sueca possa ter se tornado um pouco menos igualitária, essa classificação também prova que o estado de bem--estar social sueco ainda está vivo e em plena atividade. Os dados citados pelo economista francês Thomas Piketty como evidência de sua afirmação de que a desigualdade aumentou drasticamente[519] baseiam-se em uma distorção dos números reais. Simplificando, ele analisou seletivamente os dados dos anos que mais se adequavam aos seus propósitos, escolhendo os anos mais igualitários registrados para as décadas de 1980 e 1990 e, em seguida, apresentando dados para os anos 2010 que parecem não estar relacionados a qualquer fonte

---

[517] *"Staatsquote im internationalen Vergleich"* (2012), acessado em 20 de Junho de 2018, https://www.tu-chemnitz.de/wirtschaft/vwl2/downloads/material/Staatsquote_2012.pdf.

[518] Bandau, *"Soziale Ungleichheit"*.

[519] See Piketty, *Capital in the Twenty-First Century*, 344.

verificável, como mostraram os economistas suecos Malin Sahlén e Salim Furth.[520] Como os dois autores comentam asperamente, os cálculos de Piketty são "obviamente muito úteis para debatedores que desejam ver um imposto de propriedade restabelecido ou um imposto sobre a riqueza e sobre a propriedade".[521]

O que a Suécia realmente precisa é exatamente o oposto — reformas pró-mercado de maior alcance. Como Sanandaji argumenta, a Suécia está entre uma série de Estados de bem-estar social europeus que não são muito bons na integração de novos imigrantes no mercado de trabalho. Nos EUA, onde os benefícios de bem-estar são muito mais limitados, a taxa de emprego é mais alta em 4% para os estrangeiros do que para os residentes nativos — na Suécia, é mais baixa em 15%.[522] Na Suécia, os imigrantes com alto nível de escolaridade são 8% mais prováveis de estar desempregados do que residentes nativos com baixo nível de escolaridade. Nos EUA, o desemprego entre os imigrantes com alto nível de educação é apenas 1% maior do que entre os residentes nativos com alto nível de escolaridade.[523]

Entre outras razões, o estado de bem-estar social sueco oferece até mesmo aos migrantes desempregados um padrão de vida muito mais alto do que em seus países de origem. Durante a crise de refugiados de 2015, os países com sistemas de bem-estar abrangentes lideraram a lista dos destinos mais populares para refugiados e outros migrantes.

---

[520] Malin Sahlén and Salim Furth, *"Piketty Is Misleading about the Swedish Case"*, em *Anti-Piketty: Capital for the 21st Century*, editado por Jean-Philippe Delsol, Nicholas Lecaussin and Emmanuel Martin (Washington, DC: Cato Institute, 2017), 97–100.

[521] *Ibid.*, 97.

[522] Sanandaji, *Debunking Utopia*, 151.

[523] *Ibid.*, 157.

A Suécia, que, juntamente com a Alemanha, inicialmente acolheu grande número de migrantes, teve que introduzir mudanças em suas leis de imigração excessivamente generosas em 2016.

A desastrosa escassez de moradias causada pela legislação sueca de controle de aluguéis agrava ainda mais os problemas. Embora esteja afetando desproporcionalmente os migrantes de baixa renda, também está afetando a economia. Em 2016, os fundadores da gigante sueca de tecnologia Spotify ameaçaram transferir postos de trabalho para outro lugar se o governo não tomasse medidas urgentes para enfrentar a crise imobiliária. De acordo com um relatório do *Neue Zürcher Zeitung*, a falta de moradias adequadas para os funcionários já havia forçado uma *start-up* alemã a abandonar os planos de um novo escritório em Estocolmo em 2015.[524]

Apesar dessas questões, as perspectivas econômicas gerais para a Suécia são muito positivas. Com forte crescimento econômico, a Suécia é um dos poucos países que atualmente atendem aos rígidos critérios de adesão à zona do euro — aos quais a maioria dos suecos se opõe, por um bom motivo. Embora a Suécia contemporânea permaneça um estado de bem-estar tradicional em alguns aspectos (por exemplo, tem taxas de impostos comparativamente altas), governos sucessivos desde o início da década de 1990 têm escolhido de forma consistente mais liberdade em vez de mais igualdade, mais mercado em vez de mais Estado. Após o óbvio fracasso da experiência socialista, o equilíbrio entre capitalismo e socialismo mudou em direção ao capitalismo.

---

[524] Rudolf Hermann, *"Finanzministerin Blind im 'Budget-Maserati'"*, Neue Zürcher Zeitung (14 de Abril de 2016), acessado em 20 de Junho de 2018, https://www.nzz.ch/wirtschaft/wirtschaftspolitik/kraeftiges-wirtschaftswachstum-schweden-auf-der-ueberholspur-ld.13596.

CAPÍTULO 8

LIBERDADE ECONÔMICA AUMENTA O BEM-ESTAR DOS SERES HUMANOS

Levando em consideração tudo o que aprendemos nos primeiros sete capítulos deste livro, uma coisa se torna absolutamente clara: a vida das pessoas é muito melhor onde há mais liberdade econômica. A população da Coreia do Sul está se saindo melhor do que seus vizinhos do outro lado da fronteira, na Coreia do Norte; a vida era muito melhor na República Federal da Alemanha do que jamais foi na República Democrática Alemã; os chilenos estão em uma melhor situação do que os venezuelanos. A expansão das liberdades econômicas por meio de reformas de livre mercado — na China sob Deng Xiaoping, no Reino Unido sob Margaret Thatcher e nos EUA sob Ronald Reagan — aumentou a prosperidade econômica para a maioria dos cidadãos em cada um desses países.

Existem duas maneiras diferentes de abordar a questão relacionada com a prosperidade das pessoas. Quem promove mais essa prosperidade: a intervenção do Estado ou maior liberdade de mercado? Você pode fazer uma abordagem teórica e discutir as vantagens e desvantagens dos diferentes sistemas econômicos. Ou você pode adotar uma abordagem mais prática e determinar qual sistema funciona melhor na prática. A qualquer momento, uma série de experimentos sociais estão sendo conduzidos em todo o mundo, alguns dos quais são descritos nesse livro. O resultado tem sido constantemente o mesmo: uma economia planejada e uma severa intervenção estatal sempre levam a resultados piores do que uma economia de mercado. Isso é verdade não apenas para os países descritos nesse livro, mas de maneira geral, conforme demonstrado pelo Índice de Liberdade Econômica, que tem sido compilado pela *Heritage Foundation* todos os anos desde 1995.

O índice, publicado mais recentemente em fevereiro de 2018, mede e classifica a liberdade econômica em 180 países. O Índice de Liberdade Econômica também pode ser descrito como um índice do capitalismo, como aponta o sociólogo Erich Weede.[525] Uma relação nítida entre capitalismo e prosperidade pode ser encontrada mesmo dando apenas uma breve olhada no índice.

De acordo com o Índice de 2018, os 25 países mais economicamente livres são:

1. Hong Kong
2. Singapura
3. Nova Zelândia
4. Suíça
5. Austrália
6. Irlanda
7. Estônia
8. Reino Unido
9. Canadá
10. Emirados Árabes Unidos
11. Islândia
12. Dinamarca
13. Taiwan
14. Luxemburgo

---

[525] Erich Weede, *"Wirtschaftliche Freiheit: Hintergrundbedingungen, Auswirkungen und Gefährdungen"*, *Wirtschaftspolitische Blätter 3–4* (2014), 448.

O CAPITALISMO NÃO É O PROBLEMA, É A SOLUÇÃO

15. Suécia
16. Georgia
17. Holanda
18. Estados Unidos
19. Lituânia
20. Chile

21. Maurício
22. Malásia
23. Noruega
24. República Checa
25. Alemanha

Os 20 países menos livres economicamente são:

161. Sudão
162. Chade
163. República Centro-Africana
164. Angola
165. Equador
166. Suriname
167. Timor-Leste
168. Togo
169. Turquemenistão
170. Moçambique

171. Djibouti
172. Argélia
173. Bolívia
174. Zimbabué
175. Guiné Equatorial
176. Eritreia
177. República do Congo
178. Cuba
179. Venezuela
180. Coreia do Norte

É claro que o grau de liberdade econômica, conforme medido atualmente, não é o único fator que contribui para a prosperidade de um país. Por exemplo, é lógico que países como a Estônia, Letônia e Lituânia, que só foram capazes de estabelecer sistemas econômicos de mercado uma vez que saíram do regime comunista no início da década de 1990, sejam menos prósperos do que Canadá, Suíça ou Reino Unido, países com tradições muito longas de liberdade econômica. Além disso, este livro mostrou repetidamente que outros critérios desempenham um papel importante. Isso inclui fatores culturais, como o compromisso da sociedade com o trabalho e a educação.

É impossível medir a liberdade econômica com base em apenas dois ou três indicadores. Por exemplo, a Suécia ocupa o 15° lugar geral no índice de 2018, apesar de ter uma das mais altas cargas tributárias do mundo. Se esse fosse o único critério usado para avaliar a liberdade econômica, a Suécia ocuparia o quarto posto de baixo para cima (177°) em vez do 15° e seria considerada um dos países com menos liberdade econômica do mundo. No entanto, em outras áreas, o país tem uma pontuação elevada e chega bem perto do topo do índice. Em termos de liberdade de negócios, a Suécia ocupa a 11ª posição; para direitos de propriedade, o país garante o 3° lugar.[526]

O índice usa 12 componentes que são ponderados igualmente para determinar o nível de liberdade econômica de cada país.

Os 12 componentes da liberdade econômica medidos no índice

Direitos patrimoniais

Este componente avalia os direitos dos cidadãos de possuir e acumular propriedade privada. Os cidadãos podem ter certeza de que sua propriedade privada não será desapropriada injustamente? Até que ponto as pessoas têm liberdade para concluir e fazer cumprir contratos? Mesmo onde os direitos de propriedade privada existem

---

[526] Heritage Foundation, *"Explore the Data"*, em *2018 Index of Economic Freedom* (2018), acessado em 20 de Junho de 2018, https://www.heritage.org/index/explore.

O CAPITALISMO NÃO É O PROBLEMA, É A SOLUÇÃO

formalmente, a liberdade econômica é prejudicada se, de fato, o Estado impedir seus cidadãos de disporem de seus ativos como bem entendem. A Venezuela, por exemplo, obteve apenas 5,2 de 100 potenciais pontos nesta categoria em 2018, enquanto a Suíça marcou 84,2 de 100.[527]

Eficácia judicial

Os cidadãos podem recorrer ao sistema judicial para fazer valer efetivamente seus direitos legais? O país é totalmente desenvolvido e regido pela lei constitucional? Ou os cidadãos de um país precisam se preocupar seriamente em fazer cumprir seus direitos legais porque o Judiciário nem sempre é independente?

Integridade do governo

A corrupção e o capitalismo clientelista são comuns em certos países da África, América Latina, Europa do Sul e do Leste, e têm um grande impacto negativo sobre a liberdade econômica. A este respeito, os países escandinavos são exemplares — a Suécia, por exemplo, pontua 88,2 de 100, enquanto o Zimbabué consegue apenas 18,9 pontos e está classificado em 175°.[528]

Carga tributária

Os impostos são necessários para financiar serviços e projetos que beneficiam a sociedade como um todo. Porém, quanto mais renda o Estado tira de empresas e indivíduos, mais a liberdade econômica

---

[527] *Ibid.*

[528] *Ibid.*

259

deles é restringida. E não se trata apenas de impostos sobre a renda ou corporativos, mas de todos os tipos de impostos, inclusive indiretos, como os impostos sobre vendas. É aqui que os países escandinavos, que se saem muito bem nas outras categorias, perdem muitos pontos.

Gastos do governo

Uma grande parte dos gastos do governo, incluindo investimentos em segurança doméstica, defesa, infraestrutura e educação, é absolutamente necessária e até promove a prosperidade econômica. No entanto, o Estado não deve se ver como um empresário. Quando os Estados fazem isso, eles muitas vezes falham, distorcendo os mercados em detrimento das empresas do setor privado.

Saúde fiscal

Grandes déficits e dívidas são um problema para muitos países hoje em dia e são claramente prejudiciais à liberdade econômica. Embora a dívida adicional possa parecer ter um impacto positivo a curto prazo (por exemplo, para financiar programas de incentivo), ela tem uma série de efeitos colaterais negativos que prejudicam a economia a longo prazo.

Liberdade empresarial

Essa categoria mede principalmente o quão difícil é estabelecer e administrar uma empresa. Em Hong Kong, tudo o que um empresário precisa fazer é preencher um formulário e em poucas horas sua empresa estará totalmente licenciada. Na África, Índia e muitos países da América do Sul, o mesmo processo pode levar semanas, ou até meses, e envolve visitas demoradas em várias autoridades públicas,

O CAPITALISMO NÃO É O PROBLEMA, É A SOLUÇÃO

algumas das quais só funcionam de forma eficiente depois de terem sido devidamente subornadas. Mesmo quando uma empresa está instalada e funcionando, a extensão da regulamentação estadual varia significativamente de país para país.

Liberdade de trabalho

Alguns governos desempenham um papel muito ativo na regulamentação de seus mercados de trabalho. Os regulamentos podem incluir salários-mínimos legais, restrições à contratação e demissão e outros regulamentos *top-down* (de cima para baixo). Essas restrições frequentemente levam a um aumento do desemprego. Vamos tomar a França como exemplo: a França ocupa o 71º lugar no geral, mas, em termos de liberdade de trabalho, atinge apenas o 148º lugar.[529] Não é nenhuma surpresa que o presidente Emmanuel Macron tenha feito da reforma do mercado de trabalho uma de suas principais prioridades quando assumiu o cargo em 2017. A Alemanha não se sai muito melhor e só consegue marcar 53,3 pontos nesta categoria, o que equivale à 116ª posição em 180 países.[530]

Liberdade monetária

A liberdade econômica não pode existir sem estabilidade monetária. Há evidências claras de que ter um banco central independente é a melhor maneira de alcançar a estabilidade da moeda. Em contraste, a alta inflação e os controles de preços do governo representam sérias ameaças à liberdade econômica.

---

[529] *Ibid.*

[530] *Ibid.*

Liberdade comercial

O livre fluxo de mercadorias é outro contribuinte importante para a liberdade econômica e o crescimento. Medidas protecionistas — como direitos de importação excessivas ou outras restrições ao livre comércio — só prejudicam um país a longo prazo, mesmo quando essas medidas visam a proteger a economia doméstica da concorrência indesejável a curto prazo.

Liberdade de investimento

Cada indivíduo e empresa deve ser livre para escolher onde e como investir seu capital. Quanto mais restrições um país impuser a tais liberdades, menos oportunidades haverá para o crescimento econômico. As empresas e os indivíduos devem ter acesso a um ambiente de investimento livre e aberto, tanto nacional quanto internacional.

Liberdade financeira

É função do Estado fornecer uma estrutura regulatória para bancos e outros provedores de serviços financeiros para garantir um alto nível de transparência e honestidade. O excesso de regulamentação do setor bancário, por outro lado, muitas vezes atinge exatamente o oposto do que o legislador pretendia.

No índice de 2018, apenas seis países no mundo são classificados como economicamente "livres" e 28 países são classificados como "principalmente livres". Esse grupo inclui muitos dos países discutidos neste livro, como Reino Unido (8º), Suécia (15º), Estados Unidos (18º), Chile (20º) e Alemanha (25º). A categoria "moderadamente livre" compreende 61 países, enquanto 63 são descritos como "quase sem liberdade". A Coreia do Norte e a Venezuela estão entre os 21 países classificados como economicamente "reprimidos". Economias

O CAPITALISMO NÃO É O PROBLEMA, É A SOLUÇÃO

classificadas como "livres" ou "principalmente livres" desfrutam de níveis de renda e crescimento econômico muito mais elevados do que as dos países "quase sem liberdade" e "reprimidos".

A Ásia-Pacífico é única entre as regiões globais do índice em termos de grandes variações em liberdade econômica e prosperidade. Os quatro países economicamente "livres" têm um PIB *per capita* médio de US$ 58.093. Isso excede em muito a média de US$ 10.836 nos países economicamente "reprimidos" da região.[531] Os três países mais livres das Américas têm um PIB *per capita* médio de mais de US$ 42.000, quase quatro vezes os US$ 11.519 relatados para as cinco economias "reprimidas" da região.[532] Também existem variações marcantes na Europa e na África.[533] Nos países classificados como "livres" pela *Heritage Foundation*, o PIB *per capita* é, em média, de US$ 60.194, em comparação com uma média de apenas US$ 8.058 nas economias "reprimidas" do índice.[534]

Também há uma correlação documentada entre o aumento da liberdade econômica e o crescimento econômico mais forte. Já vimos isso nos exemplos da China, Suécia, Reino Unido, Estados Unidos e Chile neste livro. O mesmo se aplica quando consideramos o impacto da liberdade econômica expandida no crescimento econômico em todo o mundo.[535] Aqui estão apenas alguns exemplos.[536]

---

[531] Heritage Foundation, *2018 Index of Economic Freedom*, 40.

[532] Heritage Foundation, *2018 Index of Economic Freedom*, 32.

[533] Heritage Foundation, *2018 Index of Economic Freedom*, 48, 56 and 64.

[534] *Ibid.*, 19.

[535] *Ibid.*, 1.

[536] Os seguintes dados foram tirados do Kristian Niemietz, *Redefining the Poverty Debate: Why a War on Markets Is No Substitute for a War on Poverty* (London: Institute of Economic Affairs, 2012), 28.

Hong Kong e Singapura lideram o ranking de liberdade econômica há anos. Ambos os países registraram um enorme crescimento em liberdade econômica entre 1975 e 2008. Durante esse período, o PIB *per capita* como porcentagem do PIB na Europa Ocidental aumentou de 56% para 130% em Singapura e de 61% para 146% em Hong Kong.

No Chile, o PIB *per capita* em 1975 era pouco mais de um terço (37%) do PIB dos europeus ocidentais. Em 2008, esse número subiu para 61%. Por outro lado, em 1975, o PIB *per capita* da Venezuela era de 91% do dos europeus ocidentais, mas caiu para a metade (49%) em 2008. No Chile, o grau de liberdade econômica aumentou significativamente durante este período, enquanto na Venezuela diminuiu.

Na Índia, o grau de liberdade econômica aumentou significativamente no período entre 1975 e 2008, o que impulsionou um aumento substancial no PIB real *per capita*. Tomado como porcentagem do PIB *per capita* na Europa Ocidental, o PIB *per capita* na Índia aumentou de 8% em 1975 para 14% em 2008.

Na Coreia do Sul, a liberdade econômica também aumentou significativamente no período entre 1975 e 2008, e o PIB *per capita* aumentou de 28% para 97% do PIB *per capita* na Europa Ocidental.

A liberdade econômica beneficia quase todos. A pesquisa demonstrou repetidamente que, quanto maior a liberdade econômica, mais rica é a economia. Economias mais livres têm maior probabilidade de atingir taxas mais altas de crescimento econômico e rendas mais altas para os 10% mais pobres de suas populações.[537] Um dos argumentos mais persuasivos a favor do capitalismo é que os países economicamente livres têm taxas de pobreza mais baixas e foram capazes

---

[537] Weede, "*Wirtschaftliche Freiheit*", 447.

O CAPITALISMO NÃO É O PROBLEMA, É A SOLUÇÃO

de reduzir a pobreza mais rapidamente. O Banco Mundial publica regularmente dados sobre tendências globais de pobreza, embora estes sejam relatados apenas para países em desenvolvimento, não para países industrializados de alta renda. Em 2005, a taxa de extrema pobreza nas economias mais reprimidas do mundo era de 41,5%, o que contrasta com apenas 2,7% nas economias mais livres. A taxa de "pobreza moderada" foi de 57,4% para o quartil dos países menos economicamente livres, em comparação com 3,6% para o quartil dos países mais economicamente livres do mundo.[538]

Da mesma forma, a expectativa de vida também é significativamente maior em países com maior liberdade econômica do que em países com níveis mais baixos de liberdade econômica. No quartil dos países menos economicamente livres, a expectativa de vida ao nascer era de 60,7 anos em 2009, enquanto no quartil dos países mais economicamente livres do mundo era 79,4, ou seja, 20 anos a mais.[539]

Um indicador de prosperidade econômica é a porcentagem dos gastos gerais do consumidor com alimentos. Hoje, nos Estados Unidos — um país que não é conhecido por sua restrição na hora de comer —, os alimentos representam cerca de 6% dos gastos gerais do consumidor. Cem anos atrás, os gastos com alimentos nos Estados Unidos representavam 40% dos gastos gerais do consumidor, assim como é hoje em muitos países em desenvolvimento. Um estudo de 2017 mostrou que, em termos percentuais, os países com os menores

---

[538] James Gwartney, *"Freiheit und Wohlfahrt: Ein globaler Zusammenhang"*, em *Das Ende der Armut: Chancen einer globalen Marktwirtschaft*, editado por Christian Hoffmann e Pierre Bessard (Zürich: Liberales Institut Zürich, 2012), 36–37 (pobreza em 2005).

[539] *Ibid.*, 39 *(expectativa de vida no nascimento, 2009).*

gastos com alimentos são os EUA, Singapura, Reino Unido, Suíça, Canadá, Irlanda, Áustria, Austrália, Alemanha e Dinamarca - todos os países (praticamente) classificados como economicamente livres. As populações que gastam a maior proporção com alimentos estão todas em países com baixos níveis de liberdade econômica. Nesses países, os gastos com alimentação são em média 40%, subindo para 59% em casos extremos.[540]

Também foi documentado que economias mais livres raramente experimentam guerras civis. Elas também desfrutam de maior estabilidade política, taxas de homicídio mais baixas, menos violações dos direitos humanos e níveis mais baixos de militarização, e têm populações que se sentem mais seguras e protegidas.[541] Seria uma tarefa interessante para os pesquisadores analisar a correlação entre os movimentos globais de refugiados e liberdade econômica. Existem muitas razões para as pessoas fugirem de um país: opressão política, dificuldades econômicas, guerras e guerras civis. Se olharmos o Índice de Liberdade Econômica da *Heritage Foundation* e compararmos os 20 primeiros países com os 20 piores, uma coisa fica imediatamente óbvia: ninguém está fugindo de países como Nova Zelândia, Reino Unido, Holanda ou Suécia por causa de qualquer uma das razões acima. Pelo contrário, a maioria dos países classificados como "principalmente

---

[540] Martin Lanz, "*Je mehr Wohlstand, desto weniger anteilige Ausgaben für Essen: Ein positiver Zusammenhang?*" Neue Zürcher Zeitung (2 de Novembro de 2017), acessado em 20 de Junho de 2018, https://www.nzz.ch/wirtschaft/je-hoeher-der-wohlstand-desto-kleiner-der-anteil-der-essensausgaben-ein-uneingeschraenkt-positiver-zusammenhang-ld.1321011?mktcid=nled&mktcval=107_2017-11-2.

[541] Weede, "*Wirtschaftliche Freiheit*", 448.

livres" são destinos populares para refugiados, incluindo Alemanha, Áustria e Suécia.

No outro extremo da escala, uma série de problemas fez com que as pessoas fugissem de muitos dos 20 países economicamente mais "reprimidos" do mundo — exceto onde foram forçosamente impedidos de fazê-lo, como aconteceu na Coreia do Norte. Isso é verdade não apenas para países como o Sudão, onde a guerra civil acontece, mas também para países como a Venezuela, que viu milhões de pessoas partirem, fugindo dos efeitos desastrosos das políticas socialistas.

Apesar do progresso louvável feito na África Subsaariana, muitos dos 48 países da região ainda estão economicamente "reprimidos". Apenas um dos países da região é classificado como "principalmente livre", oito são "moderadamente livres", 26 são "quase sem liberdade" e 12 estão entre os países mais "reprimidos" do mundo.[542] Portanto, não é difícil entender o porquê de a maioria dos refugiados do mundo vir da África.

A África Subsaariana sofre com a maior falta de liberdade econômica. Por causa disso, as populações da região são as mais desesperadas do mundo. Por um lado, muito foi feito para reduzir a pobreza em muitos países africanos nas últimas décadas, como já vimos no Capítulo 2. Infelizmente, isso não reduziu o número de refugiados, como os políticos querem que acreditemos quando falam em "eliminar as causas da migração e da fuga". De qualquer modo, os mais pobres dos pobres não podem pagar contrabandistas de pessoas, cujos serviços costumam custar vários milhares de dólares. Pelo contrário, as pessoas que podem se dar ao luxo de serem contrabandeadas

---

[542] Heritage Foundation, *2018 Index of Economic Freedom*, 64.

costumam ser as mais prósperas, tendo anteriormente se beneficiado dos ganhos econômicos de seus países de origem.

O índice de desenvolvimento humano

Existem vários outros índices e classificações que avaliam a qualidade de vida em países ao redor do mundo. O Índice de Desenvolvimento Humano (IDH), publicado pela ONU desde 1990, está entre os mais proeminentes. Desenvolvido pelo economista paquistanês Mahbub ul Haq, o IDH é um índice composto e foi projetado para ser um "indicador de prosperidade" mais abrangente do que os indicadores econômicos tradicionais. A metodologia que sustenta o índice mudou repetidamente ao longo dos anos e agora inclui critérios como educação e expectativa de vida ao lado de indicadores de renda *per capita* para classificar as conquistas dos países no desenvolvimento humano.

Em princípio, certamente faz sentido incluir indicadores além do PIB *per capita*. Afinal, o PIB *per capita* fornece apenas um resumo do valor total dos bens e serviços produzidos por uma economia em um único ano, o que significa que não é adequado como única medida de prosperidade econômica e social. É uma boa medida de renda, mas não reflete o nível de bem-estar social de um país. Claro, para determinar a prosperidade de um país, também precisamos considerar fatores como a expectativa de vida. No entanto, os métodos e resultados do IDH, pelo menos em alguns aspectos, parecem ser questionáveis. Em 2016, Cuba e Venezuela classificaram-se em 68° e 71° entre 105 nações, bem à frente do México (77°) e do Brasil (79°).[543]

---

[543] *United Nations Development Programme, Human Development Report 2016* (New York: United Nations, 2016), 198.

O CAPITALISMO NÃO É O PROBLEMA, É A SOLUÇÃO

Apesar de alguns métodos e descobertas questionáveis para medir a prosperidade, há uma forte correlação entre a classificação do IDH e o Índice de Liberdade Econômica. Quase todos os 20 principais países no IDH[544] da ONU também aparecem entre os 30 melhores países economicamente "livres" da *Heritage Foundation* (com exceção de Israel e Macau, que se classificam em 31º e 34º no Índice de Liberdade Econômica). Por outro lado, nem um único país entre os 20 últimos do índice IDH (um grupo que inclui as Maldivas, Samoa e Uzbequistão) é classificado como "economicamente livre" ou "principalmente livre" pelo índice da *Heritage Foundation*.

---

[544] Essa comparação é baseada nos dois índices publicados mais recentemente: *United Nations Development Programme, Human Development Report 2016,* Eand Heritage Foundation, *2018 Index of Economic Freedom.*

CAPÍTULO 9

A CRISE FINANCEIRA:
UMA CRISE DO CAPITALISMO?

Na minha opinião, o Índice de Liberdade Econômica é uma medida bastante confiável de liberdade econômica relativa. Ninguém pode negar que a Austrália é economicamente mais livre do que a França ou que a França é mais livre do que a Venezuela. No entanto, o índice não reflete desenvolvimentos negativos que restringem a liberdade econômica em países capitalistas em todo o mundo, levando a graves crises como a crise das hipotecas de risco (*subprime*) nos Estados Unidos em 2007-2008, que por sua vez desencadeou uma crise financeira global. O poder maciço dos bancos centrais, em particular, representa uma ameaça crescente à liberdade econômica.

Os oponentes do capitalismo gostam de citar a crise financeira como evidência dos danos causados pela "política neoliberal" com sua excessiva "desregulamentação" dos mercados. O corolário lógico de seu diagnóstico é a demanda por mais intervenção governamental nos assuntos econômicos e mais regulamentação do setor financeiro. Na verdade, o oposto é necessário, como mostrarei neste capítulo. A crise financeira trouxe o sistema financeiro internacional à beira do colapso. Compreender suas causas é essencial para compreender suas implicações para o futuro.

Federal reserve causa efeito catastrófico

A crise financeira foi desencadeada por desenvolvimentos no mercado imobiliário residencial americano, que teve suas raízes em intervenções políticas e nas políticas do *Federal Reserve* dos EUA (o Fed, para abreviar). O Índice Nacional de Preços de Residências (*National Home Price Index*) dos EUA mede a evolução dos preços de residências nos EUA. Foi publicado pela primeira vez em 1987 e o índice foi calculado desde 1890 — a medida aumentou quase que de forma constante de 5 pontos em 1941 para 184 pontos em 2006. É notável que ela mais do que dobrou nos sete anos de 1999 a 2006, de 92 para 184 pontos. Hoje sabemos que esta foi uma das maiores formações da bolha de ativos da história.[545]

Então, como esse desenvolvimento extremo aconteceu em apenas sete anos? Para entender essa bolha de preços de moradia, primeiro precisamos entender a bolha do mercado de ações anterior. No final da década de 1990, ocorreu uma bolha do mercado de ações que foi, pelo menos em parte, alimentada pelas políticas dos bancos centrais. Em 2000, essa bolha do mercado de ações estourou. Em setembro de 2002, a revista britânica que oferece notícias semanais chamada *The Economist* declarou: "Sem crédito fácil, a bolha do mercado de ações

---

[545] *Home Price Index,* acessado em 4 de Junho de 2018, https://fred.stlouis-fed.org/series/CSUSHPINSA.

O CAPITALISMO NÃO É O PROBLEMA, É A SOLUÇÃO

não poderia ter sido sustentada por tanto tempo, nem o seu estouro teria tido consequências tão graves. E a menos que os banqueiros centrais aprendam a lição, isso acontecerá novamente."[546]

Desde seu pico em 2000, o índice Nasdaq caiu 74% e o S&P 500 Index, um índice composto das 500 ações americanas mais importantes, perdeu 43%.[547] Em resposta, o Fed, sob seu então presidente, Alan Greenspan, baixou as taxas de juros de curto prazo de 6,25% para 1,75% em 2001, e a oferta monetária foi expandida em mais de 10% nesse período. Em meados de 2003, Greenspan reduziu ainda mais as taxas de juros para 1%.[548]

Taxas de juros artificialmente baixas sempre têm efeitos colaterais indesejáveis. Os preços — incluindo as taxas de juros, que representam o preço do dinheiro emprestado — geralmente fornecem informações valiosas para os participantes do mercado e incentivam o fluxo de capital onde é necessário. Se as taxas de juros forem mantidas artificialmente baixas ou mesmo abolidas (ou seja, definidas para zero), esse mecanismo não tem mais efeito. Os investidores são então levados a colocar seu capital em ações e títulos cada vez mais arriscados, porque, quando os preços dos títulos emitidos por empresas sólidas e países com capacidade creditícia caem, os investidores institucionais, que prometeram certos retornos aos seus investidores, são forçados a

---

[546] Citado em Jerry H. Tempelman, "*Austrian Business Cycle Theory and the Global Financial Crisis: Confessions of a Mainstream Economist*", *Quarterly Journal of Austrian Economics* 13, no. 1 (2010), 6.

[547] William A. Fleckenstein and Frederick Sheehan, *Greenspan's Bubbles: The Age of Ignorance at the Federal Reserve* (New York: McGraw-Hill Professional, 2008), 125.

[548] Adrian Ravier and Peter Lewin, "*The Subprime Crisis*", *Quarterly Journal of Austrian Economics* 15, no. 1 (2012), 49.

investir em títulos mais arriscados, ações e imóveis, o que faz com que os preços subam.

Além disso, a perspectiva de ganhar muito dinheiro muito rapidamente em certos mercados atrai um número cada vez maior de investidores sem conhecimento especializado. Esses investidores, que não compram mais ações ou imóveis para mantê-los a longo prazo, mas para revendê-los rapidamente a um preço muito mais alto, fortalecem a bolha de preços e expulsam do mercado investidores experientes e voltados para o longo prazo, porque eles não estão dispostos a pagar preços tão absurdos.

Anos antes do estouro da bolha de preços dos imóveis nos Estados Unidos, vários economistas inovadores alertaram sobre a ligação entre as taxas de juros baixas e o aumento dos preços dos imóveis. William R. White, um defensor da Escola Austríaca de economia, orientada para o mercado, advertiu em agosto de 2003 que:

> "O comportamento estranhamente flutuante dos preços das moradias na atual desaceleração pode estar relacionado a flexibilização sensível das condições monetárias realizado pelos bancos centrais [...] [Isso] encorajou um novo aumento do endividamento no âmbito familiar em vários países, aumentando o risco de contribuir para a extrapolação do balanço nesse país, especialmente se os preços da habitação diminuíssem."[549]

Em 2006, ele novamente alertou que "persistentemente condições monetárias fáceis podem levar ao acúmulo ao longo do tempo de desvios significativos das normas históricas — seja em termos de níveis de

---

[549] Citado em Tempelman, *"Austrian Business Cycle Theory"*, 5.

dívida, taxas de poupança, preços de ativos ou outros indicadores de 'desequilíbrios'".[550]

É notável como um importante economista americano, que simpatiza mais com as intervenções ativas no mercado do que White, viu o assunto. Em um artigo de opinião para o *New York Times* em 2002, o vencedor do Prêmio Nobel Paul Krugman até mesmo recomendou ao Fed a mesma estratégia contra a qual White havia alertado: "Para combater a recessão, o Fed precisa de mais do que uma recuperação súbita; ele precisa aumentar as despesas das famílias para compensar o investimento empresarial moribundo. E para fazer isso, como disse Paul McCulley, da Pimco, Alan Greenspan precisa criar uma bolha imobiliária para substituir a bolha Nasdaq."[551] O Fed deveria, portanto, buscar uma política de juros baixos a fim de criar uma bolha de preços imobiliários para substituir a bolha das empresas pontocom (*dot-com bubble*).

É neste ponto que um problema mais fundamental se torna claro: celebrado pela mídia como o "mestre do Universo", Greenspan acreditava que sua tarefa era conduzir a economia e os mercados financeiros. Ele estava orgulhoso de ter dobrado o número de séries de dados monitoradas pelo Fed para mais de 14.000 em dez anos após assumir o cargo em 1987. Seus funcionários brincaram dizendo que isso incluía séries de dados que apenas seu chefe entendia. "Isso permitiu que ele detectasse mudanças econômicas muito antes de qualquer outra pessoa e mudasse rapidamente a direção da política monetária. Essa bajulação é uma expressão do sonho da economia

---

[550] *Citado em Ibid.*, 5.

[551] Citado em Ravier and Lewin, *"The Subprime Crisis"*, 57.

planejada — a ideia de que algum homem iluminado em uma banheira entenderá o mercado melhor do que todos os milhões de participantes do mercado e que ele será capaz de usar essa visão para orientá-los na direção certa."[552]

O intervencionismo de Greenspan foi visto pelos participantes do mercado como uma garantia contra a queda dos preços. Muitos investidores do mercado de ações confiaram no "mestre" para intervir em tempo útil ou, após uma desaceleração, para fazer todo o necessário para garantir que os preços subissem novamente. No mercado de ações, a expressão *"Greenspan put"* tornou-se comum. Isso se referia ao fato de que Greenspan já havia usado seu poder várias vezes no passado para evitar catástrofes do mercado de ações: em 1987, após a quebra do mercado de ações, em 1998, após a crise da dívida russa e o colapso do Fundo de Capital de Longo Prazo, e quando ele tomou medidas para prevenir a crise Y2K no período que antecedeu a virada do milênio. "Achava-se que ele havia provado por meio de suas ações que nunca deixaria o mercado cair drasticamente",[553] disse Robert J. Shiller, economista americano e ganhador do Prêmio Nobel em Economia.

A política intervencionista do Fed de taxas de juros extremamente baixas certamente não pode ser classificada como uma "falha de mercado". Pelo contrário. Em vez de se limitarem a criar as condições para a estabilidade monetária e permitir que os mercados sigam seu curso,

---

[552] Johan Norberg, *Financial Fiasco: How America's Infatuation with Homeownership and Easy Money Created the Economic Crisis* (Washington, DC: Cato Institute, 2009), 12.

[553] Robert J. Shiller, *Irrational Exuberance*, 3rd ed. (Princeton: Princeton University Press, 2015), 62.

O CAPITALISMO NÃO É O PROBLEMA, É A SOLUÇÃO

os bancos centrais em todo o mundo têm cada vez mais assumido a responsabilidade de suavizar ou amortecer os altos e baixos normais da economia e dos mercados financeiros. Quando a bolha do mercado de ações estourou, o Fed reagiu com taxas de juros ainda mais baixas, o que desencadeou a próxima bolha, muito pior, desta vez no mercado imobiliário americano.

Houve muitos motivos para o influxo de dinheiro no setor habitacional. Além das baixas taxas de juros, o crescimento imobiliário foi alimentado por elevados benefícios fiscais. Os incentivos fiscais para empréstimos ao consumidor (por exemplo, para carros) já haviam sido abolidos nas décadas de 1980 e 1990, mas a dedução dos juros da hipoteca de casas foi mantida. Em 1997, o imposto sobre ganhos de capital sobre imóveis (até US$ 500.000 para um casal) foi abolido, enquanto se mantinha em vigor para outros investimentos (como ações). O então chefe da Receita Federal se surpreendeu: "Por que insistir para que eles coloquem em moradias para obter esse benefício? Por que não os deixar investir em outras coisas que podem ser mais produtivas, como ações e títulos?"[554] Um estudo do Fed mostrou que o número de transações imobiliárias entre 1997 e 2006 foi 17% maior do que teria sido sem esses incentivos fiscais.[555] Em particular, estimulou a rápida negociação de casas pelos chamados *"flippers"*, que entraram no mercado por motivos inteiramente especulativos.

Um dos motivos da bolha foi a presença de taxas de juros extremamente baixas combinadas com benefícios fiscais para investimentos imobiliários. No entanto, essa bolha não se desenvolveu em todo o

---

[554] Norberg, *Financial Fiasco*, 6.

[555] *Ibid.*, 6.

território dos EUA, mas apenas em cerca de uma dúzia de estados. Estudos mostram que isso afetou principalmente os estados que usaram fortes regulamentações para restringir a oferta de imóveis. Entre 2000 e 2006, os preços em estados altamente regulamentados, como Califórnia e Flórida, aumentaram mais de 130%, enquanto na Geórgia e no Texas, que são estados não regulamentados, aumentaram apenas 30%.[556]

Empréstimos politicamente corretos

A bolha dos preços das casas também foi alimentada pelo fato de que um número crescente de hipotecas imobiliárias foi concedido a devedores não qualificados. Na verdade, era exatamente isso que os políticos queriam. Vale a pena mencionar, neste contexto, que a Lei de Reinvestimento Comunitário (CRA) inicialmente teve pouco impacto quando foi aprovada sob Jimmy Carter em 1977. Foi somente durante a administração de Clinton (1993-2001) que esta lei foi consideravelmente expandida e costumava forçar os bancos a financiar compradores de casas que antes seriam considerados não fiáveis. Isso foi feito em nome da igualdade racial e para proteger os negros, hispânicos e outros grupos economicamente oprimidos da discriminação.

De acordo com o CRA, os bancos corriam o risco de serem processados por discriminar as minorias, a menos que cumprissem certas cotas para empréstimos às minorias. Eles só conseguiram atingir essas cotas flexibilizando as avaliações de risco usadas para aprovar

---

[556] *Ibid.*, 8.

O CAPITALISMO NÃO É O PROBLEMA, É A SOLUÇÃO

empréstimos imobiliários.[557] Os bancos corriam o risco de sofrer fusões ou de serem impedidos de abrir novas agências se violassem os termos do CRA.[558] E, claro, nenhum banco queria ser ridicularizado na mídia por alegações de discriminação contra minorias.

Os bancos tiveram que publicar suas notas de CRA e declarar publicamente se haviam emitido empréstimos hipotecários suficientes para minorias e compradores de casas de baixa renda. Aqueles que não cumpriram as metas foram criticados em campanhas agressivas por associações políticas de esquerda como a Acorn, uma associação nacional de ativistas municipais. O objetivo da Acorn era usar a pressão pública para forçar os prestadores de serviços financeiros a facilitarem as condições de empréstimo. Dois grandes bancos, Chase Manhattan e J.P. Morgan, doaram centenas de milhares de dólares a esta organização para não comprometer sua futura fusão em novembro de 2001.[559] Em 2009, o apoio federal para a Acorn foi interrompido após um vídeo de uma câmera oculta que supostamente mostrava funcionários da Acorn dando dicas sobre como organizar a prostituição infantil, sonegar impostos e contrabandear meninas de El Salvador para o país.[560] Pouco depois, a organização faliu.

O Departamento de Habitação e Desenvolvimento Urbano também forçou os prestadores de serviços financeiros a concluir acordos

---

[557] Thomas E. Woods Jr., *Meltdown: A Free-Market Look at Why the Stock Market Collapsed, the Economy Tanked, and Government Bailouts Will Make Things Worse* (Washington, DC: Regnery, 2009), 17.

[558] Ravier and Lewin, "*The Subprime Crisis*", 55.

[559] Norberg, *Financial Fiasco*, 28.

[560] Scott Shane, "*A Political Gadfly Lampoons the Left via YouTube*", *New York Times* (18 de Setembro de 2009), acessado em 20 de Junho de 2018, www.nytimes.com/2009/09/19/us/19sting.html.

antidiscriminatórios com base no princípio da "ação afirmativa", ou seja, dando preferência às minorias, neste caso, ao conceder empréstimos. Foi abertamente reconhecido que a qualificação de pessoas para hipotecas que normalmente não atendiam as normas de empréstimo aumentaria o risco de crédito.[561]

Em uma conferência, Edward M. Gramlich, membro do Conselho de Governadores do Fed, citou estudos que mostram que famílias de baixa renda e membros de minorias que tradicionalmente tinham dificuldades em obter empréstimos hipotecários agora receberiam empréstimos em números recordes. Entre 1993 e 1998, o volume de hipotecas convencionais aumentou 75% para devedores de baixa renda, 78% para hispânicos e até 95% para afro-americanos. No geral, o volume de hipotecas convencionais aumentou apenas 40% no mesmo período.[562]

As empresas Fannie Mae e Freddie Mac desempenharam um papel importante nesses desenvolvimentos. A *Federal National Mortgage Association* (FNMA) foi fundada em 1938 como um banco estatal e formalmente "privatizada" em 1968. Naquela época, a empresa foi renomeada como Fannie Mae, da abreviatura FNMA. Graças a privilégios regulatórios e benefícios fiscais, a empresa permaneceu próxima ao Estado, mesmo depois de ter sido formalmente privatizada. Sua contraparte, Freddie Mac (*Federal Home Loan Mortgage Corporation*), adquiria empréstimos hipotecários de bancos e os reunia para o mercado financeiro como títulos garantidos por hipotecas. Freddie Mac

---

[561] Woods, *Meltdown*, 21.

[562] Wolfgang Köhler, *Wall Street in Panik* (Murnau: Mankau Verlag, 2008), 45–46.

O CAPITALISMO NÃO É O PROBLEMA, É A SOLUÇÃO

também era uma empresa patrocinada pelo governo e supervisionada pelo *Office of Federal Housing Enterprise Oversight*. As empresas patrocinadas pelo governo são particularmente perigosas porque permitem que os investidores privados assumam todos os riscos concebíveis, sabendo que o Estado, ou seja, o contribuinte, pagará por suas perdas no pior cenário.[563]

As duas empresas tinham uma linha de crédito de refinanciamento extremamente alta e barata com o Tesouro dos Estados Unidos. Como eram garantidos pelo Estado, seus títulos de refinanciamento foram tratados como "fundos públicos" com baixas taxas de juros semelhantes aos títulos públicos.[564] Os dois bancos quase-estatais recorreram a essa garantia estatal em 2008-2009.

Fannie Mae e Freddie Mac eram os maiores bancos hipotecários do mundo e garantiam a maior parte dos empréstimos hipotecários dos EUA. Após sua falência efetiva em 2008, eles foram formalmente nacionalizados. Sem eles, a rápida disseminação de empréstimos *subprime* — ou seja, hipotecas arriscadas para compradores de casas de baixa renda — nunca teria sido possível. Eles tinham um relacionamento próximo com a Countryside, uma provedora de serviços financeiros famosa por suas atividades *subprime*, que, em seu auge, tinha 60.000 funcionários e 90 filiais e era a maior vendedora de hipotecas para a Fannie Mae. Na época, *insiders* do setor imobiliário brincavam que a Countryside era subsidiária da Fannie Mae.[565]

Os dois bancos quase-estatais desempenharam um papel importante na implementação dos requisitos para empréstimos politicamente

---

[563] Norberg, *Financial Fiasco*, 26.
[564] Ravier and Lewin, "*The Subprime Crisis*", 55–56.
[565] Norberg, *Financial Fiasco*, 30.

corretos. Já em setembro de 1999, o *New York Times* relatou que a Fannie Mae havia flexibilizado as exigências para os empréstimos que comprou, tornando assim possível "estender hipotecas imobiliárias a pessoas cujo crédito geralmente não é bom o suficiente para se qualificar para empréstimos convencionais". A Fannie Mae ficaria "sob pressão crescente do governo Clinton para expandir os empréstimos hipotecários entre pessoas de renda baixa e moderada". Um dos objetivos era "aumentar o número de proprietários de minorias e de baixa renda que [tendiam] a ter classificações de crédito piores do que os brancos não hispânicos". Mesmo assim, o *New York Times* apontou para os riscos consideráveis em que isso acarretaria, especialmente em recessões econômicas.[566]

Em 1996, o Departamento de Habitação e Desenvolvimento Urbano exigiu que 12% de todas as hipotecas compradas pela Fannie e Freddie fossem empréstimos "especiais acessíveis", normalmente concedidos a compradores de casas de muito baixa renda. Esse número foi elevado para 20% em 2000 e para 22% em 2005. A meta para 2008 seria de 28%. As duas empresas afiliadas estatais implementaram esses requisitos.[567] A Fannie Mae comprou US$ 1,2 bilhão em empréstimos de risco (*subprime*) em 2000, US$ 9,2 bilhões em 2001 e US$ 15 bilhões em 2002. Em 2004, a Fannie Mae e a Freddie Mac juntas já haviam gasto US$ 175 bilhões em empréstimos *subprime*.[568] Em 2008, Paul Krugman defendeu as duas empresas contra seus críticos e enfatizou que elas nunca haviam concedido

---

[566] Woods, *Meltdown*, 15.

[567] Ravier and Lewin, "*The Subprime Crisis*", 55.

[568] Norberg, *Financial Fiasco*, 33.

um único empréstimo *subprime*.[569] O empréstimo hipotecário não era tarefa dos dois bancos afiliados ao Estado, mas sem eles a real crise imobiliária nunca teria ocorrido, já que eles foram, de longe, os maiores e mais imprudentes compradores de empréstimos *subprime*. Mais de 40% dos empréstimos hipotecários que as duas empresas compraram entre 2005 e 2007 eram empréstimos *subprime* ou os chamados empréstimos Alt-A, que geralmente eram apenas um rótulo mais agradável para empréstimos *subprime*.[570]

A flexibilidade politicamente motivada das condições de concessão de empréstimos a grupos de baixa renda ou minorias, combinada com as metas de empréstimos do governo, foi o gatilho para o aumento dos empréstimos feitos aos devedores cujas credibilidade e histórico de crédito indicavam que eles provavelmente não seriam capazes de reembolsar seus empréstimos hipotecários a longo prazo. Foi a combinação da política de juros baixos do Fed e a expansão politicamente impulsionada dos empréstimos *subprime* que, por fim, alimentou a bolha dos preços das casas e a crise financeira. Em sua autobiografia, Alan Greenspan defendeu a flexibilização dos critérios de empréstimo dizendo: "Eu estava ciente de que a flexibilização dos termos do crédito hipotecário para devedores *subprime* aumentava o risco financeiro e que iniciativas de casa própria subsidiada distorcem os resultados do mercado. Mas eu acreditava naquela época, assim como agora, que os benefícios de uma casa própria mais ampla valem o risco."[571]

---

[569] *Ibid.*, 41.

[570] *Ibid.*, 42.

[571] Alan Greenspan, *The Age of Turbulence: Adventures in a New World* (New York: Penguin, 2007), 233.

Em retrospecto, torna-se claro o quão absurdo isso era, já que a crise dos preços das casas americanas desencadeou um colapso financeiro internacional. A propósito, a meta nunca foi alcançada, porque a taxa da casa própria pós-colapso nos Estados Unidos estava mais baixa do que antes, como resultado de compradores de casas com baixa classificação de crédito que perderam suas casas devido a execuções hipotecárias. É óbvio que a execução hipotecária costuma ser uma experiência traumática para qualquer família. Este é um dos muitos exemplos de como a intervenção política no mercado muitas vezes leva exatamente ao oposto do que os políticos pretendiam originalmente.

O volume de empréstimos *subprime* "politicamente corretos" concedidos, principalmente, a minorias continuou a aumentar. Em 1994, o volume de hipotecas *subprime* era de apenas US$ 35 bilhões. Em 2005, havia crescido para US$ 625 bilhões. Para 2006, o *New York Times* estimou a participação de Wall Street no mercado geral de financiamento de hipotecas em 60%. Os bancos de investimento compraram hipotecas *subprime* dos credores hipotecários, uniram-nas aos milhares e as venderam na forma de títulos.[572] Não havia mais qualquer limite para o número de empréstimos que poderiam ser concedidos, já que os bancos e outros provedores de serviços financeiros geralmente não mantinham os empréstimos em seus próprios registros, mas os revendiam para Fannie Mae ou para outro lugar.

No meio disso tudo, os investidores pensaram que poderiam contar com as agências de classificação que forneceram classificações para empréstimos hipotecários securitizados. Como ficou claro mais

---

[572] Köhler, *Wall Street in Panik*, 78.

O CAPITALISMO NÃO É O PROBLEMA, É A SOLUÇÃO

tarde, essas classificações eram generosas demais. Mas o fracasso das agências de classificação não é prova de que o mercado falhou. O mercado nunca esteve livre devido ao oligopólio (contínuo) de algumas agências de classificação (sobretudo S&P, Moody's e Fitch), cujas classificações determinam quais títulos os investidores institucionais estão autorizados a comprar. Na verdade, o Estado confiou-lhes certas tarefas, reduzindo assim a responsabilidade de cada investidor por suas decisões. O poder, especialmente o poder legitimado pelo Estado, muitas vezes leva ao seu próprio abuso, e foi exatamente isso o que aconteceu durante a bolha irracional dos preços das casas, porque as agências de classificação concederam classificações excessivamente positivas e, assim, deram aos investidores uma falsa sensação de segurança.

Taxas de juros extremamente baixas e critérios de empréstimos flexíveis significaram que mais e mais americanos entraram no mercado imobiliário e os preços subiram cada vez mais. Na prática mencionada anteriormente, conhecida como *"flipping"*, os compradores apenas adquiriam casas para vendê-las imediatamente com lucro. O mercado imobiliário refletiu um aumento no mercado de ações: os preços subiram abruptamente e todos esperavam que os preços continuassem subindo e que eles seriam capazes de vender por um preço ainda mais alto.

Entre 1997 e 2002, os preços das casas nos EUA aumentaram 42%. Em Nova York, eles aumentaram até 67%; em Boston, 69%, em Jersey City, 75%, e em São Francisco, 88%.[573] Os aumentos nos preços das casas até tiveram uma influência positiva na economia americana no

---

[573] Fleckenstein and Sheehan, *Greenspan's Bubbles*, 138.

285

início: muitos proprietários usaram o aumento do valor de suas casas para retirar capital próprio para consumo pessoal, proporcionando assim à economia um impulso de curto prazo.

Credores hipotecários e compradores de casas estavam em um estado de euforia. Todas as regras de lógica e conduta empresarial séria foram suspensas. Estudos demonstraram que em quase 60% de todos os empréstimos de renda declarada, ou seja, empréstimos para os quais nenhuma prova escrita de renda foi exigida do devedor, a renda declarada foi amplificada em pelo menos 50%. De acordo com uma análise do *Credit Suisse*, US$ 276 bilhões em empréstimos foram concedidos nos Estados Unidos em 2006, para os quais nenhuma ou pouca comprovação de receita foi fornecida. As chamadas hipotecas 2/28, que tinham dois anos de baixas taxas de juros seguidas por 28 anos com taxas de juros muito altas, foram particularmente populares.[574]

Como acontece com todas as formações de bolhas, o *boom* atraiu cada vez mais fraudadores que viam uma oportunidade de ganhar dinheiro rápido. O canal de televisão ABC noticiou o exemplo de um homem idoso com problemas de saúde que solicitou uma pequena quantia de crédito ao consumidor. Porém, em vez disso, ele obteve uma hipoteca de US$ 50.000. Após 17 dias, antes mesmo do vencimento da primeira parcela, o reembolso do empréstimo foi reprogramado e o período durante o qual se esperava que ele o pagasse foi prorrogado. Nos quatro anos seguintes, o credor reprogramou o empréstimo 11 vezes

---

[574] Em relação às seguintes afirmações, ver Rainer Sommer, *Die Subprime-Krise: Wie einige faule US-Kredite das internationale Finanzsystem erschüttern* (Hanover: Heisoft, 2008), Chapters 1 and 2.

O CAPITALISMO NÃO É O PROBLEMA, É A SOLUÇÃO

e cobrou uma taxa de financiamento de 10% a cada vez. Depois que o homem não conseguiu pagar as prestações, o credor executou a hipoteca de sua casa.[575] Embora esse possa ter sido um caso extremo, declarações de renda falsas e pareceres de especialistas que superestimaram o valor das casas e outras práticas fraudulentas eram comuns.

Os empréstimos *subprime* foram securitizados como Obrigações de Dívida Colateralizadas (CDOs) e vendidos a investidores. Banqueiros movidos pela perspectiva de bônus elevados foram criticados com razão por criar esses produtos e revendê-los a investidores ingênuos. Os investidores, incluindo bancos estatais alemães, investiram com grande entusiasmo em tais produtos e não questionaram seu valor, mas confiaram cegamente nas classificações (os americanos falavam de "dinheiro alemão estúpido"). Como os preços dos imóveis nunca caíram em todo o país e certamente não nas últimas décadas, a probabilidade matemática e histórica de *default* desses títulos parecia extremamente baixa.

Assim que os preços dos imóveis começaram a cair, esses cálculos estatísticos não valiam mais nada. E foi exatamente isso o que aconteceu nos anos seguintes: o Índice de Preços de Habitações Case-Shiller (*Case-Shiller Home Price Index*) para 20 regiões dos Estados Unidos caiu 35% entre julho de 2006 e fevereiro de 2012. Em São Francisco, os preços das residências caíram 46%, em Tampa, 48%, em Detroit, 49%, e Miami, 51%.[576] Quando ajustadas pela inflação, as quedas foram ainda mais drásticas.

---

[575] Köhler, *Wall Street in Panik*, 40–41.

[576] Para essas e outras estatísticas, ver "*Case–Shiller Index*", Wikipedia (nd), acessado em 20 de Junho de 2018, https://en.wikipedia.org/wiki/Case%E2%80%93Shiller_index.

Muitos compradores de casas que compraram no auge da bolha de preços perderam suas casas e todo o capital que haviam investido em suas propriedades. O valor de mercado de muitas propriedades muitas vezes ficava abaixo do valor pendente das hipotecas garantidas sobre elas, o que significava que os proprietários que não conseguiam levantar capital adicional tinham que assistir enquanto seus bancos executavam a hipoteca de suas casas. Foi isso que desencadeou a crise financeira global. Os empréstimos imobiliários securitizados, que haviam recebido classificações muito boas das agências de classificação, desabaram de valor porque os preços das casas caíram e muitos devedores não conseguiram mais pagar seus empréstimos. Isso causou sérias dificuldades para bancos, seguradoras e fundos de seguro, e levou a uma série de eventos que culminou no colapso do *Lehman Brothers* em setembro de 2008.

Como o governo e os bancos centrais responderam? Agora, chocados com as consequências da falência do Lehman, eles artificialmente mantiveram bancos e seguradoras de serviço com centenas de bilhões de dinheiro dos contribuintes. Isso era compreensível porque eles queriam evitar um colapso total do mercado, mas tinha efeitos colaterais seriamente prejudiciais a longo prazo, porque atrasava a tão necessária sacudida do mercado. Muitos proprietários de casas foram protegidos da execução hipotecária por regulamentos legais. Ao mesmo tempo, os bancos centrais reduziram radicalmente as taxas de juros ainda mais, para zero, e o Fed inaugurou, sem dúvida, o maior programa de compra de títulos da história.

O CAPITALISMO NÃO É O PROBLEMA, É A SOLUÇÃO

A crise da zona euro: a primazia da política

Um desenvolvimento semelhante ocorreu na Europa cerca de dois anos após a eclosão da crise financeira, onde a Grécia e outros países completamente superendividados do sul da Europa desencadearam a crise da zona do euro em 2010. Esta crise também não foi de forma alguma uma expressão de falha de mercado, mas de fracasso político e governamental.

Materialização de razões políticas muito específicas, o euro foi inicialmente adotado como moeda única por 14 países europeus entre 1999 e 2002. Na época, as preocupações econômicas foram ignoradas, pois países como a França e a Itália esperavam que a união monetária domasse a "Alemanha", enquanto o chanceler alemão, Helmut Kohl, via o euro como um meio para o avanço da unidade europeia. "Kohl e os outros líderes europeus foram guiados mais por sua crença na primazia da política — algo que eles entendiam e em que depositavam suas esperanças — do que pelas leis econômicas, que eles mal conseguiam compreender e cuja existência eles relutantemente reconheceram", diz o economista alemão Hans-Werner Sinn.[577]

Kohl obteve a aprovação do euro na Alemanha graças, em grande parte, à cláusula de "*no-bail-out*" contida no Tratado de Maastricht, que garantia que nenhum país seria obrigado a saldar dívidas de outro país. Economistas como o renomado teórico monetário Peter Bernholz alertaram, mesmo antes da introdução do euro, que as leis

---

[577] Hans-Werner Sinn, *Die Target-Falle: Gefahren für unser Geld und unsere Kinder* (Munich: Carl Hanser Verlag, 2012), 27.

da economia se provariam mais fortes do que as cláusulas contratuais. Milton Friedman acrescentou sua voz aos que se manifestavam contra o tratado,[578] e 155 economistas alemães assinaram uma declaração pública contra a introdução prematura do euro.

Mas os políticos europeus acreditavam que suas visões e objetivos políticos eram mais fortes do que as leis do mercado e puseram de lado todas as preocupações ao subordinar a economia de mercado à primazia da política. Aliás, os mesmos argumentos foram usados para justificar a adesão da Grécia à zona do euro, apesar do fato de que era claro para todos que a Grécia havia falsificado dados financeiros e, se tivesse relatado honestamente, teria falhado por completo em cumprir as condições de admissão.

Os europeus do sul ficaram maravilhados com o fato de, após a introdução do euro, terem se beneficiado de taxas de juros apenas marginalmente mais baixas do que as da Alemanha. Antes da introdução do euro, os juros que Atenas pagava eram cerca de 15 pontos percentuais mais altos do que a taxa paga por Berlim. No entanto, em vez de usar as economias das taxas de juros drasticamente reduzidas para pagar a dívida, o já extravagante setor governamental expandiu bastante. Por exemplo, o número de funcionários públicos na Grécia aumentou 16% entre 2000 e 2008[579] e seus salários dispararam. Só de 2007 a 2010, a dívida nacional da Grécia aumentou de 240 bilhões para 330 bilhões de euros. A propósito, a Grécia tem uma tradição de economia frágil, tendo estado insolvente por mais da metade de sua existência como um Estado independente, desde que a Primeira

---

[578] *Ibid., 31.*

[579] *Ibid., 88.*

O CAPITALISMO NÃO É O PROBLEMA, É A SOLUÇÃO

República Helênica foi fundada em 1829 — mais do que qualquer outro país do mundo.[580]

Após a introdução do euro e antes da crise financeira, um grande número de bancos e investidores depositou dinheiro em títulos emitidos pela Grécia e outros países do sul da Europa por causa de seus prêmios de taxas de juros atrativas. Embora o prêmio fosse agora muito menor do que no passado, ele permaneceu economicamente vantajoso, especialmente porque os Estados-Membros da UE estipularam (além dos Acordos da Basiléia, que especificava os requisitos de capital dos bancos) que os investimentos em títulos gregos deveriam receber a mesma importância que investimentos em títulos alemães. Mesmo países altamente endividados receberam tratamento altamente preferencial sobre investimentos em empresas altamente solventes e imóveis por essas regulamentações, que Sinn descreveu como "caprichos regulatórios".[581] Este é certamente um bom exemplo de regulamentação que nada faz para ajudar a criar uma estrutura regulatória razoável para o mercado, mas serve ao interesse próprio dos Estados. O mesmo se aplica, aliás, às regulamentações estaduais para seguradoras, que são projetadas para favorecer os investimentos em títulos do governo de uma forma que também pode ser mais bem explicada pelo interesse próprio do Estado.

No entanto, após a crise financeira, e devido às dívidas excessivas da Grécia, os investidores perderam toda a confiança no país e as taxas

---

[580] Bert Flossbach and Philipp Vorndran, *Die Schuldenlawine: Eine Gefahr für unsere Demokratie, unseren Wohlstand und ihr Vermögen* (Munich: FinanzBuch Verlag, 2012), 19–20, com base em cálculos por Carmen M. Reinhart e Kenneth S. Rogoff.

[581] Sinn, *Die Target-Falle*, 127.

de juros dos títulos do governo grego aumentaram acentuadamente. Afinal, a Grécia estava à beira da falência. Claro, os políticos e a mídia não culpam o Estado, que se tornou cada vez mais inflacionado, mas "especuladores", que não fizeram nada mais do que expor os problemas existentes. Isso é tão lógico quanto culpar o termômetro do seu médico quando soube que você está com febre. Então, o que os gregos fizeram? Eles elegeram um governo socialista radical que culpou as finanças internacionais por sua desastrosa situação econômica.

A Grécia foi resgatada da falência por seus vizinhos europeus — por razões políticas novamente. Inúmeros termos do Tratado de Maastricht foram violados, em particular a cláusula de *no-bail-out* mencionada acima. A situação econômica também se tornou crítica na Itália, Portugal e Espanha, entre outros. Todos foram "salvos" por um pacote de empréstimos e garantias reunidos pelos Estados que aderem ao euro e pelo Banco Central Europeu (BCE), que continuou a reduzir as taxas de juros — para zero. Quando nada disso ajudou, o BCE começou a comprar títulos do governo (e até títulos de empresas), o que foi uma intervenção séria no mercado.

Tal como acontece com tantos outros projetos com motivação política, em muitos aspectos a introdução do euro atingiu o oposto do seu objetivo declarado, ou seja, acelerar a unidade europeia. Na época da introdução do euro, os países europeus estavam cada vez mais próximos, politicamente e economicamente, há décadas. A crise da zona do euro, na verdade, os separou novamente. Os países do sul da Europa, como a Grécia, sentiram-se insuportavelmente patrocinados pelos alemães, e a população alemã ficou ofendida com a ingratidão demonstrada pelo *Club Med* e estava extremamente preocupados sobre ser solicitada a pagar a conta das políticas orçamentárias insanas de outros países.

Uma falha de mercado?

Nem a bolha do preço das casas nos EUA e a crise financeira decorrente, nem a crise da zona do euro na Europa, têm qualquer coisa a ver com uma "falha de mercado" ou uma crise do capitalismo. Pelo contrário, ambos foram causados por políticos e bancos centrais. Os políticos tentaram implementar certos projetos políticos (aumentar a taxa de casa própria entre as minorias nos Estados Unidos e unificar a Europa com a introdução do euro) e intervieram no mercado para esse fim. As crises resultaram também da expansão irresponsável da dívida à custa das gerações futuras e da drástica intervenção no mercado pelos respectivos bancos centrais, o Fed e o BCE, cujas políticas de taxa de juro zero anularam em grande medida os mecanismos de mercado.

É claro que os políticos e os bancos centrais não queriam aceitar a responsabilidade pelas crises financeira e da zona do euro. Como um perpetrador gritando "Pare, ladrão!" para desviar a atenção de si mesmo, eles culparam a "falha do mercado" e o "capitalismo desenfreado" pelo que aconteceu. Os banqueiros, cuja ganância era a culpada pela crise financeira, foram ridicularizados pela mídia e pelos populistas. É evidente que houve alguns banqueiros excessivamente gananciosos e práticas fraudulentas, como ocorreu no período que antecedeu todas as bolhas de mercado na história — basta pensar na euforia que alimentou a bolha pontocom (*dot-com bubble*) no final dos anos 1990, que atraiu muitos fraudadores. Apesar do fato de que atribuir a culpa pela crise financeira a banqueiros gananciosos pode ser uma explicação satisfatória para aqueles que não entendem as causas complexas, que são de fato difíceis para os leigos entenderem, na verdade não é mais convincente do que atribuir a culpa por um acidente de avião à gravidade.

Os bônus relacionados ao desempenho incentivavam claramente os banqueiros a buscar estratégias equivocadas e arriscadas que apenas recompensavam os lucros de curto prazo, uma prática que tem sido correta e amplamente criticada. No entanto, isso tem pouco a ver com uma "falha de mercado", já que os bônus baseados exclusivamente em lucros de curto prazo não são do interesse de qualquer empresa ou banco. Na verdade, esses bônus violam os princípios capitalistas, pois a teoria financeira define a maximização do lucro como maximizar o valor presente da soma de todos os fluxos de caixa futuros, incluindo aqueles no futuro distante.[582] Isso é ainda mais relevante quando as taxas de juros estão baixas. Afinal, quanto mais baixas forem as taxas de juros atuais, maior será o impacto dos fluxos de caixa em um futuro muito distante dentro da fórmula de desconto para calcular os valores presentes. Os sistemas de remuneração baseados em incentivos distorcidos não atendem aos melhores interesses de nenhuma empresa ou banco. No entanto, essas distorções têm sido frequentemente reconhecidas como tais e, posteriormente, corrigidas pelos próprios bancos e empresas, sem necessidade de diretivas de cima para baixo (*top-down*) ou intervenções políticas.

Esses sistemas de remuneração incentivados distorcem clara-mente o mercado, mas também são fáceis de corrigir. As garantias implícitas do Estado dadas a um número cada vez maior de bancos

---

[582] Konrad Hummler, "*Von der Gier zum Anstand*", em *Der Liberalismus: Eine zeitlose Idee – Nationale, europäische und globale Perspektiven*, editado por Gerd Habermann and Marcel Studer (Munich: Olzog, 2011), 209 et seq.

O CAPITALISMO NÃO É O PROBLEMA, É A SOLUÇÃO

"sistemicamente relevantes" são um problema muito maior. Esses bancos são considerados "grandes demais para falir" pelos políticos, o que significa que eles podem ter certeza de que serão socorridos pelo Estado, com o dinheiro dos contribuintes, se tiverem problemas como resultado de atividades especulativas. Isso também não é o resultado de uma "falha de mercado". Na verdade, é exatamente o oposto e incentiva modelos de negócios excessivamente arriscados. Afinal, o mercado normalmente puniria os bancos por sua má conduta, mas é impedido de funcionar por essas garantias implícitas do Estado. Em vez de entrar em colapso, os bancos em questão são mantidos em funcionamento. Um dos princípios mais importantes do capitalismo é que o mercado, por um processo de sobrevivência do mais apto, decide quais participantes são ineficientes e economicamente inviáveis. Quanto menos esse princípio se aplica, mais nos afastamos do capitalismo. Falar de "capitalismo de cassino" neste contexto é absurdo: não existe um único cassino no mundo que garanta uma compensação aos jogadores pelas suas perdas.

Políticos, a mídia e os anticapitalistas afirmam que a crise financeira foi desencadeada pelo capitalismo irresponsável, pelo "*laissez-faire*" e pela "desregulamentação neoliberal" que começou na década de 1980 sob Ronald Reagan. Eles afirmam que a crise financeira tornou o capitalismo *laissez-faire* mais provável de falhar. Na verdade, nunca houve algo como capitalismo *laissez-faire* no sistema financeiro. Mesmo antes da crise financeira, 12.190 pessoas em Washington, DC, sozinhas eram empregadas para supervisionar e regular os mercados financeiros, cinco vezes mais do que em 1960. Desde a década de 1980, quando a fase do *laissez-faire* supostamente começou, os gastos dos EUA no governo federal com autoridades que regulam o mercado financeiro aumentaram de US$ 725 milhões para US$ 2,3 bilhões ao ano ajustados pela inflação.[583] Regulamentações bancárias internacionais, como Basileia I, II e III, desencadearam muitos dos problemas que levaram à crise financeira, como Johan Norberg demonstra em seu livro sobre o assunto.[584] Regulamentos cada vez mais rígidos levam a uma complexidade cada vez maior, o que torna o sistema financeiro cada vez mais suscetível a crises.

O diagnóstico incorreto das causas da crise financeira significa que as terapias propostas também estão erradas. A crise financeira foi causada por taxas de juros excessivamente baixas, intervenções pesadas no mercado e endividamento excessivo. Devemos acreditar seriamente que a terapia certa envolve taxas de juros ainda mais baixas, intervenções de mercado mais fortes e mais dívidas? Essas medidas podem ter um impacto de curto prazo, mas os mercados estão se tornando cada vez mais dependentes de taxas de juros baixas. Essas taxas de juros baixas não fazem nada para resolver os problemas subjacentes — elas apenas suprimem os sintomas e os empurram para o futuro. A combinação atual de regulamentação excessiva e taxas de juros zero causará problemas consideráveis de médio prazo para muitos bancos e é a base para novas crises ainda mais graves.

Se o BCE aumentasse as taxas de juros, países como a Itália teriam grandes problemas. Os mercados de ações se acostumaram tanto às baixas taxas de juros que eles são quase como dependentes de drogas. Quando os dependentes de drogas tomam a droga, eles se sentem melhor a curto prazo porque seus sintomas de abstinência

---

[583] Norberg, *Financial Fiasco*, 132.

[584] *Ibid.*, 51 et seq.

O CAPITALISMO NÃO É O PROBLEMA, É A SOLUÇÃO

desaparecem. Mas ninguém com um mínimo de bom senso alegaria que eles foram curados como resultado.

É por isso que discordo da *Heritage Foundation*: nos últimos anos, a liberdade econômica não aumentou em todo o mundo — na verdade, diminuiu significativamente. Na Europa, está cada vez mais claro que o BCE há muito perdeu sua independência, embora permaneça independente no papel. O papel do BCE já não pode ser comparado com a posição outrora assumida pelo *Deutsche Bundesbank*. Na verdade, o BCE tornou-se um instrumento de financiamento público, apesar de estar proibido de fazê-lo.

Como resultado, temo que em algum momento enfrentaremos uma nova crise financeira. Mesmo assim, isso provavelmente não servirá como um alerta para uma mudança em direção a uma verdadeira economia de mercado. Na verdade, acontecerá o contrário: os políticos e a mídia citarão essa crise como prova das falhas inerentes ao sistema capitalista e concluirão mais uma vez, como já fizeram tantas vezes antes, que o Estado precisa intervir ainda mais intensamente na economia. Na minha opinião, essas intervenções são as maiores ameaças que o capitalismo enfrenta.

O setor financeiro é menos baseado na economia de mercado e mais fortemente regulamentado do que qualquer outro setor, talvez com exceção do setor de saúde. O fato de que exatamente as duas áreas da economia que são mais estritamente reguladas pelo Estado são as mais instáveis deveria dar aos anticapitalistas o que pensar. É claro que alguma regulamentação é necessária nessas áreas, mas a ideia de que o aumento da regulamentação gera mais conquistas está claramente errada. Pelo contrário. Richard Bookstaber conclui que o aumento da regulamentação exacerbou os problemas no setor financeiro:

297

"As tentativas feitas até aquele ponto de adicionar elementos de segurança, para sobrepor regulamentações, apenas aumentarão a complexidade do sistema e tornarão os acidentes mais frequentes."[585] Muitas vezes a regulamentação faz exatamente o oposto do que se pretende, tal como acontece com outras formas de intervenção estatal. Portanto, é essencial não superestimar o que a intervenção regulatória pode alcançar, nem subestimar o perigo de efeitos colaterais indesejáveis.

---

[585] Richard Bookstaber, *A Demon of Our Own Design: Markets, Hedge Funds, and the Perils of Financial Innovation* (New York: John Wiley & Sons, 2007), 257.

CAPÍTULO 10

POR QUE OS INTELECTUAIS
NÃO GOSTAM DO CAPITALISMO

Primeiro, um alerta: mesmo os leitores que concordam amplamente com os argumentos apresentados neste livro até agora podem achar o capítulo seguinte mais difícil de engolir. Isso vale para intelectuais com fortes sentimentos anticapitalistas, bem como aqueles que não se consideram anticapitalistas de forma alguma. Embora criticar as motivações dos outros seja parte da sua descrição de trabalho, os intelectuais tendem a não gostar de ser submetidos a análise crítica — muito menos de ter as motivações extra-acadêmicas por trás de suas atitudes analisadas. Os jornalistas, por exemplo, têm prazer em criticar tudo e todos ao seu redor sem rodeios, mas ficam muito menos felizes quando a própria mídia recebe essas críticas. A julgar por minha própria experiência e observações, mesmo a maioria dos intelectuais que nunca se definiriam como anticapitalistas compartilham de algum sentimento anticapitalista. Para eles, uma atitude anticapitalista parece ser parte integrante de sua identidade — independente de quaisquer outras visões políticas que possam sustentar.

Não há uma definição consistente do que constitui um "intelectual", : mas os argumentos apresentados neste capítulo também não exigem uma. Para o propósito da discussão a seguir, será suficiente definir os intelectuais como pensadores profissionais que são mais hábeis em expressar seus pensamentos do que a maioria das outras pessoas. Eles também sabem ler muito bem e são bem educados em uma ou mais disciplinas acadêmicas (normalmente, nas artes e humanidades ao invés de engenharia ou outras "*hard Science*") e, visto que estamos falando de intelectuais no sentido estrito discutido abaixo, participam de debates públicos.

De modo semelhante, o historiador e estudioso literário americano Paul Hollander define os intelectuais como "pessoas bem educadas e idealistas de disposição social-crítica e altas expectativas, preocupadas com questões morais, culturais, políticas e sociais, principalmente empregadas (no presente tempo) por instituições acadêmicas em departamentos de ciências humanas e sociais".[586] Outro traço definidor é a tendência de "se verem como a consciência moral da sociedade".[587] Esse sentido de sua missão como críticos sociais moralmente superiores é amplamente compartilhado entre intelectuais e visto como um traço definidor que os diferencia da elite empresarial.

Uma outra distinção pode ser feita entre um sentido restrito e um sentido mais amplo do termo. Este último sentido recebe uma reviravolta polêmica na descrição de Friedrich August von Hayek dos intelectuais como "negociantes de ideias de segunda mão" em sua

---

[586] Hollander, Paul. *From Benito Mussolini to Hugo Chavez: Intellectuals and a Century of Political Hero Worship*. Cambridge: Cambridge University Press, 2016, 9.

[587] Alan S. Kahan, *Mind vs. Money: The War between Intellectuals and Capitalism* (New Brunswick: Transaction, 2010), 12.

O CAPITALISMO NÃO É O PROBLEMA, É A SOLUÇÃO

dissertação de 1949 sobre *Os Intelectuais e o Socialismo*. Ele argumenta que a função deles

> "não é a do pensador original, nem a do estudioso ou especialista em um campo particular de pensamento. O intelectual típico não precisa ser nenhum dos dois: ele não precisa possuir conhecimento especial de nada em particular, nem mesmo precisa ser particularmente inteligente, para desempenhar seu papel de intermediário na divulgação de ideias. O que o qualifica para seu trabalho é a ampla gama de assuntos sobre os quais ele pode falar e escrever prontamente, e uma posição ou hábitos através dos quais ele se familiariza com novas ideias mais cedo do que aqueles a quem se dirige."[588]

O amplo uso de Hayek do termo inclui "jornalistas, professores, ministros, palestrantes, publicitários, comentaristas de rádio, escritores de ficção, cartunistas e artistas", bem como aqueles que ele rotula de "técnicos, como cientistas e médicos, que [...] por causa de seu conhecimento especializado de seus próprios sujeitos, são ouvidos com respeito pela maioria".[589] As convicções e opiniões deste grupo "funcionam como a peneira pela qual todas as novas concepções devem passar antes de chegarem às massas ", determinando assim

---

[588] Friedrich August von Hayek, *The Intellectuals and Socialism* [1949] (Reprinted de The University of Chicago Law Review (Spring 1949), pp. 417-420, 421-423, 425-433, *The University of Chicago Press*; George B. de Huszar ed., *The Intellectuals: A Controversial Portrait* (Glencoe, Illinois: the Free Press, 1960) pp. 371-84. A paginação desta edição corresponde ao volume editado por Huszar, 371.

[589] *Ibid.*, 372.

"os pontos de vista sobre os quais a sociedade irá agir em um futuro não muito distante".[590]

Na minha opinião, o uso do termo por Hayek é muito limitado, uma vez que exclui intelectuais no sentido estrito, e muito amplo em sua inclusão de qualquer intermediário que esteja de alguma forma envolvido na transferência de conhecimento ou opiniões. Essas definições variáveis são um reflexo da falta de uma demarcação precisa entre os intelectuais e outras comunidades de prática.

Anticapitalismo como uma segunda religião

Infelizmente, não existem estudos empíricos ou pesquisas sobre as crenças políticas e visões de mundo dos intelectuais. O que temos são dados sobre profissões individuais, como professores universitários e jornalistas. Isso demonstra consistentemente uma predominância de crenças de esquerda.[591] Mesmo na ausência de evidências estatísticas sólidas, não há dúvidas de que a atitude da maioria dos intelectuais em relação ao capitalismo é crítica até certo ponto. "Na verdade, o anticapitalismo é o compromisso espiritual mais difundido e amplamente praticado entre os intelectuais", como diz o historiador Alan S. Kahan.[592] Em uma dissertação de 2012 sobre *Intelectuais e Ressentimento em relação ao Capitalismo*, o sociólogo Thomas Cushman concorda: "O anticapitalismo tornou-se, de certa forma,

---

[590] *Ibid.*, 374.

[591] Hollander, *From Benito Mussolini*, 4.

[592] Kahan, *Mind vs. Money*, 17.

um pilar central da religião secular dos intelectuais, o *habitus* dos intelectuais críticos modernos como um grupo de *status*."[593]

"Por que [...] é mais fácil encontrar mil intelectuais ocidentais que admiram a China comunista do que alguém que admira as grandes realizações econômicas de Taiwan?" perguntou o cientista político e historiador Edward Luttwak já na década de 1970 em um exagero polêmico nascido da exasperação.[594] "O ideal de que toda riqueza é adquirida através do roubo é popular nas prisões e em Harvard", como o sociólogo americano George Gilder sugere em seu livro de 1981 chamado *Wealth and Poverty*.[595] Ele culpa a "criação pública de ideias" — formada por "funcionários do governo, cientistas sociais acadêmicos e líderes da mídia" — por disseminar esse "credo empobrecedor".[596]

Mesmo os leitores que discordam da alegação de que a maioria dos intelectuais são abertamente anticapitalistas dificilmente discordarão da observação de que uma postura crítica em relação ao capitalismo é amplamente compartilhada entre eles. Essa atitude prevalece tanto entre os esquerdistas quanto entre os pensadores conservadores ou de direita.

Alain de Benoist é um dos defensores mais proeminentes e pro-líficos do movimento francês "*Nouvelle Droite*", que se inspira na "Revolução Conservadora" de 1920 na Alemanha. Em *On the Brink*

---

[593] Thomas Cushman, "*Intellectuals and Resentment toward Capitalism*", *Society* 49, no 3 (2012), 248.

[594] Edward N. Luttwak, *Strategy and Politics: Collected Essays* (Piscataway: Transaction, 1980), 319.

[595] George Gilder, *Wealth and Poverty* (New York: Basic Books, 1981), 97.

[596] *Ibid.*, 99.

of the Abyss: The Imminent Bankruptcy of the Financial System, ele afirma:

> "É impossível reduzir o sistema capitalista a uma forma econômica simples e imaginar o sistema capitalista apenas em seu aspecto financeiro. Existe uma antropologia do capitalismo, um tipo de homem capitalista, uma imaginação capitalista, uma 'civilização' capitalista, um estilo de vida capitalista e, enquanto não se romper com o capitalismo como um 'total fato social' [...] será inútil alegar estar lutando contra o capital."[597]

Em 2017, Benoist reiterou que "meu principal inimigo sempre foi o capitalismo em termos econômicos, o liberalismo em termos filosóficos e a burguesia em termos sociológicos".[598]

Qualquer pessoa que ainda precise ser convencida de que os intelectuais têm afinidade com o anti-capitalismo poderia pegar um exemplar de *Mind vs. Money: The War Between Intellectuals and Capitalism*, de Alan S. Kahan ou *From Benito Mussolini to Hugo Chavez: Intellectuals and a Century of Political Hero Worship*, de Paul Hollander. Ambos os escritores fornecem muitas evidências e exemplos em apoio a essa suposição.

Dito isso, meu uso do termo "intelectuais" ao longo deste capítulo é apenas um atalho conveniente e não pretende implicar que todos os intelectuais são anticapitalistas — felizmente, há exceções. Também é importante notar que o anticapitalismo vem em várias formas. Em

---

[597] Alain de Benoist, *On the Brink of the Abyss: The Imminent Bankruptcy of the Financial System* (Budapest: Arktos Media, 2015), 158.

[598] Citado em Thomas Wagner, *Die Angstmacher: 1968 und die Neuen Rechten* (Berlin: Aufbau Verlag, 2017), 65.

O CAPITALISMO NÃO É O PROBLEMA, É A SOLUÇÃO

ambos os lados do espectro político, ela se manifesta como uma crítica à globalização dirigida de várias maneiras contra o livre comércio e suas práticas alegadamente exploradoras, nivelamento cultural ou suposta cumplicidade do capitalismo na criação de pobreza na África. Alternativamente, pode assumir a forma de ressentimento antiamericano que considera os EUA como o epítome da visão de mundo impiedosa e mercenária que é o capitalismo. Desde a década de 1970, também se destacou no movimento ambientalista, que culpa o capitalismo pelas mudanças climáticas e pela destruição do meio ambiente. No final da década de 1960 e na década de 1970, o Marxismo experimentou um renascimento. A partir do final da década de 1990, o marxismo foi cada vez mais substituído por uma ideologia "antiglobalização". Nos anos mais recentes, há sinais de que o pensamento marxista está começando a desfrutar de um renascimento renovado. A moda pode ter mudado — do Marxismo ao ecologismo e à antiglobalização —, mas o inimigo permaneceu o mesmo: o capitalismo.

As atitudes anticapitalistas entre os intelectuais não são um fenômeno recente, nem estão limitadas a uma determinada região. Os intelectuais europeus não são menos críticos do capitalismo do que os dos Estados Unidos — no mínimo, as atitudes pró-capitalistas são mais prevalentes nos Estados Unidos (entre os intelectuais e na população em geral) do que na França, por exemplo. De acordo com Kahan, a "guerra entre intelectuais e capitalismo" tem sido "uma constante da história moderna" por mais de 150 anos.[599]

---

[599] Kahan, *Mind vs. Money*, 22.

Entretanto, a desconfiança intelectual em relação à riqueza e aos ricos data de muito antes do surgimento do capitalismo. Entre os antigos filósofos gregos e romanos, as atitudes "vão desde a rejeição violenta, passando pela indiferença, até uma aceitação mediada em vários graus pela reflexão crítica, mas [...] parecem sempre permanecer perto da indiferença total". O fato de a maioria dos filósofos antigos serem homens ricos não os impediu de expressar seu desprezo pelas riquezas materiais ou argumentar que a riqueza não era importante ou mesmo perigosa.[600]

Na *The Republic*, Platão fez Sócrates colocar a questão (retórica): "A virtude não está em conflito com a riqueza, como se cada uma estivesse na escala de uma balança, sempre se inclinando em direções opostas?"[601] No entanto, em uma inspeção mais detalhada, essas visões críticas ocultam uma "aprovação inequívoca da riqueza", como Robert Velten mostrou.[602] A hostilidade expressa nesta e em observações semelhantes foi dirigida contra o negócio e o comércio, em vez de contra a riqueza como tal. Embora compartilhando um "desprezo enorme" pela riqueza obtida com o trabalho, o negócio e o comércio, pensadores como Platão e Aristóteles assumiram uma visão muito mais positiva da riqueza herdada e baseada na propriedade.[603]

---

[600] Robert Velten, "*Die Soziologie der antiken Reichtumsphilosophie*", em *Reichtum und Vermögen: Zur gesellschaftlichen Bedeutung der Reichtums- und Vermögensforschung*, editado por Thomas Druyen, Wolfgang Lauterbach e Matthias Grundmann (Wiesbaden: Verlag für Sozialwissenschaften, 2009), 245.

[601] *Citado em ibid.*, 245.

[602] *Ibid.*, 245.

[603] *Ibid.*, 249.

O CAPITALISMO NÃO É O PROBLEMA, É A SOLUÇÃO

Um traço definidor das sociedades utópicas idealizadas por escritores como Tommaso Campanella e Johann Valentin Andreae é sua crença nos efeitos benéficos do igualitarismo. Na maioria dos romances utópicos, a propriedade privada dos meios de produção foi abolida junto com quaisquer outras distinções entre pobres e ricos. Os cidadãos dessas utopias se vestem todos da mesma maneira e até mesmo os edifícios em que vivem têm a mesma aparência.[604]

No texto epônimo fundador do gênero utópico, Thomas More afirma: "Estou inteiramente convencido de que nenhuma distribuição justa e uniforme de bens pode ser feita, nem qualquer felicidade perfeita pode ser encontrada entre os seres humanos, até que a propriedade privada seja totalmente abolida. Enquanto durar, para a maior parte da humanidade, e não a pior, permanecerá um fardo pesado e intolerável de pobreza e ansiedade."[605] Ele faz referência à crença de Platão de que "os Estados serão felizes apenas se os filósofos forem reis ou os reis recorrerem à filosofia", ao que seu interlocutor fictício responde que "os governantes devem estar prontos para aceitar bons conselhos" dos filósofos.[606]

Os intelectuais reclamam há séculos sobre as tentativas e tribulações de ganhar a vida com os frutos de seu trabalho intelectual, em comparação com a existência despreocupada de um empresário bem-sucedido. Em sua dissertação *De commodis litterarum atque*

---

[604] Ver Rainer Zitelmann, *"Träume vom neuen Menschen"*, em *Hat die politische Utopie eine Zukunft?*, editado por Richard Saage (Darmstadt: Wissenschaftliche Buchgesellschaft, 1992).

[605] Thomas More, *Utopia*, editado por William P. Weaver (London: Broadview Press, 2011), 55.

[606] *Ibid.*, 46.

incommodis (*The Use and Abuse of Books*, ca. 1430), o humanista italiano Leon Battista Alberti lista todas as dificuldades que aguardam os aspirantes a estudiosos — uma existência espartana de estudar até tarde, debruçado sobre livros, sem tempo ou dinheiro para prazeres mais mundanos — e pergunta por que tantos estudiosos são reduzidos a condições tão miseráveis. Alberti até fornece números para provar que apenas três entre 300 homens de letras alcançarão algum sucesso digno de menção, enquanto os vigaristas não têm nenhum problema em chegar ao topo.[607] A pintura de 1839 *O Pobre Poeta* do artista alemão Carl Spitzweg vividamente ilustra a autopiedade que abastece as reclamações de artistas e intelectuais que expressam suas queixas sobre sua própria miséria econômica e financeira.

No início da década de 1940, o economista austríaco Joseph Schumpeter tentou responder à questão do por que tantos intelectuais têm visões tão hostis do capitalismo. Como era de se esperar para um economista, ele recorreu à economia para obter uma explicação: o aumento na porcentagem daqueles que ingressam no ensino superior cria muitos graduados universitários que superam a demanda por profissionais de "colarinho branco", mas que são qualificados demais para empregos manuais e então vão para profissões onde os padrões são menos claramente definidos.

"Eles aumentam o número de intelectuais no sentido estrito do termo, e, assim, o número aumenta desproporcionalmente. Eles entram com um estado de espírito totalmente descontente. O descontentamento

---

[607] Ver Helmut Schoeck, *Envy: A Theory of Social Behaviour* (Indianapolis: Liberty Fund, 1966), 191–192.

O CAPITALISMO NÃO É O PROBLEMA, É A SOLUÇÃO

gera ressentimento. E muitas vezes se racionaliza naquela crítica social que [...] é em qualquer caso a atitude típica do espectador intelectual para com os homens, as classes para com os homens, classes e instituições, especialmente em uma civilização racionalista e utilitarista."

Ele continua seu argumento dizendo que esse "interesse de grupo moldando uma atitude de grupo representará mais realisticamente a hostilidade à ordem capitalista do que a teoria [...] segundo a qual a justa indignação do intelectual sobre os erros do capitalismo simplesmente representa a inferência lógica de fatos ultrajantes".[608]

Não acredito totalmente em sua explicação, o que não quer dizer que não haja um fundo de verdade nela. Na verdade, é ainda mais verdadeiro hoje do que quando o estudo de Schumpeter foi publicado em 1942. Definitivamente, há acadêmicos que achariam difícil conseguir um emprego no mundo dos negócios e que, portanto, não têm escolha a não ser aceitar um emprego no setor público, às custas dos contribuintes. No entanto, também existem muitos outros que apreciam a segurança no emprego e os benefícios sociais do emprego no setor público, ou que preferem escrever livros a começar seu próprio negócio.

No entanto, também é verdade que países como os Estados Unidos e a Alemanha experimentaram um aumento acentuado no número de acadêmicos nos últimos 50 anos, o que por sua vez levou a um declínio no prestígio do que costumava ser uma elite educada altamente respeitada. Compreensivelmente, essa perda de respeito e

---

[608] Joseph Schumpeter, *Capitalism, Socialism and Democracy* (London: George Allen & Unwin, 1976), 153–154.

prestígio concedido às profissões acadêmicas pode ser uma experiência dolorosa para alguns. Em conjunto com a crescente diferença de renda e riqueza entre sua própria comunidade e a elite empresarial, isso pode ajudar a explicar por que os intelectuais são propensos ao ressentimento anticapitalista.

Por outro lado, a tentativa de explicar as atitudes anticapitalistas entre os intelectuais puramente em termos econômicos não é suficiente, visto que — como Kahan corretamente aponta — essas atitudes são particularmente prevalentes entre os acadêmicos mais bem-sucedidos profissionalmente e bem remunerados. "Se você deseja encontrar intelectuais que não gostam do capitalismo, os melhores lugares para procurá-los são os professores de artes liberais de Harvard ou Oxford ou do *Collège de France*."[609] É necessário cavar mais fundo para uma verdadeira compreensão da inimizade entre os intelectuais e o capitalismo.

Construções teóricas *versus* emergência espontânea

O fracasso de muitos intelectuais em compreender a natureza do capitalismo como uma ordem econômica que emerge e cresce espontaneamente é um fator chave. Ao contrário do socialismo, o capitalismo não é uma escola de pensamento imposta à realidade. Como mostra o exemplo da China (ver Capítulo 1), o capitalismo de livre mercado em grande parte evolui espontaneamente, crescendo de baixo para cima (*bottom up*) em vez de decretado de cima para baixo. Líderes como Deng Xiaoping passaram a desempenhar um papel nesse processo

---

[609] Kahan, *Mind vs. Money*, 20–21.

O CAPITALISMO NÃO É O PROBLEMA, É A SOLUÇÃO

ao não fazer nada para impedir o crescimento, como fizeram seus predecessores. Isso também explica por que o capitalismo funciona melhor na China contemporânea do que na Rússia. Em ambos os países, ele substituiu uma economia planejada socialista — mas, enquanto o capitalismo chinês cresceu de baixo para cima (*bottom up*) e, na medida em que foi promovido pelo governo, desenvolvido por tentativas e erros dentro de Zonas Econômicas Especiais e segmentos sociais específicos, a Rússia aboliu o planejamento econômico em uma espécie de "terapia de choque", substituindo-a por um sistema diferente que foi rotulado de "economia de mercado livre".

Da mesma forma, líderes ocidentais como Margaret Thatcher não impuseram um sistema artificial concebido e aperfeiçoado ao longo de anos de deliberação. Na verdade, ao abolir as regulamentações, desfazer estruturas "incrustadas" e, assim, permitir que as forças espontâneas do mercado se desenvolvessem livremente, eles fizeram exatamente o oposto.

O capitalismo cresceu historicamente da mesma forma que as línguas se desenvolveram ao longo do tempo como resultado de processos espontâneos e descontrolados. O Esperanto, inventado em 1887 como uma língua planejada, já existe há mais de 130 anos, sem ganhar nada como a penetração global que seus inventores esperavam. O socialismo compartilha algumas das características de uma linguagem planejada, um sistema idealizado por intelectuais. Tendo desenvolvido o sistema, os defensores do socialismo então tentam ganhar o poder político necessário para colocar suas ideias em ação.

Em sua forma mais pura, essa abordagem informa as reflexões de Lenin sobre o papel da teoria e do partido na sua dissertação marcante *"What Is to Be Done?"*. Lenin critica fortemente "toda adoração da espontaneidade do movimento da classe trabalhadora".[610] Sua visão de um grupo de elite guiado pela teoria revolucionária está em total contraste com a abordagem espontânea defendida por seus oponentes dentro do movimento. "A história de todos os países mostra que a classe trabalhadora, exclusivamente com o seu próprio esforço, só consegue desenvolver a consciência sindical, ou seja, a convicção de que é preciso unir-se nos sindicatos, lutar contra os patrões e se empenhar para obrigar o governo a aprovar a legislação trabalhista necessária etc. A teoria do socialismo, no entanto, surgiu das teorias filosóficas, históricas e econômicas elaboradas por representantes instruídos das classes proprietárias, por intelectuais. Por seus *status* social, os próprios fundadores do socialismo científico moderno, Marx e Engels, pertenciam à intelectualidade burguesa."[611]

Em apoio ao seu argumento, Lênin prossegue citando as "palavras profundamente verdadeiras e importantes de Karl Kautsky sobre o novo esboço do programa do Partido Social-Democrata austríaco". Kautsky disse:

> "A consciência socialista moderna só pode surgir com base em um conhecimento científico profundo [...] O veículo da ciência não é o proletariado, mas a intelectualidade burguesa. Assim, a consciência socialista é algo introduzido na luta de classes proletárias de fora e não algo que surgiu dentro dela espontaneamente."[612]

---

[610] Vladimir I. Lenin, *"What Is To Be Done? Burning Questions of Our Movement"*, in *Lenin's Collected Works* (Moscow: Foreign Languages Publishing House, 1961), Vol. 5, 382, ênfase no original.

[611] *Ibid.*, 375.

[612] *Kautsky citado em ibid., 383–384, ênfase de Kautsky.*

O CAPITALISMO NÃO É O PROBLEMA, É A SOLUÇÃO

Estranhamente, Lenin, Kautsky e Hayek concordam neste ponto. Aqui está o que Hayek tem a dizer:

"O socialismo nunca e em lugar nenhum foi inicialmente um movimento da classe trabalhadora. Não é de forma alguma um remédio óbvio para o mal óbvio que os interesses dessa classe necessariamente exigirão. É uma construção de teóricos, derivada de certas tendências do pensamento abstrato com as quais por muito tempo só os intelectuais estavam familiarizados; e exigiu longos esforços dos intelectuais antes que as classes trabalhadoras pudessem ser persuadidas a adotá-lo como seu programa."[613]

Não é de surpreender que o Marxismo tenha sido considerado uma proposta tão atraente por muitos intelectuais do século 20 — afinal, era uma teoria que se originou na cabeça dos intelectuais e que, embalada em sistemas complicados, teve que ser comunicada às "massas' (em primeiro lugar para os trabalhadores) por meio de constante agitação e propaganda revolucionária. Uma vez que a elite daqueles que eram capazes de entender a teoria tivesse tomado o poder, seria seu trabalho implementá-la no mundo real, destruindo ordens existentes e cultivadas naturalmente — incluindo a economia de mercado, bem como tradições e normas sociais — e instalando um sistema "científico" e racional em seus lugares.

Uma vez que tenhamos compreendido essa diferença essencial entre o capitalismo como uma ordem em evolução espontânea e o socialismo como uma construção teórica, as razões pelas quais muitos

---

[613] Hayek, *The Intellectuals and Socialism*, 371.

intelectuais têm uma afinidade maior com o último, em qualquer forma, tornam-se óbvias. Afinal, elaborar construções mentais e usar suas habilidades linguísticas para moldá-las e comunicá-las, tanto por escrito quanto em discursos empolgantes, é o que eles fazem para viver. Uma vez que sua própria subsistência depende de sua habilidade de pensar e comunicar ideias racionais e coerentes, eles sentem uma afinidade maior com uma ordem econômica artificialmente planejada e construída do que com uma que permite o desenvolvimento espontâneo não planejado. A noção de que as economias funcionam melhor sem intervenção e planejamento ativos é estranha a muitos intelectuais.

Alguns intelectuais anticapitalistas projetam sistemas sociais ideais que eles então comparam à realidade atual — sem surpresa, em detrimento desta última. Eles evitam deliberadamente o caminho que tomei neste livro, isto é, uma comparação entre os sistemas sociais existentes. Visto que o capitalismo surge como o vencedor inequívoco em qualquer comparação, os intelectuais anticapitalistas preferem conceber uma visão utópica de uma sociedade ideal, que eles então apoiam como um padrão contra o qual as sociedades existentes estão fadadas ao fracasso. Suas utopias tendem a ser sociedades extremamente igualitárias que dão muito poder ao Estado e muito pouco espaço para o livre jogo das forças do mercado.

Essas utopias não são necessariamente economias planejadas no sentido tradicional, que, afinal, foram amplamente desacreditadas pelo colapso da União Soviética e de outros sistemas do bloco oriental. Muitos intelectuais não gostam do capitalismo, sem serem capazes de articular uma alternativa. Eles nem negam o fato de que as alternativas socialistas ao capitalismo falharam em todos os lugares em que foram

O CAPITALISMO NÃO É O PROBLEMA, É A SOLUÇÃO

testadas. Confrontados com argumentos parecidos com esses, eles normalmente argumentarão que nenhum desses experimentos fracassados jamais permaneceu fiel ao espírito do socialismo "genuíno" e que, portanto, devem ser repetidos até que o ideal elevado de uma sociedade "mais justa" — leia-se: (mais) igualitária — seja finalmente alcançado.

Os intelectuais normalmente enquadram suas objeções ao capitalismo como intervenções críticas em nome de comunidades "carentes", ou de um "interesse comum" ou de "interesse público" que deve ser defendido contra as leis "cruéis" do mercado. Eles apresentam sua motivação como guiada por uma preocupação altruísta por este "interesse público" — que é, obviamente, definido em seus próprios termos — e pelos interesses dos "desprovidos', dos trabalhadores, das minorias, do meio ambiente etc., enquanto acusam os capitalistas de colocar seus próprios interesses materiais em primeiro lugar.

Essa contenção convenientemente ignora o fato de que os empresários prosperam sob o capitalismo apenas servindo aos interesses da maioria dos consumidores, ou seja, oferecendo produtos ou serviços para os quais há demanda. Artistas, escritores e estudiosos, por outro lado, ganham menos em muitos casos porque a demanda do consumidor por seus produtos e serviços é muito menor em comparação. Do elevado ponto de vista do anticapitalismo intelectual, a diferença de ganhos entre o editor de um tabloide e um escritor que redige livros refinados é uma evidência de que há algo errado com as leis do mercado, enquanto um forte senso de superioridade moral é derivado da densa justaposição entre o intelectual motivado altruisticamente e o capitalista movido pelo interesse próprio.

O anticapitalismo é mais uma atitude do que uma escola coerente de pensamento, o que torna difícil defini-lo. Em muitos casos,

315

apresenta pouco mais do que um vago sentimento de ressentimento, uma aversão contra a ordem social existente e seus representantes, e uma expressão de profunda desconfiança na mecânica do mercado, que geralmente é livre de qualquer tipo de visão clara de uma alternativa desejável. Esta falta de uma visão clara tem o benefício de ser aberta à interpretação — uma ideia vaga que permite a projeção de uma miríade de diferentes desejos por uma sociedade ideal e "justa". O mesmo se aplica ao Marxismo: Karl Marx se restringiu a analisar e criticar o capitalismo, mas em nenhum lugar descreveu a ordem econômica que deveria substituí-lo. Por outro lado, os pensadores da tradição utópica — incluindo os defensores do "socialismo utópico" difamados por Marx e Engels — frequentemente entraram em grandes detalhes ao descrever suas visões igualitárias de uma sociedade utópica.

Os intelectuais anticapitalistas são atraídos por ordens econômicas que conferem muito poder ao Estado. Isso inclui o Estado de bem-estar social-democrata, que generosamente redistribui recursos de acordo com os objetivos da política social e usa a política fiscal, a regulamentação do governo e medidas keynesianas para controlar a economia.

Há um paradoxo entre a demanda por uma forte intervenção do governo nos assuntos econômicos e a atitude crítica em relação ao Estado que muitos intelectuais gostam de assumir em todos os outros aspectos. Os "liberais de esquerda" querem que o Estado seja fraco onde precisa ser forte — ou seja, na proteção e defesa dos interesses de segurança nacional — e forte onde precisa ser fraco — ou seja, na busca ativa da política econômica. Em qualquer caso, eles confiam mais no Estado — ou seja, nos políticos e funcionários do governo — do que no mercado ou, em outras palavras, nos consumidores e em

O CAPITALISMO NÃO É O PROBLEMA, É A SOLUÇÃO

suas decisões individuais, por que nenhum planejamento central pode ser responsável.

Nem todos os intelectuais anticapitalistas rejeitam a economia de livre mercado abertamente — na verdade, muitos professam ser pró-mercado sem entender completamente como um sistema de livre mercado funciona. No entanto, defender os princípios do mercado livre não demonstra um compromisso real com esses princípios, assim como chamar um regime autocrático de "democrático" não é uma prova irrefutável do compromisso dos seus líderes com a democracia. Afinal, até mesmo comunistas e outros oponentes da democracia invocam pretensões democráticas.

Thomas Piketty, cujo *best-seller* global de 2013 *Capital in the Twenty-First Century* foi amplamente adotado como uma espécie de bíblia anticapitalista, apesar do seu grande número de erros graves,[614] afirma ter sido "vacinado para a vida contra a retórica convencional, mas lenta, do anticapitalismo".[615] No entanto, suas ideias radicais sobre a redistribuição da riqueza por meio de impostos exorbitantes sobre a renda e a fortuna para os que ganham mais[616] sugerem o contrário.

Existem duas maneiras de lutar contra um sistema: desmerecendo os conceitos de um inimigo ou cooptando-os. "Novilíngua", a linguagem desenvolvida pelo regime totalitário em *1984* de George Orwell, é um exemplo do que acontece quando os conceitos são privados de seus significados originais. Da mesma forma que os defensores do capitalismo na China viraram o conceito de "socialismo" de cabeça

---

[614] *Veja a crítica de Delsol et al.*

[615] Piketty, *Capital in the Twenty-First Century*, 31.

[616] *Ver ibid., Capítulos 14 e 15.*

para baixo, enquanto continuavam a apoiar o Marxismo publicamente da boca para fora, seus oponentes nos países ocidentais cooptaram e redirecionaram o conceito de "economia de mercado".

Qualquer defensor de um sistema que permite ao Estado interferir nos assuntos econômicos onde e quando quiser — em vez de limitar o papel do governo a criar uma estrutura legal para a livre concorrência, protegendo a propriedade privada e fornecendo a infraestrutura necessária — não entendeu o que economia de mercado significa. Qualquer autoproclamado "defensor do mercado livre" que dá prioridade à política sobre a economia e nutre uma profunda desconfiança das forças espontâneas do mercado não conseguiu compreender a essência deste sistema econômico.

A falta de experiência econômica por parte de muitos intelectuais às vezes é considerada responsável por sua rejeição da economia de livre mercado. É verdade que muitos intelectuais são economicamente iletrados. Mencione o mecanismo de preços de mercado ou outros elementos estruturais chave do capitalismo — ou qualquer coisa a ver com números ou estatísticas, nesse caso — e vai parecer que você está falando uma língua estrangeira. No entanto, a ignorância de economia por si só não explica a força do ressentimento anticapitalista entre os intelectuais. Afinal, a maioria dos outros participantes em uma economia de mercado tem apenas uma compreensão básica da teoria econômica — e não são obrigados ou esperados a saber mais —, sem compartilhar a aversão intelectual pelo capitalismo.[617]

Também é um fato que há críticos do capitalismo mesmo entre os economistas mais renomados do mundo — incluindo o ganhador do

---

[617] Ver Kahan, *Mind vs. Money*, 21.

O CAPITALISMO NÃO É O PROBLEMA, É A SOLUÇÃO

Prêmio Nobel Joseph E. Stiglitz, cujas recomendações para a China sugerem que ele não se deixa influenciar por evidências concretas convincentes. Depois de mais de três décadas de sucesso na China, onde a influência do Estado tem sido cada vez menos atuante, favorecendo as forças de mercado, Stiglitz agora recomenda que os chineses façam exatamente o oposto no futuro, ou seja, expandam a influência do Estado, recuem o mercado e foquem em mais redistribuição.

Até Stiglitz tem que admitir: "Nenhum país no registro histórico cresceu tão rápido — e tirou tantas pessoas da pobreza — como a China nos últimos 30 anos."[618] No entanto, ele então envia uma nota de advertência, acrescentando que "abraçar o estilo de vida materialista extravagante da América seria um desastre para a China — e para o planeta".[619] Contra o conselho do economista chinês Zhang Weiying, que identifica a intervenção governamental excessiva como a causa principal de muitos problemas na China contemporânea (ver Capítulo 1), Stiglitz adverte que um "sistema mais baseado no mercado não é a direção em que a China deveria estar indo".[620] Em vez disso, ele defende mais ações do governo e aumento de impostos[621] — o que seria equivalente a abandonar o caminho que a República Popular tem trilhado com tanto sucesso por três décadas. Como mostra este exemplo, certo conhecimento de economia não é uma proteção infalível contra as visões anticapitalistas. Embora seja certamente verdade que muitos intelectuais que trabalham nas artes e humanidades tenham,

---

[618] Joseph Stiglitz, *The Great Divide: Unequal Societies and What We Can Do about Them* (New York: W. W. Norton & Company, 2015), 346.

[619] *Ibid.*, 347.

[620] *Ibid, ênfase no original.*

[621] *Ibid.*, 349.

na melhor das hipóteses, uma compreensão muito limitada da economia, isso não explica totalmente seu rancor contra o capitalismo.

Para entender por que tantos intelectuais têm visões anticapitalistas, é importante perceber que eles são uma elite, ou pelo menos uma comunidade de prática que se define como tal. Seu anticapitalismo é alimentado por seu ressentimento e oposição à elite empresarial. Nesse sentido, a rivalidade entre os dois grupos é simplesmente isso: uma competição entre diferentes elites que disputam *status* na sociedade contemporânea. Se um nível de educação mais alto não garante automaticamente rendas mais altas e posições mais privilegiadas, então os mercados que permitem que esse desequilíbrio aconteça são vistos como injustos do ponto de vista dos intelectuais, ou, "em qualquer caso, uma fonte do mais profundo desconforto", como diz Roland Baader. "Uma sociedade na qual é possível que a camisa suada de um trabalhador ou comerciante, ou mesmo a de um empresário 'suado de lucro', ganhe mais do que a sabedoria profunda de um filósofo parece-lhes uma distorção."[622] Viver em um sistema competitivo que concede consistentemente os melhores prêmios a outros — um sistema em que mesmo os proprietários de empresas de médio porte obtêm mais renda e riqueza do que um professor titular de filosofia, sociologia, estudos culturais ou história da arte — leva a um ceticismo geral contra uma ordem econômica baseada na competição.

Isso também explica a aparente contradição entre o estilo de vida confortável desfrutado por muitos intelectuais e seu desespero com

---

[622] Roland Baader, *Totgedacht: Warum Intellektuelle unsere Welt zerstören* (Gräfelfing: Resch-Verlag, 2002), 126.

a injustiça do sistema capitalista.[623] Um grupo que se considera parte da elite, mas cujo estilo de vida é significativamente menos próspero do que o de uma elite concorrente, empreendedora, irá se mobilizar contra a injustiça percebida do sistema, e isso só é agravado pelo senso de superioridade da elite intelectual conferido por seu nível de educação superior. Em outras palavras, as atitudes anticapitalistas são parcialmente alimentadas pela inveja da elite empresarial.

Em seu livro *best-seller The Rich and the Super-Rich*, o sociólogo americano Ferdinand Lundberg faz as seguintes observações:

> "Quanto ao tipo geral de humano construtor de riquezas americano, novo e velho, pode-se dizer que ele é geralmente um extrovertido, dado a pouca reflexão [...] Ele é geralmente mais não escolarizado do que escolarizado, não lê muito, e tem em sua maioria uma visão ingênua do mundo e seu papel nele [...] Só por sua posição, ele é alienado."[624]

Desdenhosamente, ele se refere aos "construtores de fortunas mais recentes" — muitos deles, afirma ele, "abandonaram o ensino médio [ou] abandonaram o ensino fundamental" e "como seus precursores do século XIX, tinham pouco interesse em escola, mesmo quando estava disponível para eles" — como "faltantes da alta cultura".[625]

O desdém expresso nesta afirmação demonstra de maneira convincente até que ponto os intelectuais tendem a definir seus próprios padrões de valor como absolutos. Lundberg julga os outros por seu

---

[623] Ver Hollander, *From Benito Mussolini*, 7.

[624] Ferdinand Lundberg, *The Rich and the Super-Rich: A Study in the Power of Money Today* (New York: Lyle Stuart, 1968), 85.

[625] *Ibid.*, 83.

nível de educação e capital cultural e, consequentemente, considera profundamente injusto que "construtores de riqueza" com pouca instrução formal e nenhum interesse em alta cultura acumulem grandes fortunas, enquanto acadêmicos bem-educados e bem-informados têm que se contentar com relativamente pouco. Não é de surpreender que o mundo pareça de cabeça para baixo para ele. Afinal, os intelectuais obtêm seu próprio senso de superioridade por serem mais educados, mais informados e mais capazes de se expressarem verbalmente.

É importante notar, neste contexto, que os acadêmicos que realizam pesquisas sobre a formação de elites consideram os processos de recrutamento acadêmico muito mais transparentes, racionais e "democráticos" do que os processos de recrutamento no mundo dos negócios. Michael Hartmann, que é um dos principais estudiosos da Alemanha neste campo, destaca o grau em que os processos de seleção acadêmica (especificamente, a nomeação para o cargo de professor titular) são formalizados e sujeitos a "influências democráticas". Ele prossegue argumentando que há "maior mobilidade social" na academia, onde a seleção é baseada em qualificações formais universalmente transparentes (diplomas, publicações) do que no recrutamento de elites empresariais, onde "traços de personalidade relativamente mal definidos" desempenham um papel fundamental.[626] O tipo de argumento de Hartmann implica que ele acredita que os padrões acadêmicos e os processos de seleção sejam superiores aos do mundo dos negócios.

---

[626] Michael Hartmann, *"Der Mythos von den Leistungseliten: Spitzenkarrieren und soziale Herkunft"*, em *Wirtschaft, Politik, Justiz und Wissenschaft* (Frankfurt: Campus Verlag, 2002), 132–134.

O CAPITALISMO NÃO É O PROBLEMA, É A SOLUÇÃO

A recusa de Hartmann em conceder aos processos pelos quais a elite empresarial recruta novos membros tanta legitimidade democrática quanto aos procedimentos pelos quais as instituições acadêmicas indicam novos membros do corpo docente é completamente infundada. Afinal, quem decide se um empresário tem lucro? Cabe aos consumidores comprar os produtos e serviços da empresa — ou não, conforme o caso. O equívoco de que este voto diário de confiança pelos consumidores é de alguma forma menos democrático do que a nomeação de um acadêmico por um comitê de outros acadêmicos é parcialmente baseado no foco exclusivo de Hartmann em executivos assalariados, em vez de empresários que administram seus próprios negócios — um foco que ele compartilha com outros pesquisadores que estudaram a formação de elites.[627]

Acredito que a inveja é apenas uma das razões para a popularidade do anticapitalismo entre os intelectuais. Como o sociólogo alemão Helmut Schoeck mostrou em seu importante livro sobre o assunto,[628] a inveja é uma constante da existência humana. No entanto, não estou convencido de que a propensão à inveja seja mais forte entre os intelectuais do que entre outras comunidades de prática. Além disso — uma vez que tende a ser gerada pela proximidade —, a inveja seria provavelmente mais dirigida a outros intelectuais do que a membros da comunidade empresarial. Portanto, embora eu concorde que o anticapitalismo é parcialmente motivado pela inveja, quero propor uma explicação mais abrangente — isto é, que a hostilidade

---

[627] Para uma discussão mais aprofundada, veja as passagens relevantes em minha tese de doutorado: Rainer Zitelmann, *The Wealth Elite: A Groundbreaking Study of the Psychology of the Super-Rich* (London: LID Publishing, 2018), 24–36.

[628] Ver Schoeck, *Envy*.

de muitos intelectuais em relação ao capitalismo é impulsionada pela supremacia injustificada que eles atribuem à sua própria definição de "conhecimento" e "aquisição de conhecimento", que os torna cegos para a existência de outros tipos de conhecimento e outros métodos de aquisição de conhecimento que são muito mais relevantes para o sucesso econômico.

Excesso de confiança na aprendizagem explícita

Compreensivelmente, os intelectuais tendem a equiparar a aquisição de conhecimento à educação acadêmica e ao aprendizado de livros. A psicologia usa o termo "conhecimento explícito" para se referir a este tipo de conhecimento, que é adquirido por meio de "aprendizagem explícita". No entanto, existe um tipo diferente de conhecimento adquirido pela "aprendizagem implícita", que é muito mais primordial e muitas vezes mais poderoso, embora muitos intelectuais não tenham consciência de sua existência. Já que este é o caminho para a aquisição de conhecimento percorrido pela maioria dos empresários, é importante compreender as diferenças entre as duas formas de aprendizagem e conhecimento.

Hayek usa o exemplo de crianças pequenas que são capazes de aplicar as regras da gramática e da linguagem idiomática sem conhecê-las conscientemente.[629] "A criança que fala gramaticalmente sem conhecer as regras gramaticais não apenas entende todas as nuances

---

[629] Friedrich August von Hayek, "*Rules, Perception and Intelligibility*", em *Studies in Philosophy, Politics and Economics* (London: Routledge & Kegan Paul, 1967), 43.

de significado expressos por outros seguindo as regras gramaticais, mas também pode ser capaz de corrigir um erro gramatical na fala dos outros."[630] Da mesma forma, as habilidades de um artesão ou atleta — que envolvem saber fazer em vez de saber o quê — são adquiridas implícita e não explicitamente. "É característico dessas habilidades que geralmente não somos capazes de afirmar explicitamente (discursivamente) a maneira de agir que está envolvida."[631]

Mais recentemente, o termo "conhecimento tácito" foi reintroduzido pelo filósofo britânico Michael Polanyi, nascido na Hungria, que criou a frase muito citada "podemos saber mais do que podemos dizer" em seu livro *The Tacit Dimension* (1966).[632] Para Polanyi, isso representa um problema central de comunicação. "Nossa mensagem havia deixado algo que não sabíamos dizer, e sua recepção deve contar com que a pessoa a quem se dirige descubra o que não fomos capazes de comunicar."[633] Polanyi esclarece a diferença entre conhecimento implícito e explícito — entre habilidade por um lado e conhecimentos teóricos por outro.

"A habilidade de um motorista não pode ser substituída por uma formação completa na teoria do automóvel; o conhecimento que tenho de meu próprio corpo difere totalmente do conhecimento de sua fisiologia; e as regras de rima e prosódia não me dizem o que um poema me disse, sem nenhum conhecimento de suas regras."[634]

---

[630] *Ibid.*, 4.

[631] *Ibid.*, 43.

[632] Michael Polanyi, *The Tacit Dimension* (London: Routledge, 1966), 4.

[633] *Ibid.*, 6.

[634] *Ibid.*, 20.

Em outras palavras, a aprendizagem não é necessariamente o resultado da aquisição consciente e sistemática de conhecimento, mas muitas vezes o resultado de processos inconscientes. Em um experimento, os participantes do teste assumiram o papel de um gerente de fábrica em uma simulação de computador. Eles foram encarregados de manter um volume específico de produção de açúcar, fazendo ajustes nos níveis dos funcionários da fábrica. A equação funcional subjacente do sistema não foi revelada para eles. Durante a fase de aprendizagem, eles não sabiam que, posteriormente, seriam obrigados a fazer um teste de conhecimentos. O teste mostrou que os participantes foram capazes de regular a produção na fábrica de açúcar sem serem capazes de explicar exatamente como o fizeram.[635]

Meu estudo *The Wealth Elite*, baseado nas conclusões de pesquisas sobre empreendedorismo realizadas nos Estados Unidos em conjunto com minhas próprias pesquisas originais, demonstra que a instrução formal desempenha apenas um papel secundário no desenvolvimento de habilidades empreendedoras. O sucesso empresarial é determinado por outros fatores que não as qualificações acadêmicas. O principal deles são as habilidades de vendas, que, embora raramente ensinadas em instituições acadêmicas, os entrevistados consideraram um pré-requisito essencial para suas carreiras de sucesso como empreendedores ou investidores. Muitos entrevistados começaram seu primeiro negócio quando ainda estavam na escola ou universidade, o que lhes permitiu fazer um teste e adquirir conhecimento

---

[635] Georg Hans Neuweg, *Könnerschaft und implizites Wissen: Zur lehr- und lerntheoretischen Bedeutung der Erkenntnis- und Wissenstheorie Michael Polanyis* (Münster: Waxmann, 2001), 25–26.

O CAPITALISMO NÃO É O PROBLEMA, É A SOLUÇÃO

implícito abrangente, o que seria a chave para seu sucesso econômico subsequente.[636]

A aprendizagem implícita não é documentada da mesma forma que a aprendizagem explícita, que pode ser demonstrada na forma de certificados e qualificações acadêmicas diretamente comparáveis. Pelos padrões de um intelectual, um empresário que pode não ter lido muitos livros ou se mostrado muito promissor na faculdade ou universidade não tem nada para mostrar sobre si que se compare a um doutorado ou uma lista de publicações. É por isso que — em uma plataforma desenvolvida e administrada por intelectuais — um professor com uma lista média de publicações tem mais chance de ser considerado digno de uma entrada na Wikipedia do que um investidor que transaciona bilhões de dólares no mercado imobiliário.

Na melhor das hipóteses, os resultados da aprendizagem empreendedora podem ser vistos indiretamente ao observar o desempenho de uma empresa ou o padrão de vida de seu proprietário. Os intelectuais são incapazes de entender por que um indivíduo que abandonou a faculdade e, portanto, possui um "intelecto inferior", que leu apenas uma fração do que eles leram, acaba ganhando muito mais dinheiro, morando em uma casa muito maior e dirigindo um carro muito melhor. Eles se sentem ofendidos em seu senso do que é "justo" e, portanto, isso é demonstrado em sua crença em um mau funcionamento do capitalismo ou do mercado, que precisa ser "corrigido" por meio de redistribuição em grande escala. Ao despojar os ricos de parte de sua "riqueza imerecida", os intelectuais se consolam com o fato de que,

---

[636] Ver Rainer Zitelmann, *The Wealth Elite: A Groundbreaking Study of the Psychology of the Super Rich* (London: LID Publishing, 2018), Capítulo 13.

mesmo que não possam abolir o sistema capitalista brutal de uma vez, eles podem pelo menos "corrigi-lo" até certo ponto.

Buscando explicações que esclareceriam o sucesso econômico muito maior do empresário, apesar de sua falta de instrução formal e qualificações, os intelectuais anticapitalistas normalmente apresentam duas afirmações. A primeira baseia-se na convicção fundamental de que o mercado produz resultados "injustos". A segunda diz respeito à insinuação de que a maioria das riquezas são ganhos ilícitos, adquiridos por meios que são eticamente e moralmente questionáveis. Há uma espécie de consolo nisso, uma vez que proporciona aos intelectuais não ricos o luxo de assumir uma posição moral elevada. Eles agora podem explicar sua própria falta de sucesso econômico como um sinal de maior integridade moral, marcada pela recusa em recorrer a métodos antiéticos em sua busca pela felicidade. Para uma comunidade que se considera a consciência moral da sociedade, esta é uma noção duplamente convincente e profundamente satisfatória.

Há outro tipo de explicação, que atribui o sucesso do rico empresário à "pura sorte". Conforme demonstrado pela alta rotatividade de livros — escritos, é claro, por intelectuais — que atribuem o maior sucesso de alguns indivíduos sobre outros à "sorte" ou "acidente",[637] essa ideia é particularmente popular sempre que as pessoas são confrontadas com efeitos cujas causas elas não compreendem totalmente. Quando essas várias tentativas de explicar o sucesso econômico do empresário sem instrução se mostram inconclusivas, os intelectuais acabam decidindo que qualquer "sistema" capaz de produzir tais

---

[637] *Como evidenciado pela popularidade dos livros de Malcolm Gladwell e Michael Mauboussin sobre o assunto.*

O CAPITALISMO NÃO É O PROBLEMA, É A SOLUÇÃO

resultados questionáveis deve ser fundamentalmente falho. Muito de seu sentimento anticapitalista deriva dessa convicção.

Em um texto de 1998, o filósofo libertário Robert Nozick aborda a questão: "Por que os intelectuais se opõem ao capitalismo?"[638] Sua explicação é baseada na suposição de que os intelectuais se sentem superiores aos outros membros da sociedade. Desde os dias de Platão e Aristóteles, os intelectuais nos têm dito que sua contribuição para a sociedade é mais valiosa do que a de qualquer outro grupo. De onde, pergunta Nozick, vem esse senso de merecimento?

Sua resposta é: começa na escola, onde o brilho intelectual é recompensado com elogios e boas notas. No momento em que "crianças verbalmente brilhantes" concluem a educação formal, elas foram inculcadas com um senso de seu maior valor em comparação com seus colegas menos dotados intelectualmente, o que então as leva a esperar que a sociedade em geral opere de acordo com as mesmas normas. A compreensão subsequente de que a economia de mercado não mantém suas habilidades particulares no mesmo sentido leva a sentimentos de frustração e ressentimento que alimentam a hostilidade ao sistema capitalista como tal.

Eu argumentaria que as sementes dessas crenças foram plantadas ainda antes. Os intelectuais são mais propensos a crescer em um ambiente de classe média onde muita ênfase é colocada na educação, com pais ou outros parentes que são estudiosos, do que em famílias da classe trabalhadora ou empreendedoras. Desde a infância, a mensagem martelada neles é que a educação, o aprendizado de livros e o engajamento

---

[638] Robert Nozick, "*Why Do Intellectuals Oppose Capitalism?*", em *Socratic Puzzles* (Cambridge, MA: Harvard University Press, 1997).

social e/ou político são objetivos muito mais valiosos do que a busca por riquezas materiais. O sistema educacional, que Nozick responsabiliza por incutir esses valores, os reforça enfaticamente, confirmando o que a criança já aprendeu em casa: o aprendizado de livros, a habilidade verbal e o brilhantismo intelectual receberão os maiores elogios.

Outra questão que vale a pena explorar é até que ponto essas afirmações são verdadeiras, tanto para os intelectuais americanos, quanto para os europeus. Embora os dois grupos compartilhem uma forte afinidade com as visões anticapitalistas, sociólogos, incluindo Seymour Martin Lipset nos Estados Unidos e Ralf Dahrendorf na Europa, apontaram as diferenças em relação à estima dos intelectuais. Em seu trabalho de 1967, *Society and Democracy in Germany*, Dahrendorf cita a observação de Lipset de que os europeus concedem igual respeito aos professores, engenheiros e proprietários de fábricas, enquanto os americanos estão muito comprometidos com um ideal de igualdade para prestar respeito a qualquer pessoa com base no *status* social: "Ironicamente, algumas das razões pelas quais os intelectuais americanos não obtêm os sinais de respeito pelos quais anseiam surgem da força dos padrões igualitários que defendem."[639] Dahrendorf concorda com esta análise, acrescentando que a "tensão entre o anti-intelectualismo dos participantes e o desejo de ação dos intelectuais" — que ele considera universal — pode muito bem ser mais pronunciada em uma cultura como a dos Estados Unidos, "cujos traços dominantes são pintados em cores econômicas".[640]

---

[639] Citado em Ralf Dahrendorf, *Society and Democracy in Germany* (New York: Doubleday, 1967), 291.

[640] *CC*

O CAPITALISMO NÃO É O PROBLEMA, É A SOLUÇÃO

Em 1956, o influente economista americano nascido na Áustria, Ludwig von Mises, já havia descrito as diferenças entre os Estados Unidos e a Europa de maneira semelhante:

"O acesso à sociedade europeia está aberto a todos os que se destacaram em qualquer área [...] As estrelas dos salões parisienses não são os milionários, mas os membros da *Académie Française*. Os intelectuais prevalecem e os outros fingem pelo menos um interesse nas questões intelectuais. A sociedade, nesse sentido, é estranha ao cenário americano. O que é chamado de 'sociedade' nos Estados Unidos consiste quase exclusivamente das famílias mais ricas."[641]

Essas famílias, Von Mises continua a argumentar, têm pouco interesse em assuntos culturais, preferindo falar sobre esportes. Como consequência, os intelectuais americanos "tendem a considerar o rico empresário como um bárbaro, como um homem que tem apenas o objetivo de ganhar dinheiro". Os professores de filosofia sentem-se ofendidos com o salário mais alto conquistado pelo técnico do time de futebol.[642]

É importante notar que Mises considera os ricos parcialmente responsáveis por essas atitudes hostis: "Se um grupo de pessoas se isola do resto da nação, especialmente também de seus líderes intelectuais, da maneira como os *'socialites'* americanos fazem, eles inevitavelmente se tornam o alvo de críticas bastante hostis por parte daqueles que

---

[641] Ludwig von Mises, *The Anti-capitalist Mentality*, editado por Bettina Bien Greaves (Indianapolis: Liberty Fund, 2006), 11–12.

[642] *Ibid.*, 12.

mantêm fora de seus círculos. O exclusivismo praticado pelos ricos americanos tornou-os, em certo sentido, 'excluídos', despertando 'animosidades' que tornam os intelectuais inclinados a favorecer políticas anticapitalistas".[643]

Esses comentários de Lipset, Dahrendorf e Mises datam das décadas de 1950 e 1960. Embora haja certamente alguma verdade em suas observações, eles falham em explicar a afinidade dos intelectuais europeus — no passado e hoje — com as visões anticapitalistas e, portanto, apenas fornecem uma explicação parcial para um fenômeno que, apesar das diferenças regionais, persiste em ambos os lados do Atlântico e tem deixado observadores intrigados por mais de meio século.

Seria interessante explorar a seguinte hipótese: nos últimos 60 anos, a sociedade europeia tornou-se cada vez mais americanizada em muitos aspectos e as críticas ao "capitalismo anglo-saxão" que se espalharam desde a crise financeira não ajudaram a mudar isso. Também na Europa, as elites intelectuais tradicionais, e as profissões em que elas tendem a estar fortemente representadas, perderam parte de sua exclusividade e prestígio. Muitas queixas de intelectuais europeus sobre a americanização da cultura europeia podem muito bem ser em parte motivadas pelo medo de perder *status* — o que também pode ajudar a explicar o frequente entrelaçamento entre sentimentos antiamericanos e anticapitalistas. O sentimento de ter perdido parte de seu *status* privilegiado é acompanhado pelo medo de descer na escala socioeconômica, e as "políticas neoliberais" são responsabilizadas por ambos.

---

[643] *Ibid.*, 12–13.

O CAPITALISMO NÃO É O PROBLEMA, É A SOLUÇÃO

Aqueles que sustentam visões anticapitalistas podem, é claro, se perguntar por que a afinidade dos intelectuais com tais visões exigiria uma explicação: se não é meramente uma resposta apropriada às falhas e deficiências inerentes ao próprio sistema capitalista. Como Cushman argumenta, a maioria dos intelectuais não consegue refletir sobre a necessidade de submeter sua hostilidade ao capitalismo à análise crítica.[644] Em vez disso, eles confundem suas próprias visões com a verdade objetiva que não requer mais explicação do que a observação de que a maioria das pessoas prefere o Sol quente ao clima extremamente frio.

Neste livro, demonstrei que os sistemas capitalistas são superiores a outros sistemas e que maior crescimento econômico e maior riqueza têm mais probabilidade de resultar de mais capitalismo do que de mais intervenção governamental. No entanto, é importante notar que a maioria dos críticos do capitalismo cai em duas armadilhas: em primeiro lugar, eles atribuem imperfeições que surgiram em todas as épocas e sob todos os sistemas sociais ao capitalismo, apesar do fato de que não elas têm nada a ver com quaisquer falhas inerentes ao capitalismo em si. Em segundo lugar, eles protestam contra resultados indesejáveis que, com base em uma análise mais objetiva, são na verdade o resultado da interferência do governo no mercado e nada têm a ver com o sistema capitalista.

Em resposta a primeira questão: há desigualdade, corrupção e pobreza nos países capitalistas? Claro que existe. Mas a verdadeira questão que precisamos fazer é se eles podem ser especificamente ligados a uma ordem econômica baseada no mercado, ou se são de fato

---

[644] Cushman, "*Intellectuals and Resentment toward Capitalism*", 249.

constantes antropológicas que sempre existiram em todos os períodos históricos e diferentes modelos de sociedade.

Nos últimos anos, o escândalo das emissões de diesel desencadeou um clamor público sobre as deficiências do sistema capitalista após a detecção de *software* fraudulento implantado por várias das principais montadoras. Mas a fraude e o engano são realmente uma invenção capitalista, ou é um impulso humano que está presente em qualquer sistema socioeconômico?

Na verdade, a detecção de fraude funciona melhor em uma economia de mercado do que em outros sistemas. Em uma economia capitalista, abusar da confiança dos clientes pode resultar em perda de negócios, enquanto, em uma economia controlada pelo Estado, os consumidores não têm a opção de comprar de um concorrente mais confiável. Por exemplo, os consumidores nos Estados Unidos são livres para comprar qualquer marca de carro de sua preferência. Na Alemanha Oriental socialista, Trabant e Wartburg tinham quase um monopólio. Se essas duas empresas equipassem seus carros com *software* fraudulento, os compradores em potencial não teriam a opção de comprar em outro lugar — presumindo que seu comportamento fraudulento teria sido um assunto público, o que é improvável na ausência de uma imprensa livre. Por outro lado, em uma economia de mercado, é do interesse de toda empresa não decepcionar a confiança do consumidor e, assim, prejudicar o valor de sua marca. Mas é claro que existem empresas, assim como indivíduos, que agem contra seus próprios interesses de longo prazo.

Existe desigualdade no capitalismo? Claro que existe. A desigualdade sempre existiu ao longo dos séculos e em todo o mundo. Pode até valer a pena perguntar se uma sociedade sem desigualdade,

O CAPITALISMO NÃO É O PROBLEMA, É A SOLUÇÃO

como concebida nos romances utópicos, seria desejável. No entanto, a desigualdade é frequentemente menos pronunciada nas economias capitalistas do que nas controladas pelo Estado.

Outra questão é se o nível de desigualdade em uma dada economia é o indicador mais confiável do bem-estar humano. Você prefere ser pobre em um país onde os padrões de vida e os níveis de desigualdade são mais altos em toda a população, ou pobre em um país com menos desigualdade e padrões de vida mais baixos para todos?

Para reiterar um ponto que fiz na introdução: nem o socialismo nem o capitalismo existiram em sua forma pura. No entanto, como minha discussão da recente crise financeira no Capítulo 9 mostra, é perfeitamente possível demonstrar que muitos alegados "problemas contemporâneos do capitalismo" são na verdade o resultado de violações dos próprios princípios do capitalismo. Qualquer crítica ao capitalismo que tome essas questões como seu ponto de partida tem falhas desde o início.

Apesar das fracas premissas de seus argumentos-chave, o anticapitalismo intelectual é influente nos debates contemporâneos principalmente porque, longe de ser limitado a discussões entre membros de uma elite indiferente ou seminários acadêmicos, tem um impacto formativo nas atitudes e visões de um grupo chave de formadores de opinião pública. Na era da comunicação em massa, onde o poder da mídia vai muito além de seu papel tradicional de "quarto poder", o anticapitalismo intelectual influencia o comportamento político porque os políticos dependem da boa vontade da mídia. Será interessante observar até que ponto a erosão dos monopólios tradicionais de agendamento nos últimos anos irá remodelar a relação entre política e mídia à medida que o debate público se move cada vez mais online.

O anticapitalismo em suas várias formas e disfarces, dos quais o ambientalismo é atualmente o mais influente, conseguiu colocar a elite empresarial sob enorme pressão. Menos dotados de eloquência do que seus oponentes e mais acostumados a agir com base no instinto do que em abstrações teóricas, os membros dessa elite se renderam ao ressentimento anticapitalista defendido por intelectuais profissionais. Uma vez que o sucesso empresarial depende da capacidade de se adaptar às mudanças nas condições do mercado, eles frequentemente deixam de perceber que a adaptação a realidades políticas questionáveis nem sempre é uma estratégia de sobrevivência sustentável.

Este não é um dilema recente. Em 1961, a escritora russa e pensadora objetivista americana Ayn Rand — mais conhecida por seu livro *Atlas Shrugged* (1957), que retrata uma utopia libertária — publicou seu primeiro livro de não ficção, *For the New Intellectual*, que inclui a seguinte advertência:

"Nenhum homem ou grupo de homens pode viver indefinidamente sob a pressão da injustiça moral: eles têm que se rebelar ou ceder. A maioria dos empresários cedeu; teria sido necessário um filósofo para fornecer-lhes as armas intelectuais da rebelião, mas eles haviam desistido de qualquer interesse pela filosofia. Eles aceitaram o fardo de uma culpa não merecida; eles aceitaram que se referiam a eles como 'materialistas vulgares' [...] Começando como a classe de homens mais corajosa da história, os empresários caíram lentamente na posição de homens motivados pelo medo crônico — em todos os aspectos sociais, políticos, morais e intelectuais da sua existência. Sua política pública consiste em apaziguar seus piores inimigos, apaziguar seus agressores mais desprezíveis, tentar fazer um acordo com seus próprios destruidores, pôr dinheiro no apoio

O CAPITALISMO NÃO É O PROBLEMA, É A SOLUÇÃO

a publicações esquerdistas e políticos "liberais", colocar coletivistas declarados no comando de suas relações públicas e então expressar — em discursos de banquete e anúncios de página inteira — protestos socialistas de que o serviço abnegado à sociedade é seu único objetivo e desculpas altruístas pelo fato de eles ainda manterem dois ou três por cento do lucro de seus empreendimentos multimilionários."[645]

O anticapitalismo intelectual só conseguiu se tornar tão poderoso porque a elite empresarial não foi capaz de organizar uma resposta intelectualmente adequada. Economistas — intelectuais pró-capitalistas como Mises, Hayek e Friedman, bem como escritores como Rand — tentaram enfrentar a batalha que a própria elite empresarial não quer ou é incapaz de lutar, seja por falta de coragem ou recursos intelectuais e agilidade verbal. No entanto, os defensores do capitalismo sempre foram "forasteiros" entre seus colegas intelectuais.

Hayek argumentou que isso ocorre porque um defensor do liberalismo[646] e da economia de mercado é considerado "meramente como um apologista tímido das coisas como elas são" pela maioria dos intelectuais.[647] É importante notar que Hayek não usa os termos "liberalismo" e "liberal" da mesma forma por que um americano o faria (ou seja, como um compromisso com a ideologia de esquerda),

---

[645] Ayn Rand, *For the New Intellectual: The Philosophy of Ayn Rand* (New York: Random House, 1961), 40, ênfase no original.

[646] Ao contrário dos leitores americanos modernos, que irão associar o liberalismo com o liberalismo social de esquerda, Hayek usou o termo no sentido europeu tradicional, ou seja, como um compromisso com um governo limitado e políticas econômicas *laissez-faire*.

[647] Hayek, *The Intellectuals and Socialism*, 382.

mas no sentido europeu tradicional (ou seja, como um compromisso com um governo limitado e políticas econômicas de livre mercado). Entretanto, ele sugeriu que o liberalismo tradicional carecia das visões utópicas que tornavam o socialismo tão sedutor para muitos. Consequentemente, Hayek clamou por uma utopia liberal que fosse além da defesa do *status quo*.[648] Ele pode estar certo ao pensar que uma visão radical para se opor à ideologia anticapitalista dominante é a única maneira de quebrar o controle dessa ideologia. No entanto, o problema é que as utopias anticapitalistas sempre serão capazes de capturar a imaginação de uma forma que as utopias liberais não conseguem, simplesmente porque no centro do pensamento esquerdista está a capacidade de imaginar uma sociedade ideal sem qualquer base nas realidades da natureza humana. Os liberais, por outro lado, tendem a ser céticos em relação a quaisquer promessas de paraíso na Terra baseadas em um "novo homem" porque a humanidade, como é, não está à altura do trabalho.

Embora nenhum amor tenha sido perdido entre os principais pensadores do século XX e os defensores do capitalismo, a admiração pelos ditadores da laia de Stalin e Mao Zedong era alta em certos círculos. Não eram forasteiros ou desajustados, mas membros da elite intelectual, cujo ódio ao capitalismo era tão forte que os levou a reverenciar alguns dos piores assassinos em massa do século XX. Os escritores franceses Henri Barbusse e Jean-Paul Sartre são apenas dois exemplos de muitos. Barbusse, cujo romance *Under Fire* (1916), da Primeira Guerra Mundial, foi traduzido para mais de 60 línguas e lhe rendeu um Prix Goncourt, passou a escrever uma biografia bajuladora de Stalin, de quem diz:

---

[648] *Ibid., 384.*

O CAPITALISMO NÃO É O PROBLEMA, É A SOLUÇÃO

"Sua história é uma série de vitórias ao longo de uma série de dificuldades tremendas. Desde 1917, não se passou um único ano de sua carreira sem que ele tivesse feito algo que tornasse qualquer outro homem famoso. Ele é um homem de ferro. O nome pelo qual ele é conhecido o descreve: a palavra Stalin significa 'aço' em russo."[649]

Escrevendo na edição de julho de 1950 da *Les Temps modernes*, Sartre, o dramaturgo e fundador da filosofia existencialista e um dos principais intelectuais franceses do século XX, defendeu seu silêncio sobre o assunto dos *gulags* dizendo:

"Como não éramos nem membros do partido (comunista) nem seus simpatizantes declarados, não era nosso dever escrever sobre os campos de trabalho soviéticos; éramos livres para permanecer alheios à disputa sobre a natureza deste sistema, desde que nenhum evento de significado sociológico tivesse ocorrido."[650]

Em seu retorno de uma viagem à União Soviética em 1954, ele fez a afirmação absurda de que os cidadãos soviéticos gostavam da liberdade total para criticar as medidas implementadas pelo regime.[651] Sartre e sua parceira Simone de Beauvoir, cujo manifesto feminista *The Second Sex* a tornara a intelectual feminina mais conhecida da França, eram fervorosos admiradores de Mao Zedong, cuja violência revolucionária

---

[649] Henri Barbusse, *Stalin: A New World Seen through One Man* (London: Workers' Bookshop, 1935), 289.

[650] Citado em Hollander, *Political Pilgrims*, 423.

[651] Mark Lilla, *The Reckless Mind: Intellectuals and Politics* (New York: New York Review Books, 2001), 164–165.

foi elogiada por eles como "regeneradora" e "profundamente moral".[652] Sartre adoraria qualquer pessoa que se opusesse ou atacasse o capitalismo em qualquer forma, de Che Guevara aos membros da organização terrorista alemã Fração do Exército Vermelho (também conhecida como Grupo *Baader-Meinhof*), aos terroristas palestinos que assassinaram 11 atletas israelenses durante as Olimpíadas de 1972 em Munique[653], ao ditador cambojano Pol Pot, que matou 20% da população de seu país, um total de 2 milhões de pessoas.

Isso não diminuiu em nada a adulação concedida ao próprio Sartre por seus colegas intelectuais. O mesmo vale para Noam Chomsky, um dos principais críticos do capitalismo nos Estados Unidos, que afirmou que os assassinatos em massa de Pol Pot não causaram mais do que "alguns milhares" de vítimas e foram bastante exagerados como parte da campanha de propaganda anticomunista da grande mídia.[654] Em um debate televisionado em 1971 com Chomsky, o filósofo francês Michel Foucault, um dos mais importantes defensores do pós-estruturalismo e o fundador da análise do discurso, descarregou sua própria raiva contra a elite capitalista:

"O proletariado não declara guerra contra a classe dominante porque considera justa tal guerra. O proletariado faz guerra contra a classe dominante porque, pela primeira vez na história, quer chegar ao poder.

---

[652] Hollander, *From Benito Mussolini*, 194.

[653] Roger Scruton, *Fools, Frauds and Firebrands: Thinkers of the New Left* (London: Bloomsbury, 2016), 94.

[654] Daniel Bultmann, *Kambodscha unter den Roten Khmer: Die Erschaffung des perfekten Sozialisten* (Paderborn: Verlag Ferdinand Schöningh, 2017), 15; Hollander, From Benito Mussolini, 201–202.

O CAPITALISMO NÃO É O PROBLEMA, É A SOLUÇÃO

Quando o proletariado assumir o poder, é bem possível que ele exerça sobre as classes sobre as quais triunfou um poder violento, ditatorial e até sangrento. Eu não consigo ver que objeção poderia ser feita a isso."[655]

É um paradoxo trágico que os intelectuais — que tenderam a começar como os *designers*, criadores ou pelo menos os principais defensores dos sistemas anticapitalistas (em muitos casos, ditaduras cruéis) — estavam sempre entre suas vítimas. Em seu livro sobre a história e as origens do comunismo, Gerd Koenen reflete sobre "o destino de muitos poetas, produtores de teatro e cinema, pintores e estudiosos — exaustos ou silenciados, deportados ou fuzilados — cujas biografias truncadas ou mutiladas constituem uma parte desproporcional da história cultural soviética".[656] Onde quer que tenha chegado ao poder, o anticapitalismo destruiu — junto com a riqueza econômica — a liberdade política e mental em que prosperam os intelectuais.

Não é nada além de ódio cego ao capitalismo que poderia ter feito um intelectual importante como Lion Feuchtwanger — um dos escritores de língua alemã de maior sucesso do século XX — escrever estas linhas em seu diário de viagem sobre uma visita a Moscou, publicado em 1937:

"Respira-se de novo quando se sai desta atmosfera opressiva de uma democracia falsa e de um humanismo hipócrita para a revigorante atmosfera da União Soviética. Aqui não há como se esconder atrás de

---

[655] Citado em Lilla, *The Reckless Mind*, 150.

[656] Gerd Koenen, *Die Farbe Rot: Ursprünge und Geschichte des Kommunismus* (Munich: C. H. Beck, 2017), 991.

slogans místicos e sem sentido, mas prevalece uma ética sóbria, realmente 'mais *geometrico constructa*', e esta ética por si só determina o plano no qual a União está sendo construída."[657]

Em outro lugar no mesmo texto, ele diz: "O estabelecimento do socialismo nunca teria sido possível com um direito irrestrito de abuso."[658] É importante notar que isto foi escrito como uma resposta aos Processos de Moscou que ocorreram em Moscou na época da visita de Feuchtwanger.

Intelectuais importantes, incluindo Feuchtwanger, Brecht, Barbusse, Sartre e Chomsky, entre inúmeros outros, se engajam em uma negação consistente, em primeiro lugar, das atrocidades perpetradas em nome do comunismo, que, no decorrer do século XX, causou cerca de 100 milhões de vítimas, bem como, em segundo lugar, das conquistas civilizatórias do capitalismo, um sistema que fez mais para eliminar a pobreza do que qualquer outra ordem econômica na história da humanidade. É verdade que, na maioria dos países, os admiradores de Stalin, Mao e Chávez nunca representaram uma maioria, mesmo entre os intelectuais. No entanto, eles constituíram um grupo poderoso e influente dentro da comunidade intelectual. Suas posições são expressões extremas de uma atitude geral que reflete a opinião da maioria entre os intelectuais — ressentimento contra o capitalismo.

O colapso do comunismo aconteceu há menos de 30 anos. Os ex-países comunistas nunca se envolveram em reflexão crítica

---

[657] *Lion Feuchtwanger, Moscow 1937: My Visit Described for My Friends* (New York: Viking Press, 1937), 111.

[658] *Ibid.*, 55.

O CAPITALISMO NÃO É O PROBLEMA, É A SOLUÇÃO

e debate público ao nível da luta da Alemanha no pós-guerra para chegar a um acordo com o legado do Terceiro Reich. Na China contemporânea, um retrato de Mao ainda paira sobre a Praça Tiananmen, enquanto na Rússia o culto a Stalin está mais vivo e próspero hoje do que há algumas décadas.[659] Tendo em conta todos os danos que o comunismo causou — as tragédias humanas, devastação material e oportunidades perdidas de desenvolvimento —, isso é desconcertante, para dizer o mínimo. Nunca na história da humanidade houve outro movimento político que "tenha estendido seu alcance por todos os continentes e países do mundo e exercido uma influência tão decisiva na política global por um período de tempo tão longo".[660] Ainda mais problemático do que o número perturbadoramente pequeno de condenações contra os responsáveis pelas atrocidades cometidas em nome do comunismo[661], é a falta de reflexão crítica e debate suficientes sobre as bases espirituais do comunismo. Em primeiro lugar, essas bases podem ser encontradas em um furioso anticapitalismo, que, longe de se tornar menos virulento no século XXI, foi apenas canalizado para novas formas de expressão. Para muitos intelectuais, essa visão de mundo anticapitalista constitui uma religião política da qual eles derivam um senso de identidade, orientação e superioridade moral.

Os intelectuais gostam de pensar em si mesmos como pensadores livres não convencionais nadando contra a maré, individualistas que

---

[659] Andreas Rüesch, "*Wieso es in Russland wieder salonfähig ist, Stalin zu verehren*", *Neue Zürcher Zeitung* (24 de Outubro de 2017), acessado em 20 de Junho de 2018, https://www.nzz.ch/international/stalin-und-die-sehnsucht-nach-der-starken-hand-ld.1323741?mktcid=nled&mktcval=107_2017–10–24.

[660] Koenen, *Die Farbe Rot*, 1031.

[661] *Ibid.*, 1001.

343

detestam qualquer forma de conformidade "acrítica". Na verdade, como a maioria das pessoas, eles normalmente exibem alto grau de conformidade dentro de sua própria comunidade de referência. Muito poucos deles têm a coragem de se posicionar fora de sua própria comunidade.

Os intelectuais geralmente acham mais fácil virar as costas às crenças da esquerda e adotar uma visão de mundo conservadora do que superar mentalmente seus ressentimentos anticapitalistas profundamente enraizados. Assim, os convertidos que trocaram a política de extrema esquerda de sua juventude por uma perspectiva conservadora (muitos não tomam o caminho oposto) muitas vezes se apegam a suas convicções anticapitalistas mesmo depois de mudarem de ideia sobre quase todo o resto. Mesmo para ex-renegados comunistas, esta tende a ser a única linha vermelha que eles não cruzarão. O jornalista alemão Marco Carini refez a história desses renegados ao longo de mais de meio século, começando com a coleção de textos de 1949 *The God that Failed*, na qual seis escritores e jornalistas proeminentes — incluindo, principalmente, Arthur Koestler — discutem as razões para sua ruptura radical com o comunismo. Apesar de toda a sua dura desilusão com a ideologia e prática comunistas, a maioria desses renegados ainda permanece fiel às suas crenças anticapitalistas.[662]

Uma das minhas principais motivações para escrever este livro — e este capítulo, em particular — foi a esperança de que ele possa

---

[662] Marco Carini, *Die Achse der Abtrünnigen: Über den Bruch mit der Linken* (Berlin: Rotbuch Verlag, 2012). Ver, por exemplo, 21, 43, 52, 56, 61, 145–146. Essas passagens demonstram que muitos supostos renegados não abjuraram totalmente sua fé na doutrina socialista ou, de qualquer forma, permanecem extremamente hostis ao "neoliberalismo".

persuadir alguns intelectuais a questionar radicalmente as crenças e atitudes que têm guiado suas vidas até agora. A verdadeira contribuição dos intelectuais não está na construção de teorias complicadas destinadas a manter seus concidadãos adivinhando o que eles podem estar alcançando. Não seria muito mais útil para a sociedade como um todo se, em vez disso, eles apresentassem critérios verificáveis e baseados em evidências para identificar e definir as condições necessárias para o crescimento da liberdade e da prosperidade para o maior número possível de pessoas? Entretanto, essa tarefa seria impossível sem uma reflexão crítica sobre até que ponto seu próprio julgamento pode ser obscurecido por fatores sociopsicológicos, bem como pelas experiências e normas compartilhadas, embora inconscientemente, entre os intelectuais como um grupo.

CAPÍTULO 11

UM APELO URGENTE PARA REFORMAS PRÓ-CAPITALISTAS

Este livro faz um apelo urgente por reformas pró-capitalistas. O objetivo de tais reformas seria aumentar a influência do capitalismo nos sistemas econômicos contemporâneos, onde elementos do capitalismo de livre mercado são combinados com elementos do planejamento econômico socialista. Vale ressaltar que o Estado tem um papel muito importante a desempenhar na estruturação da atividade econômica. Até mesmo Friedrich August von Hayek advertiu contra confundir o pensamento de livre mercado com "uma atitude dogmática de *laissez faire*".[663] Ao contrário do equívoco comum, ele também não se opôs à redistribuição por uma questão de princípio — um ponto sobre o qual Anthony de Jasay e outros pensadores libertários o criticaram por ser inconsistente.[664]

---

[663] Friedrich August von Hayek, *The Road to Serfdom* (London: Routledge 2001), 45.

[664] Anthony de Jasay, "*Über Umverteilung*", em *Wider die Wohlstandsdiktatur: Zehn liberale Stimmen*, editado por Roland Baader (Munich: Resch-Verlag, 1995), 21–32.

No entanto, não há nenhum lugar no mundo hoje onde um excesso de liberdade econômica esteja criando problemas. Existem muitos lugares onde o oposto é verdadeiro. Da China, oficialmente ainda um país socialista, aos Estados Unidos, supostamente um paraíso capitalista,[665] das nações africanas aos Estados de bem-estar europeus, muitos problemas e crises são causados pela falta de capitalismo. Nos Capítulos 1 a 8, forneci ampla evidência para mostrar que arriscar mais com o capitalismo vale a pena.

Existem muitos livros que explicam por que o capitalismo funciona. Por mais interessantes que possam ser essas explicações teóricas, elas desempenham, na melhor das hipóteses, um papel muito menor neste livro. Minha própria resposta à pergunta "Por que o capitalismo?" é muito mais simples: porque funciona melhor do que outros sistemas econômicos. Claro, existem razões para isso — mas, na minha opinião, saber que algo funciona é mais importante do que saber por que funciona. Afinal, você provavelmente fica muito feliz em dirigir seu carro ou em usar seu smartphone, sem entender a tecnologia envolvida. Da mesma forma, as pessoas podem se beneficiar do capitalismo sem ter ouvido falar de Adam Smith, Friedrich August von Hayek, Ludwig von Mises ou Milton Friedman — muito menos ter lido suas obras. Pelo menos, isso é verdade enquanto a economia estiver prosperando. Como argumentarei abaixo, a ignorância da maioria sobre como o capitalismo funciona pode se tornar um problema em tempos de crise.

Você não precisa ler muita teoria econômica para decidir qual sistema é melhor. Tudo o que você precisa fazer é examinar a história econômica, como este livro faz. Todas as vezes em que o planejamento econômico socialista e o capitalismo de livre mercado estiveram em

---

[665] Ver Voegeli, *Never Enough* – um livro excelente sobre o assunto.

competição direta um com o outro — por exemplo, na rivalidade entre Coreia do Norte e Coreia do Sul, ou Alemanha Ocidental e Oriental —, o resultado foi inequívoco.

A história está cheia de experimentos. Os sistemas socialistas foram testados em todas as formas e disfarces imagináveis. O socialismo de estilo soviético era diferente daquele da China, o sistema econômico da Iugoslávia e o da Coreia do Norte. Mais recentemente, a Venezuela conduziu um experimento com uma variante local do "socialismo do século XXI", enquanto as formas democráticas e relativamente moderadas de socialismo experimentadas no Reino Unido do pós-guerra e na Suécia dos anos 1970 eram diferentes novamente. Na África, vários modelos de "socialismo africano" não funcionaram melhor do que as versões latino-americana, europeia e asiática.

Embora muitas pessoas ao redor do mundo provavelmente concordem com essa avaliação, existe uma ilusão generalizada que afirma que o socialismo é uma boa ideia em princípio que foi mal implementada na prática. Na verdade, o que há de errado com o socialismo não é apenas a prática, mas o princípio, e quanto mais cedo essa verdade for reconhecida por todos, melhor. Hoje em dia, há muito pouca consciência nos países ocidentais de que as reformas capitalistas levam a mais prosperidade do que a redistribuição jamais fez e nunca fará.

Redistribuição ou crescimento econômico?

Em princípio, existem apenas duas maneiras pelas quais as questões sociais podem ser amenizadas na realidade ou na percepção do público: por redistribuição ou por crescimento econômico. Embora os dois frequentemente andem de mãos dadas, a opinião política está dividida sobre o que deve ser priorizado. Aqueles que colocam uma ênfase mais forte na redistribuição muitas vezes tendem a considerar as economias nacionais ou globais como um jogo de soma zero: uma atitude mais concisamente expressa em um poema intitulado *Alfabet* do escritor alemão Bertolt Brecht, no qual dois homens — um rico, um pobre — ficam cara a cara:

> *Disse o pobre homem se contraindo:*
> *Se eu não fosse pobre, você não seria rico.*[666]

Essa imagem da vida econômica é popular entre os intelectuais. De acordo com essa lógica, os países ricos devem dividir sua riqueza com as nações mais pobres, e os ricos devem ser forçados a dar parte de seu dinheiro aos pobres. O fato de a pobreza continuar existindo é atribuído ao egoísmo e à falta de empatia por parte dos ricos. É verdade que, no passado, muitas riquezas eram baseadas no roubo em sociedades onde pequenas minorias enriqueciam às custas da maioria. No entanto, não é assim que funcionam os mercados livres. A lógica do mercado recompensa quem consegue atender às necessidades de muitos consumidores.

Uma olhada nas pessoas mais ricas do mundo mostra que nenhuma delas ficou rica tirando algo dos outros. Ao invés disso, suas atividades empresariais criaram valor para toda a sociedade. O fundador da Amazon, Jeff Bezos, fez fortuna no comércio eletrônico, Bill Gates foi o pioneiro no *software* que todos usamos hoje e a fortuna de Warren Buffett é baseada em investimentos em marcas altamente lucrativas,

---

[666] Bertolt Brecht, "*Alfabet*" [1934], em *The Collected Poems of Bertolt Brecht*, traduzido por David Constantine and Tom Kuhn (New York: Liveright, 2018).

incluindo McDonald's e Coca Cola, bem como várias grandes seguradoras. Esses três homens construíram suas fortunas com boas ideias e grandes marcas que atendem às necessidades de bilhões de consumidores. Fomos nós, os consumidores, que os tornamos ricos.

Também é importante notar que, longe de guardar com segurança suas fortunas de bilhões de dólares em contas de poupança ou gastá-las em prazeres pessoais, a maior parte da riqueza dessas pessoas é investida em ações de empresas produtivas. A lista completa das 15 pessoas mais ricas do mundo (maio de 2018) é a seguinte:

1. Jeff Bezos, Amazon, US$ 134 bilhões, empresário;
2. Bill Gates, Microsoft, US$ 92.7 bilhões, empresário;
3. Warren Buffett, Berkshire Hathaway, US$ 81.9 bilhões, empresário;
4. Mark Zuckerberg, Facebook, US$ 76.0 bilhões, empresário;
5. Bernard Arnault, LVMH, US$ 74.5 bilhões;
6. Amancio Ortega, Zara, US$ 70.9 bilhões, empresário;
7. Carlos Slim, telecom, US$ 56.3 bilhões, empresário;
8. Larry Page, Google, US$ 52.6 bilhões, empresário;
9. Larry Ellison, Oracle, US$ 52.5 bilhões, empresário;
10. Sergey Brin, Google, US$ 51.3 bilhões, empresário;
11. Jack Ma, Alibaba, US$ 49.3 bilhões, empresário;
12. Françoise Bettencourt-Meyers, US$ 47.9 bilhões;
13. David Koch, Koch Industries, US$ 46.8 bilhões;
14. Charles Koch, Koch Industries, US$ 46.8 bilhões;
15. Jim Walton, Walmart, US$ 40.7 bilhões, herdado.[667]

---

[667] *"Bloomberg Billionaires Index"*, acessado em 29 de Maio de 2018, www. bloomberg.com/billionaires, além de informações adicionais fornecidas pelo autor.

Como a economia não é um jogo de soma zero, a ideia de que a redistribuição resolverá as questões sociais é ingênua. Historicamente, a redistribuição tem feito muito menos para eliminar a pobreza do que o crescimento econômico. Frequentemente, seu único impacto nas questões sociais tem sido exacerbá-las.

Um dos livros mais impressionantes que li nos últimos anos é *Please Stop Helping Us* do jornalista afro-americano do *Wall Street Journal* Jason L. Riley. Riley demonstra que as políticas de bem-estar social, como a introdução do salário-mínimo, pioraram a situação dos afro--americanos.[668] Por outro lado, eles viram seus salários aumentarem mais bruscamente do que os brancos sob as reformas pró-mercado do governo de Reagan.

Esses efeitos se traduzem da escala nacional para a internacional. Como mostrei no Capítulo 1, o crescimento econômico levou à melhoria dos padrões de vida de centenas de milhões de pobres da China, assim como a um aumento da desigualdade e à criação de uma nova classe de multimilionários e bilionários muito ricos. O Capítulo 2 continua demonstrando que meio século de ajuda externa fez muito pouco pela África — na verdade, em muitos casos seu impacto foi exatamente o oposto do que os doadores pretendiam.

Mesmo os sistemas explicitamente baseados no ideal de igualdade nunca conseguiram criar uma sociedade de iguais, que só pode existir nas ficções de utopistas como Thomas More e Tommasso Campanella. *Animal Farm* de George Orwell, publicado em 1945, explora de forma memorável o que acontece quando boas intenções levam a mais desigualdade.

---

[668] Jason L. Riley, *Please Stop Helping Us: How Liberals Make It Harder for Blacks to Succeed* (New York: Encounter Books, 2014), 85–110.

O CAPITALISMO NÃO É O PROBLEMA, É A SOLUÇÃO

Expansão da interferência do governo

Com o tempo, as economias que estão inicialmente comprometidas com os princípios do mercado livre tendem a restringir o livre jogo das forças de mercado ao mesmo tempo em que expandem a influência do Estado. Isso acontece não apenas por causa das atividades de *lobby* de grupos de interesse específicos e dos programas de bem-estar social prometidos por políticos na esperança de maximizar sua base de eleitores, mas também devido às reações governamentais aos ciclos de altos e baixos que são uma característica inevitável do capitalismo. Os governos frequentemente respondem a isso lançando pacotes de estímulo, novas regulamentações e uma expansão geral da intervenção estatal na esfera econômica.

As crises são tão essenciais para a vida econômica quanto os períodos de fraqueza física e doenças são para a vida de seres humanos, animais e plantas. O sistema imunológico humano e os poderes de autocura são capazes de lidar com a maioria das doenças que sofremos ao longo de nossas vidas. Com o tempo, nossos corpos são capazes de se recuperar de doenças como o resfriado comum, sem nenhuma intervenção externa. No médio e longo prazo, as economias capitalistas são fortalecidas por crises, o que leva ao desaparecimento de empresas improdutivas. Por mais desagradáveis que possam ser seus efeitos imediatos para as empresas e funcionários, eles desempenham uma função positiva de "limpeza".

No entanto, o médico que manda o paciente para casa sem receita, simplesmente aconselhando-o a ficar alguns dias na cama e deixar o resfriado se curar com o tempo, seria considerado incompetente por muitos. Da mesma forma, nenhum político jamais venceria uma eleição aconselhando os eleitores a esperar o fim da crise e ter uma visão de longo prazo — "O resultado final será positivo, embora algumas grandes empresas estejam fadadas à falência no meio do caminho". A oposição aproveitaria todas as oportunidades para denunciar o político como sendo cruel ou incompetente, ou ambos, e a maioria dos eleitores provavelmente concordariam.

Para levar a analogia mais a fundo, algumas pessoas pensam que prescrever antibióticos, antipiréticos e supressores de tosse para curar doenças menores é a marca registrada de um bom médico. Eles não sabem que os benefícios de curto prazo de fazê-los sentirem-se bem novamente vêm com o risco de efeitos colaterais adversos, atrasando o processo de cura ou mesmo causando complicações graves a longo prazo. Febre e tosse são reações naturais pelas quais o corpo humano combate as infecções. Embora circunstâncias específicas às vezes exijam tratamento médico, geralmente é melhor deixá-los seguir seu curso. Suprimir essas respostas para se sentir melhor interfere nos poderes de autocura do corpo. O combate a doenças menores com antibióticos pode levar não apenas a efeitos colaterais adversos, mas também ao aumento da resistência aos antibióticos.

A maioria das pessoas parece ter internalizado a crença de que agir é sempre melhor do que não fazer nada. Na verdade, existem muitos cenários em que tomar uma decisão consciente de não fazer nada é preferível a agir por agir. Fazer com que os pacientes vejam isso é quase tão impossível quanto pedir aos eleitores que entendam que esperar crises que ocorrem naturalmente como parte do ciclo econômico e ter fé nas forças de autocura da economia seria um curso de ação muito melhor do que programas de estímulo, intervenção governamental e "flexibilização quantitativa". Embora essas medidas possam fornecer

O CAPITALISMO NÃO É O PROBLEMA, É A SOLUÇÃO

alívio de curto prazo, elas causam mais danos do que benefícios em pelo menos três aspectos: ao desencadear efeitos colaterais adversos, atrasando a recuperação econômica e enfraquecendo o crescimento econômico a longo prazo.

O Japão é um triste lembrete do dano que os governos podem causar ao interferir ao invés de permitir que uma crise siga seu curso. Após o estouro da bolha nos mercados imobiliários e de ações japoneses em 1990, os japoneses tentaram evitar os problemas econômicos aumentando a dívida pública, em vez de reformar seu sistema econômico para permitir que as forças autocurativas do mercado surtissem efeito. Em 2017, a dívida pública era de espantosos 237% do PIB — ainda mais do que na Grécia (182%), Itália (131%) e nos EUA (108%).[669] Incrivelmente, com 4,37% da taxa de crescimento anual do Japão em bem-estar social, os gastos entre 1980 e 2003 também foram maiores do que em qualquer outro país comparável (EUA 2,84%, Alemanha 1,94%).[670]

Embora não fazer nada seja, em muitos casos, a resposta mais sensata a crises cíclicas ou bolhas explosivas, crises graves com causas estruturais profundamente enraizadas exigem uma resposta política mais proativa. Novamente, a analogia médica é útil: ao contrário dos resfriados comuns, doenças graves precisam ser tratadas. Conforme discutido no Capítulo 5, Margaret Thatcher e Ronald Reagan conseguiram tirar seus respectivos países de profundas crises econômicas durante a década de 1980, introduzindo medidas destinadas a dar

---

[669] *Números sobre a dívida como porcentagem do PIB relatados pelo Fundo Monetário Internacional, acessado em 29 de Maio de 2018, www.imf.org.*

[670] Voegeli, *Never Enough*, 47, *Annual Growth Rate of Real Per Capita Public Social Expenditures*, 1980–2003.

mais liberdade aos poderes do mercado: privatização, cortes de impostos e desregulamentação.

Reformas semelhantes, porém em uma escala menor, ocorreram na Suécia durante a década de 1990 para retificar os excessos anteriores de tributação e regulamentação e para restaurar o crescimento econômico (ver Capítulo 7). Muitos outros países tiveram resultados semelhantes de reformas pró-mercado, resultando em mais crescimento e prosperidade — incluindo a Alemanha, onde as reformas instigadas por Gerhard Schröder no início dos anos 2000 levaram à recuperação econômica e ajudaram a reduzir o desemprego.

Infelizmente, reformas desse tipo acontecem muito raramente. É mais fácil ganhar uma eleição com promessas de aumentar os benefícios do bem-estar e lançar novos esquemas de redistribuição do que anunciar reformas pró-mercado que frequentemente andam de mãos dadas com cortes nos gastos com bem-estar. Em suas tentativas de ganhar e manter os eleitores, prometendo-lhes recompensas generosas, os partidos políticos estão constantemente à procura de novas "injustiças sociais" para abordar em seus manifestos eleitorais.

Como William Voegeli demonstrou, a tendência a longo prazo para aumentar a redistribuição e os gastos sociais é universal nos países ocidentais. Entre 1980 e 2003, o gasto social *per capita* em proporção ao PIB aumentou de 10,9% para 17,9% na Austrália, de 20,8% para 28,7% na França, de 23,0% para 27,3% na Alemanha, de 18,0% para 24,2% na Itália, de 15,5 para 20,3% na Espanha, de 16,6% para 20,6% no Reino Unido e de 13,3% para 16,2% nos EUA.[671] Durante este período, a taxa de crescimento anual das despesas com bem-estar

---

[671] *Ibid.*, 43.

O CAPITALISMO NÃO É O PROBLEMA, É A SOLUÇÃO

foi significativamente maior nos EUA e no Reino Unido do que em Estados de bem-estar social clássicos, como Dinamarca e Suécia.[672] Esse crescimento nos gastos com bem-estar foi financiado às custas das gerações futuras, pelo aumento da dívida pública. "Sustentabilidade" é um termo que os políticos de hoje gostam de empregar quando discutem para esconder a verdade, que é que suas políticas são tudo menos sustentáveis.

No que diz respeito à maioria dos políticos, não há limites para a expansão do estado de bem-estar — nunca leva muito tempo para que cada novo nível seja percebido como inadequado. Os políticos estão sempre procurando novas "injustiças" (leia-se: desigualdades), que eles então propõem corrigir por meio de redistribuição ou aumento da dívida nacional na esperança de que essas propostas lhes rendam votos nas próximas eleições. No entanto, os benefícios dessas medidas — para qualquer pessoa, exceto os próprios candidatos vitoriosos — são altamente duvidosos. No Capítulo 2, já vimos que a ajuda externa fez mais mal do que bem para os países pobres.

O jornalista alemão René Zeyer demonstra que a luta contra a pobreza apenas cria mais pobreza e ajuda a "indústria de apoio" mais do que aqueles que realmente precisam de ajuda. Na Alemanha, a indústria de apoio, que inclui organizações sem fins lucrativos como a *Workers' Welfare Association* (*Arbeiterwohlfahrt*) e a caridade católica Caritas, emprega uma força de trabalho de 1,5 milhão — três vezes o tamanho de toda a indústria automobilística alemã — e incorre em despesas administrativas e de funcionários entre 80 bilhões de euros e 140 bilhões de euros por ano, que são em grande parte financiadas

---

[672] *Ibid.*, 47.

pelo contribuinte.[673] Menos da metade dos 49 bilhões de euros que o governo alemão gastou para ajudar famílias de baixa renda em 2010 realmente alcançaram os beneficiários pretendidos.[674] Eficiência, impacto, análise de custo-benefício — todos termos-chave na atividade econômica — repentinamente perdem seu significado quando se trata de gestão da pobreza. "Fazer essas perguntas das organizações privadas sem fins lucrativos é considerado o equivalente a cair na gargalhada em um serviço fúnebre."[675] Observações semelhantes sobre a ineficiência da redistribuição na luta contra a pobreza se aplicam aos EUA[676] e ao Reino Unido,[677] como James D. Gwartney e colegas e Kristian Niemietz mostraram. Nesses países, a redistribuição também ampliou, constantemente, em vez de reduzir, as lacunas de renda existentes, enquanto políticas mais orientadas para o mercado poderiam ter feito muito mais para combater a pobreza.

Apesar da grande evidência de seus efeitos nocivos, a tendência de maior influência governamental parece quase irreversível. Na melhor das hipóteses, é interrompida por curtos intervalos de crescimento menos rápido na interferência do governo e gastos com bem-estar. A teoria da "economia política das reformas" mostrou por que os governos geralmente se abstêm de tomar medidas de reforma

---

[673] René Zeyer, *Armut ist Diebstahl: Warum die Armen uns ruinieren* (Frankfurt: Campus Verlag, 2013), 161.

[674] *Ibid.*, 53.

[675] *Ibid.*, 56.

[676] James D. Gwartney, Richard L. Stroup, Dwight R. Lee, Tawni H. Ferrarini and Joseph P. Calhoun, *Common Sense Economics: What Everyone Should Know about Wealth and Prosperity*, 3rd ed. (New York: St. Martin's Press, 2016), 141–149.

[677] Niemietz, *Redefining the Poverty Debate*.

O CAPITALISMO NÃO É O PROBLEMA, É A SOLUÇÃO

abrangentes. Mais significativamente, as reformas inicialmente tendem a causar dor, o que aumenta o risco de os reformadores serem destituídos. Nas reformas pró-mercado discutidas neste livro na Alemanha (sob Erhard), nos EUA (sob Reagan), no Reino Unido (sob Thatcher) e no Chile (sob Pinochet), a deterioração de curto prazo das condições econômicas após a introdução das reformas refletiram-se no aumento do desemprego e/ou da inflação. Também na China, a reforma de preços resultou inicialmente em inflação. Em muitos casos, as reformas revelam questões pré-existentes — tome a Suécia, por exemplo, onde a introdução de reformas tornou o desemprego oculto visível.

As medidas suscetíveis de criar mais crescimento e emprego a médio ou longo prazo constantemente causam desemprego de curta duração ou mesmo recessão. Isso, por sua vez, faz com que a popularidade de seus instigadores despenque nas pesquisas de opinião. Tampouco podem contar com colher os benefícios de suas reformas a tempo para as próximas eleições — como foi o caso do chanceler alemão Gerhard Schröder, que foi destituído, deixando que sua sucessora Angela Merkel se beneficiasse dos efeitos de suas reformas.

Assim, os aspirantes a reformadores precisam estar preparados para introduzir medidas radicais logo após sua vitória eleitoral e esperar pelo melhor — ou seja, que não levará mais do que um ou dois difíceis anos para que suas reformas entrem em vigor e melhorem visivelmente as condições para a maioria dos eleitores. Ciclos eleitorais mais longos de pelo menos cinco a seis anos tornariam isso mais fácil de fazer, embora com o risco de exacerbar os problemas econômicos existentes sob governos incompetentes. Para todas as variações entre as reformas pró-mercado em diferentes partes do mundo discutidas neste livro, há um fator comum: em todos os casos — da China de Deng aos Estados Unidos sob Reagan, do Chile à Suécia —, as reformas foram instigadas em uma época de dificuldades econômicas extremas, às vezes catastróficas. Os economistas Allan Drazen e Vittorio Grilli usaram funções aritméticas para argumentar que uma crise é um pré-requisito para reformas econômicas:

> "As perdas de bem-estar associadas a distorções econômicas e crises permitem que as sociedades adotem medidas que seriam impossíveis de implementar em circunstâncias menos distorcivas. Em outras palavras, distorções e crises podem aumentar o bem-estar se forem a única maneira de induzir as mudanças políticas necessárias."[678]

É claro que não há garantia de que os eleitores tirarão as conclusões certas em tempos de crise extrema. Eles provavelmente responderão colocando sua fé em slogans simplistas e seguindo aqueles que lhes oferecem bodes expiatórios. Durante a Grande Depressão no início dos anos 1930, a maioria dos alemães deu seus votos aos partidos Nacional-Socialista e Comunista,[679] ambos atribuindo a crise ao capitalismo e usando com sucesso *slogans* anticapitalistas para ganhar votos.

Em *Hitler: The Policies of Seduction*, eu demonstro a importância dos elementos socialistas e anticapitalistas na visão de mundo de Hitler para o sucesso dos nacional-socialistas. Hitler era assustadoramente

---

[678] Allan Drazen and Vittorio Grilli, "*The Benefit of Crisis for Economic Reforms*", *American Economic Review* 83, no. 3 (1993), 598.

[679] *Nas eleições parlamentares de novembro de 1932, os partidos Nacional Socialista (NSDAP) e Comunista (KPD) conquistaram 319 dos 608 assentos no Reichstag.*

O CAPITALISMO NÃO É O PROBLEMA, É A SOLUÇÃO

moderno, já que pretendia subordinar a propriedade privada e a economia de livre mercado à "primazia da política" — ao contrário dos comunistas, que queriam aboli-los completamente.[680] Já em 1941, o economista e sociólogo alemão Friedrich Pollock argumentou que, embora os nacional-socialistas tivessem mantido formalmente os direitos de propriedade privada, eles destruíram todas as características fundamentais da propriedade privada, exceto uma: o título legal de propriedade como tal, que era impotente contra o controle do Estado sobre todos os aspectos importantes da produção industrial "até quando é baseada na titularidade da participação majoritária".[681]

É por isso que pensadores como o economista da Escola Austríaca Hans F. Sennholz, nascido na Alemanha, insistem em equiparar a propriedade privada com o direito exclusivo de disposição em uma ordem econômica baseada na propriedade privada e no livre comércio: "O próprio proprietário (e não o Estado) decide sobre o uso de quaisquer recursos econômicos que ele possui."[682] Muitas pessoas não estão mais cientes de como isso é essencial. Os sistemas democráticos não estão imunes aos perigos da erosão das características fundamentais da propriedade privada devido à crescente intervenção regulatória na economia — um processo acelerado por crises ocasionais.

---

[680] Ver Rainer Zitelmann, *Hitler: The Policies of Seduction* (London: London House, 1999), 221–269.

[681] Friedrich Pollock, "*Ist der Nationalsozialismus eine neue Ordnung?*", em Max Horkheimer et al., *Wirtschaft, Recht und Staat im Nationalsozialismus: Analysen des Instituts für Sozialforschung* 1939–1942, editado por Helmut Dubiel e Alfons Söllner (Frankfurt: Europäische Verlags-Anstalt, 1981), 113.

[682] Hans F. Sennholz, "*Über den Abbau von Armut und Ungleichheit*", em *Wider die Wohlstandsdiktatur: Zehn liberale Stimmen, edited by Roland Baader* (Munich: Resch-Verlag, 1995), 123.

A maioria dos eleitores é incapaz de compreender toda a complexidade de uma crise como a hipoteca *subprime* e a crise financeira que começou em 2007-2008. Uma vez que o mesmo se aplica à maioria dos políticos, é muito mais fácil acusar "banqueiros gananciosos" como bodes expiatórios do que analisar as causas subjacentes da crise e tirar as devidas conclusões. Voltando às observações com que comecei este capítulo, em tempos de crise, a ignorância da maioria dos eleitores, políticos e mídia quanto ao funcionamento interno do capitalismo se torna um problema.

Os governos tendem a responder a essas crises expandindo suas próprias atividades — o que pode amenizar os problemas e até estimular o crescimento econômico em curto prazo, mas quase certamente agravará a situação em longo prazo. Um problema adicional é que, a cada crise nova, o nível da dívida pública se torna mais insustentável à medida que os políticos tentam resolver os problemas tomando mais dinheiro emprestado. De acordo com o Relatório sobre a Estabilidade Financeira Global de outubro de 2017, publicado pelo Fundo Monetário Internacional (FMI), a dívida total do setor não financeiro nas economias do G20 atingiu um nível recorde de mais de US$ 135 trilhões, ou cerca de 235% do PIB agregado.[683]

Se as taxas de juros zero desaceleraram o acúmulo da dívida pública na Alemanha, o mesmo não vale para o resto do mundo, onde os níveis de endividamento aumentam ainda mais rápido, justamente porque o dinheiro é (quase) gratuito. Estados, empresas e famílias estão

---

[683] International Monetary Fund, *Global Financial Stability Report October 2017: Is Growth at Risk?* (2017), acessado em 20 de Junho de 2018, https://www.imf.org/en/Publications/GFSR/Issues/2017/09/27/global-financial-stability-report-october-2017.

ainda mais endividados do que antes do início da crise financeira. De acordo com o FMI, só a dívida pública dos EUA aumentou US$ 11,1 trilhões entre 2006 e 2016, enquanto a dívida de empresas chinesas aumentou US$ 14,4 trilhões no mesmo período. As dívidas também estão crescendo mais rápido do que o PIB. Nos EUA, a dívida pública dobrou de cerca de US$ 10 trilhões em 2009 para mais de US$ 21 trilhões em 2018. Na verdade, a dívida pública é ainda maior do que o refletido nos dados oficiais, que não levam em consideração a dívida implícita — por exemplo, futuros direitos de pensão dos funcionários públicos vis-à-vis (perante) as autoridades públicas.

Com os níveis normais de crescimento econômico não sendo mais suficientes para escapar da armadilha da dívida, os governos têm pouca escolha a não ser recorrer a respostas consagradas ao longo do tempo para a dívida pública exorbitante: inflação, reforma da moeda ou *default* soberano. Os economistas Kenneth S. Rogoff e Carmen M. Reinhart documentaram um total de pelo menos 250 *defaults* soberanos sobre a dívida externa desde 1800, assim como 68 *defaults* de dívidas internas, onde a dívida é denominada em moeda local e assumida principalmente por residentes.[684] Alguns países são afetados com mais frequência do que outros. Espanha e Venezuela estão no topo da lista com 13 e 10 *defaults*, respectivamente, enquanto Austrália, Canadá, Noruega e Estados Unidos estão entre os países que nunca experimentaram *default* soberano.[685]

---

[684] Kenneth S. Rogoff and Carmen M. Reinhart, *This Time Is Different: Eight Centuries of Financial Folly* (Princeton: Princeton University Press, 2009).

[685] Flossbach and Vorndran, *Die Schuldenlawine*, 19–20, baseado em cálculos de Kenneth Rogoff and Carmen M. Reinhart.

A política de juros baixos dos bancos centrais agrava o problema da dívida ao permitir que os governos tomem dinheiro emprestado praticamente de graça. Há vários anos, a Alemanha e outros países europeus vêm emitindo títulos do governo com taxas de juros negativas. Nessas condições, assumir novas dívidas não parece grande coisa e os partidos podem continuar a distribuir benefícios sociais em grande escala para manter seus eleitores felizes. No entanto, a política de taxa de juros zero tem consequências graves. Com os preços dos imóveis, títulos, ações e outros ativos continuando a subir constantemente, novas bolhas devem se formar.

Os investidores privados e institucionais começam a assumir riscos maiores para obter algum retorno. Nesse mercado, vale tudo — incluindo títulos de 100 anos emitidos pela Argentina, títulos de dívida do Iraque e títulos de 40 anos da Amazon para qualquer investidor que não esteja satisfeito com as taxas de juros nos EUA ou na Alemanha. Os investidores imobiliários também correm riscos cada vez maiores, já que enfrentam retornos cada vez menores e investimentos essenciais sendo vendidos rapidamente.

A política de taxa de juros zero também coloca os bancos em risco. O Relatório sobre a Estabilidade Financeira Global do FMI de outubro de 2017 adverte que quase um terço dos bancos globais sistemicamente importantes, representando US$ 17 trilhões em ativos, terão dificuldade em alcançar lucratividade sustentável para garantir resiliência contínua, com metade deles nem mesmo atingindo suas próprias metas.[686] Este é um resultado direto da decisão de socorrer os

---

[686] International Monetary Fund, *Global Financial Stability Report October 2017.*

O CAPITALISMO NÃO É O PROBLEMA, É A SOLUÇÃO

bancos, quase todos agora considerados "grandes demais para falir". O mecanismo de seleção — fundamental para o funcionamento de uma economia de mercado — encontra-se suspenso no sistema financeiro, que é mais regulado do que qualquer outro setor da economia. Se a economia e os mercados de ações entrassem em colapso, muitos bancos estariam à beira da ruína e "precisariam" ser salvos novamente pelo dinheiro dos contribuintes, o que aumentaria ainda mais a dívida pública.

Ao mesmo tempo, os fundos de pensão estão à beira do colapso. Os fundos de pensão públicos organizados na base pré-paga não podem mais lidar com a taxa de mudança demográfica em muitos países ocidentais, especialmente porque os políticos estão relutantes em aumentar a idade da aposentadoria a ponto de que seria necessário até mesmo fazer isso para começar a abordar o problema. Com a certeza de uma crise severa do sistema de seguro de pensão legal, a pensão com financiamento privado torna-se ainda mais importante. No entanto, as seguradoras de vida privadas e os fundos de pensões das empresas também enfrentam dificuldades com a política de taxa de juros zero, pois nem chegam perto de atingir os retornos anteriormente calculados com base em taxas de juros mais altas. A crescente percepção entre a população de que o risco de pobreza na velhice está aumentando rapidamente aumenta o descontentamento social.

O grande endividamento público e a intervenção econômica por parte dos governos e bancos centrais estão agravando os problemas atuais, empurrando-os para o futuro. Isso continuará até que o sistema se recupere por meio de reformas capitalistas radicais — ou entre em colapso, dando origem a demagogos cujas promessas de salvação mobilizam as massas e as levam à servidão. Minha motivação para escrever este livro é dupla: fornecer a políticos, jornalistas e outros cidadãos que estão dispostos a se manifestar argumentos para se opor às políticas erradas e de visão curta descritas acima — e mostrar que nem os problemas atuais nem as futuras crises graves podem ser resolvidos a menos que tenhamos a coragem de empreender reformas radicais e dermos mais oportunidades ao capitalismo.

CAPÍTULO 12

BRASIL: UM PAÍS REFÉM DA SUA NOVA GÊNESE DE MATRIZ SOCIAL-DEMOCRATA

BERNARDO SANTORO[*]

O Brasil vive hoje dentro de um período histórico conhecido, internamente, como "Nova República" ou "a sexta República brasileira"[687], fundada pelo advento da nova Constituição Brasileira, promulgada em 05 de outubro de 1988 a partir da convocação feita pela Emenda Constitucional n° 26/85 de uma Assembleia Constituinte e interrompendo formalmente um regime militar que já estava materialmente esgotado com a eleição da chapa civil de Tancredo Neves e José Sarney para a Presidência no dia 15 de janeiro de 1985.

---

[*] **Bernardo Santoro** é advogado e mestre em Direito pela UERJ. Foi Diretor--Presidente do Instituto Liberal do Rio de Janeiro e foi professor de Economia Política e Direito nas universidades UERJ, UFRJ e Mack-SP. É especialista do Instituto Milllenium e membro do Conselho Curador da Fundação da Liberdade Econômica. Atualmente preside o Instituto Rio Metrópole, autarquia do Estado do Rio de Janeiro responsável pela Governança Metropolitana, onde foi realizado o maior projeto de concessão de saneamento da história do país, abrindo o mercado de distribuição de água e esgoto para a iniciativa privada em território habitado por mais de uma dezena de milhão de pessoas.

[687] *https://www2.camara.leg.br/a-camara/conheca/historia/a6republica.html*

Por mais que os bons ventos da democracia sempre cheguem em boa hora, não importando o momento, entendemos que o período em que o novo estado brasileiro foi pensado, discutido, deliberado e aprovado acabou por gerar um grave infortúnio e um péssimo legado para os brasileiros a serem regidos por essa carta constitucional.

Não se pode buscar compreender esse momento histórico sem o entendimento de que o Estado brasileiro que ficou de legado para a "sexta República" foi de um ambiente extremamente burocratizado e deficitário, além das condições de vida do cidadão brasileiro médio serem extremamente difíceis em virtude de se tratar de um país economicamente isolado e de baixa produtividade interna.

O período da Constituinte brasileira se deu de 1985 a 1988, exatamente antes do fim da Guerra Fria. Sendo o regime militar que antecedeu a Nova República um produto dessa Guerra Fria, em um cenário de oposição ao bloco comunista, os constituintes naturalmente possuíam um espírito contestador ao período predecessor, e, na medida do possível, criaram uma carta constitucional que, embora firme na defesa de direitos individuais, também se excedeu ao constitucionalizar demasiadamente certos direitos ditos "sociais" e "trabalhistas", sem que houvesse uma preocupação primária com a possibilidade fiscal-orçamentária da implementação desses novos direitos. Além disso, deu-se a criação de um arcabouço jurídico- -institucional muito apegado à burocracia estatal e a uma demasiada concentração de poder político nos funcionários públicos e planejado- res estatais.

O grupo de notáveis que organizou o anteprojeto da Constituição de 1988 também teve grande inspiração na carta constitucional por- tuguesa de 1976, fruto da revolução socialista dos "Cravos", elaborada pelo grande constitucionalista José Joaquim Gomes Canotilho[688], o que ajudou a sedimentar um ambiente de exacerbação de direitos sem contrapartida fiscal.

Em cerca de um ano após a promulgação da nova Carta Magna brasileira, ocorreram, no plano mundial, sempre em 1989: (i) as revoluções anticomunistas do leste europeu, que basicamente liberaram os países que funcionavam como "Estados-Fantoche" do jugo da União Soviética; (ii) a queda do Muro de Berlim; e (iii) a Conferência de Malta, que declarou o fim da Guerra Fria. Posteriormente, o mundo ainda testemunhou a reunificação alemã em 1990 e a extinção da União Soviética em 1991, além do abandono do comunismo por Albânia e Iugoslávia no mesmo ano.

Ademais, dentro de toda a década de 80, viu-se a derrocada do "Estado de Bem-Estar Social" na Europa Ocidental e a redução das políticas sociais nos EUA, também em virtude de crises fiscais, o que compeliu essas democracias a dar a vitória em eleições aos políticos e partidos de matriz liberal e defensores de políticas liberalizantes, na busca pela melhoria da qualidade de vida da sociedade através do aumento da produção e da renda a partir da desburocratização e da melhoria do ambiente de negócios e do comércio. O Brasil, preso em sua própria crise política, simplesmente não teve condições de se inserir nesse movimento político mundial, resultando no que a historiografia costuma chamar de "a década perdida de 80", inclusive vivenciando-se períodos longos de "hiperinflação" e sucessivos, tanto quanto inúteis, planos econômicos dos mais diversos tipos.

---

[688] *https://agenciabrasil.ebc.com.br/politica/noticia/2018-10/temer-entrega-comenda-jurista-que-inspirou-constituicao-brasileira*

Em novembro de 1989, importantes instituições financeiras do mundo, capitaneadas pelo FMI, elaboraram um texto que ficou conhecido como o "Consenso de Washington", um conjunto de dez medidas de cunho liberal que teriam, por finalidade, garantir saúde fiscal e o desenvolvimento econômico dos países a partir de boas práticas administrativas. Seriam esses os pontos destacados: (i) disciplina fiscal; (ii) redirecionamento dos gastos públicos de subsídios para uma ampla provisão de serviços essenciais pró-crescimento e pró-pobres; (iii) reforma tributária mais equilibrada e moderada; (iv) taxas de juros determinadas pelo mercado; (v) taxas de câmbio competitivas; (vi) livre comércio e proteção comercial a ser fornecida por tarifas baixas e uniformes; (vii) liberalização do investimento estrangeiro direto interno; (viii) privatização de empresas estatais; (ix) desregulamentação da economia; e (x) segurança jurídica para direitos de propriedade privada.

Caso a Assembleia Constituinte brasileira tivesse se realizado apenas um ou dois anos depois, muito provavelmente a Constituição brasileira da "Nova República" teria um caráter político totalmente distinto da que nasceu em 1988, com inspiração no "Consenso de Washington" e não na "revolução dos Cravos" ou no sentimento revanchista anti-EUA dos políticos vitimados ou oprimidos pelo regime militar apoiado pelos americanos. O Brasil não perdeu o "bonde da história" por chegar atrasado: perdeu por se ter adiantado aos acontecimentos.

Desde então, a história da "Nova República" é a busca por eternas reformas estruturais que consigam "consertar" aquilo que nasceu errado em sua gênese, com todos os governos, até mesmo os nascidos de partidos com característica predominantemente social-democratas ou socialistas, rendendo-se à realidade dos fatos e buscando reorganizar o sistema para cenários de menor intervenção, gasto e burocracia.

A partir dessa constatação, podemos contar um pouco da história das reformas brasileiras em busca de um país menos intervencionista a partir dos governos eleitos no país durante a "sexta República" e em busca de um arcabouço jurídico e instituições mais sólidas e liberais.

O governo Collor (1990-1992)

Fernando Collor de Mello foi eleito em 1989, vindo de uma coligação de pequenos partidos, dentre os quais se destacavam o PRN (hoje PTC) e PSC, com um discurso moralizante e liberal, defendendo a "caça aos marajás" que viveriam de verbas e recursos públicos, ao mesmo tempo em que alegando que promoveria uma reforma liberalizante.

Na prática, viu-se um governo confuso em que bons discursos não se alinhavam com a qualidade das execuções práticas[689].

O Plano Collor I, ao mesmo tempo em que promoveu boas medidas, como a adoção de taxa de câmbio flutuante, a extinção de vários órgãos federais pouco úteis e um amplo programa de privatizações de bens públicos móveis e imóveis, promoveu um absurdo confisco em investimentos e contas correntes da população brasileira, de maneira bastante indistinta, além do congelamento artificial de preços,

---

[689] ALVES, Gustavo Biasoli. *Discurso e reforma do Estado no Governo Collor*. Disponível em https://lume.ufrgs.br/handle/10183/4455

medidas claramente antiliberais que, até certo ponto, neutralizaram as boas reformas propostas.

Posteriormente, foi criado o marco regulatório das privatizações, que foi a base das grandes privatizações ocorridas ao longo da década de 90, seja em seu governo, seja nos posteriores.

Ainda no primeiro ano de governo, uma ampla reforma administrativa reduziu o número de cargos e órgãos públicos e levou à demissão, na prática, de quase 25 mil funcionários públicos.

No entanto, seu governo acabou abalado por uma série de denúncias de corrupção, nascidas a partir de uma entrevista de seu irmão, Pedro Collor, tendo como figura central o ex-tesoureiro da campanha de Collor, Paulo Cesar Farias, e por um processo de impeachment com grande apoio popular de cidadãos que, além de não entenderem a importância e valor das reformas, sentiram-se traídos pelas políticas antiliberais do confisco financeiro e pela não implementação da tão proclamada "caça aos grandes marajás". O resultado foi o pedido de renúncia do presidente em dezembro de 1992, sendo sucedido por seu vice-presidente, Itamar Franco, que realizaria uma das mais importantes reformas monetárias de cunho liberal da história do país, comparável apenas à reforma monetária feita pelo ministro Joaquim Murtinho no Governo Campos Salles que derrubou a política inflacionária de encilhamento então vigente, entre 1899 e 1901.

O governo Itamar Franco (1993-1994)

O Governo Itamar Franco foi um governo de coalizão, inclusive tendo como lema a frase "Brasil, União de Todos". Sua grande reforma foi de cunho monetário, o "Plano Real", que criou a moeda vigente no Brasil até o presente momento, o "real".

O plano de estabilização da caótica política monetária brasileira partiu da mais importante tese do "Consenso de Washington": a disciplina fiscal. Isso porque o maior problema da política monetária brasileira ao longo dos 30 anos que antecederam a criação desta solução foi a ideia de que déficit fiscal poderia ser resolvido com imposto inflacionário.

A lógica anterior era bem simples: para cobrir os sucessivos déficits fiscais do governo, a União Federal expandia a base monetária nacional através da venda de títulos da dívida pública que, indiretamente, acabavam sendo absorvidos (comprados) pelo Banco Central do Brasil com a criação de dinheiro novo. Esse dinheiro novo, que expandia a base monetária nacional, acabava entrando no mercado através dos gastos públicos arcados pelos títulos expedidos ou pela taxa de desconto de intermediários. Como o aumento da produtividade nacional e a geração de valor e renda não acompanhavam a criação de dinheiro, o dinheiro novo "tomava" seu valor do dinheiro já circulante, gerando a inflação descontrolada que resolvia os problemas fiscais do governo às custas da desvalorização das riquezas da população, em especial a dos poupadores.

Portanto, no plano em três etapas apresentado pela equipe econômica liderada pelo sociólogo Fernando Henrique Cardoso, resolver o problema fiscal foi o assunto primordial. O governo traçou uma meta de ajuste fiscal bastante rigorosa, em conjunto com um leve aumento da carga tributária, além de desvincular uma série de tributos que antes possuíam destinação específica. Na prática, a reforma monetária passou por uma primeira fase que foi, verdadeiramente, uma reforma orçamentária.

A segunda etapa foi uma reforma comercial, com a desindexação da economia, cujos preços na época ficavam vinculados aos índices de inflação, sendo feita a abertura econômica do país. O Brasil sempre foi, historicamente, um dos países mais fechados do mundo, adotando uma política altamente protecionista e buscando constantemente a substituição de importações por produtos nacionais, ignorando por completo a teoria das vantagens comparativas de David Ricardo, datada de 1817, que comprovou matematicamente ser o comércio vantajoso entre dois entes mesmo quando um dos comerciantes tem desvantagem produtiva comparativa em todos os setores da economia. A equipe do Plano Real resgatou esse conceito econômico elementar e, ao abrir economicamente o país para o comércio exterior, criou uma pressão desinflacionária com a entrada de novos produtos — e de qualidade — para competir com os produtos produzidos e vendidos pelo comércio nacional.

A terceira e última etapa foi a mudança da moeda do "cruzeiro real" para o "real" através de uma taxa de conversão estipulada pelo governo, além da realização de uma reforma bancária que limitou momentaneamente o acesso dos bancos ao crédito. A última etapa foi, então, a reforma monetária propriamente dita, para controle de todas as variáveis de agregados monetários, garantindo assim que não houvesse excesso de liquidez da moeda no mercado.

O impacto político, econômico e de bem-estar do sucesso do "Plano Real" foi tamanho que, ao final do ano de 1994, o então ex-ministro da Fazenda que comandou essa reforma monetária, Fernando Henrique Cardoso, foi eleito o novo presidente da República.

O CAPITALISMO NÃO É O PROBLEMA, É A SOLUÇÃO

O governo Fernando Henrique Cardoso (1995-2002)

O Governo Fernando Henrique Cardoso foi considerado um governo extremamente reformista, sendo apelidado pelos seus detratores de esquerda de "neoliberal", em virtude de suas profundas reformas desestatizantes.

No campo macroeconômico, seu governo criou diretrizes gerais absolutamente alinhadas com as diretrizes do "Consenso de Washington". O conjunto dessas ideias ganhou o nome de "tripé macroeconômico".

O "tripé macroeconômico" é uma combinação de políticas fiscais, monetárias e cambiais baseada em três fatores: (i) uma meta de gastos fiscais, de forma que, na medida do possível, o gasto público não fique descolado das receitas auferidas; (ii) taxa de câmbio flutuante, de forma que a relação da moeda "real" com as moedas internacionais se dê através do livre-mercado, não se preocupando o governo em aumentar reservas financeiras internacionais ou gastá-las em virtude da flutuação cambial; e (iii) metas de inflação, aqui notadamente uma política mais monetária do que necessariamente fiscal, com foco no controle da expansão da base monetária, já que a preocupação fiscal é preocupação maior na meta de gastos.

De uma forma geral, mesmo com as diversas crises internacionais vivenciadas no período, as diretrizes do tripé macroeconômico geraram a estabilidade necessária para que o Brasil não sofresse com a instabilidade criada nos mercados externos, resultando em uma cultura de gestão pública liberal no Brasil pela primeira vez em 100 anos de regime republicano.

Ainda nesse tema, a maior vitória no campo da gestão pública no Governo Fernando Henrique foi a criação da Lei de Responsabilidade

375

Fiscal, uma lei complementar que impôs um novo regime de gastos para todos os entes da federação brasileira, gerando, entre outros benefícios para uma gestão pública racional brasileira: (i) transparência dos gastos públicos; (ii) limites de despesas; (iii) limites de endividamento; (iv) planejamento rigoroso do orçamento; (v) limites em operações de crédito e restos a pagar; (vi) melhor organização dos três instrumentos legais orçamentários — PPA, LDO e LOA; (vii) rigorosa projeção de receita; (viii) obstaculização de renúncias de receitas; entre outras ações positivas, todas dentro do credo liberal e do "Consenso de Washington".

Mas nenhuma política pública chamou mais a atenção da população brasileira durante esse período do que o programa de privatizações do Governo FHC. Cerca de 80 empresas foram vendidas ao longo do seu mandato, em especial empresas gigantescas e deficitárias, como a "Vale do Rio Doce" e a "Telebras". Até chegou a se especular a venda da "Petrobras", mas não houve momento político para a venda de uma empresa pública cujo trabalho de "marketing" gerou no inconsciente coletivo a ideia de que é uma empresa lucrativa e estratégica para o governo brasileiro. O programa de privatizações gerou uma receita de cerca de 80 bilhões de reais (em valores da época) e possibilitou a abertura dos mercados onde as empresas atuavam. Outras empresas estaduais e municipais, notadamente no mercado das telecomunicações, foram também privatizadas nesse período, gerando grande ganho de competitividade nos setores.

Curiosamente, essa política desestatizante foi acompanhada de uma política pública que normalmente teria efeito estatizante, mas o cenário brasileiro era de uma economia tão fechada e centralizada nas mãos do Estado que a medida em questão funcionou como um

O CAPITALISMO NÃO É O PROBLEMA, É A SOLUÇÃO

processo de estabilização normativa e política do processo de privatizações e concessões: a criação das agências reguladoras.

Agências reguladoras são autarquias especiais que têm como finalidade a regulamentação e fiscalização de determinadas atividades econômicas. Normalmente são vistas como políticas públicas de intervenção do Estado na economia, e bastante criticadas por cientistas políticos e economistas de matriz liberal em virtude de interferirem cotidianamente na formação de preços, nos processos de qualidade dos produtos regulados e, em última análise, podem sofrer captura dos entes regulados, gerando prejuízos gigantescos para os consumidores que, sendo agentes de mercado dispersos, não possuem tempo, interesse ou organização para eles mesmos tentarem capturar as agências.

E essa crítica é muito pertinente em outros países, onde os mercados eram mais livres antes da criação das agências reguladoras. No Brasil, no entanto, a criação das agências veio no bojo de uma desestatização dos setores, onde antes não havia mercados livres. Pelo contrário, os serviços a serem regulados eram, em regra, prestados de maneira direta ou por empresas estatais, de maneira altamente deficiente, para o consumidor brasileiro. Logo, um cenário de mercado regulado era, por incrível que pareça, mais livre e competitivo que o cenário anterior, de monopólio público.

Outras grandes reformas de cunho liberal foram realizadas no período, como a Reforma Administrativa que reduziu a quantidade de regalias dos servidores públicos (EC 19); uma primeira reforma previdenciária que, embora não mexesse na lógica da previdência por sistema de repartição, criou tetos e regulamentou as previdências privadas por sistema de capitalização (EC 20); a reforma tributária que desvinculou outra série de tributos (EC 27); e uma série de reformas para garantir a abertura e concessão de serviços públicos, como a de telecomunicações, petróleo e gás.

Poucos foram os retrocessos nesse período, como a criação do tributo CPMF e CIDE. No entanto, o grande legado fiscal negativo desse período foi o aumento da dívida pública, principalmente em virtude da nacionalização das dívidas estaduais, mas as reformas produzidas, embora essenciais para a melhoria do ambiente de negócios e da produtividade nacional, não foram bem compreendidas pela população, motivo pelo qual, nas eleições de 2002, o principal opositor do presidente, o líder sindicalista e socialista Luiz Inácio Lula da Silva, estrela política do Partido dos Trabalhadores, venceu as eleições prometendo que o Governo Federal, sob seu comando, teria foco nas questões sociais, mas sem ignorar o tripé macroeconômico elaborado.

O governo Lula (2003-2010)

Ainda durante o período eleitoral, o então candidato Lula apresentou uma "Carta aos Brasileiros", onde ele se propunha a manter a política macroeconômica em caso de vitória do seu partido de esquerda, e essa promessa foi efetivamente cumprida. O Governo Lula, com muita rigidez no seu primeiro mandato e com maior flexibilidade no segundo, principalmente após a crise econômica mundial de 2008, manteve o chamado "tripé macroeconômico" desenhado durante o Governo FHC, inspirado nas políticas do "Consenso de Washington", a relembrar: (i) meta de gastos fiscais; (ii) taxa de câmbio flutuante; e (iii) metas de inflação.

O CAPITALISMO NÃO É O PROBLEMA, É A SOLUÇÃO

Pode-se dizer, de uma forma geral, que a década de administração do Governo Lula foi uma década perdida na busca por um Brasil mais livre, ainda que os resultados econômicos não tenham sido numericamente ruins. Isso porque o país perdeu uma chance rara de alavancar sua economia e reestruturar seu modelo de Estado. O crescimento exponencial da economia da China gerou uma imensa demanda por *commodities* que são produzidos em abundância no país, motivo pelo qual, em 2009, o país asiático passou a ser, oficialmente, o maior parceiro comercial do Brasil, superando os EUA em volume comercial com nosso país. Contudo, o governo brasileiro, ao invés de passar a promover reformas administrativas e econômicas com a utilização desse superávit, de forma a buscar estratégias para o aumento da produtividade nacional que realmente faz um país crescer de maneira sustentável e contínua, resolveu apostar numa estratégia política antirreformista, agradando a setores econômicos e políticos já estabelecidos. Com a expansão chinesa para novos mercados, o Brasil novamente estagnou em termos econômicos.

Isso não significa, em absoluto, que reformas estruturais não tenham ocorrido durante o Governo Lula, mas as verdadeiramente impactantes foram feitas apenas no seu primeiro ano de governo... de oito anos no total! Foram elas a reforma que flexibilizou a regulação do Sistema Financeiro Nacional (EC 40); a segunda reforma previdenciária (EC 41); e a facilitação para criação de micro e pequenas empresas (EC 42); todas, repito, no ano de 2003, a partir de temas que já estavam discutidos e amadurecidos pelo corpo técnico do governo anterior.

A bem da verdade, o candidato e depois presidente Lula verdadeiramente nunca se preocupou com questões fiscais, deixando claro que a meta de seu governo seria a redução da miséria e da fome, motivo pelo qual, logo nos primeiros meses de gestão, lançou o péssimo programa "Fome Zero" que, pela sua própria lógica, se mostrou um desastre completo.

O programa "Fome Zero", cujo objetivo era, como sugere o próprio nome, erradicar a fome no país, tinha como base a distribuição de alimentos para os mais pobres pelo próprio Estado, fosse através de restaurantes estatais, parcerias com armazéns e supermercados ou a coordenação de cooperativas de consumo. Obviamente que essa estatização falhou em virtude dos próprios desincentivos que fazem parte da natureza dos governos, como a burocracia e a corrupção, mas que também está totalmente de acordo com o que se esperaria de um governo de esquerda.

Surpreendentemente, numa mudança de rota que normalmente não se observa, de maneira absolutamente pragmática, o Governo Lula reformulou o plano de combate à fome, concentrando vários programas de *vouchers* para assistência aos pobres em um único plano, que passou a se chamar "Bolsa-Família".

A lógica era bem simples: como o governo não possuía a menor condição de estruturar um órgão ou entidade que fizesse a captação e distribuição de alimentos pois, convenhamos, provavelmente essa estrutura sairia mais cara do que a finalidade em si, usou os bancos públicos já existentes para distribuir recursos financeiros para que os pobres pudessem consumir alimentos e vestuários já distribuídos pelo mercado, e dentro de um processo de valoração da escolha do pobre enquanto consumidor.

Essa ideia, que na verdade nasce e é desenvolvida pelo grande economista liberal Milton Friedman, tem por objetivo exatamente se utilizar de instrumentos liberais de mercado para satisfazer a

O CAPITALISMO NÃO É O PROBLEMA, É A SOLUÇÃO

necessidades sociais de maneira mais eficiente e com liberdade de escolha para os pobres. O governo socialista de Lula se rendeu a um programa liberal para resolver uma promessa de campanha, sendo esse, até hoje, o seu grande legado social para o país.

Mas não foi o único caso. O outro grande programa social que funcionou durante o seu período foi o Prouni. No Brasil, temos uma grande rede de universidades públicas que se propõe a fornecer educação "gratuita e de qualidade". Qualquer pessoa minimamente estudada em economia sabe que não existe nenhum serviço público que seja gratuito. Na verdade, ele é pago com dinheiro de tributos. No setor educacional universitário não é diferente, e todas as universidades públicas são custeadas pelo poder público, ainda que as entidades consigam também buscar outras fontes de financiamento em parceria com entidades do mercado e do terceiro setor. Como todo serviço público gratuito, a universidade pública se encontra sob a égide da "lei da lógica da verba".

A "lei da lógica da verba" é muito simples: uma determinada entidade pública, custeada por verbas vindas do tesouro, ao não entregar com qualidade aquilo que lhe é determinado, cria um movimento político para pressionar o tesouro por mais verbas, sob a alegação de que a má qualidade do serviço é culpa da falta de recursos. Eventualmente o tesouro capitula frente à pressão e cede, aumentando os recursos para a entidade pública deficitária e de má qualidade. Por outro lado, entidades públicas custeadas por verbas do tesouro que entregam serviços em abundância e qualidade, às vezes até economizando recursos, acabam por receber a notícia de que terão seus orçamentos contingenciados no ano seguinte por "não precisarem" do excedente de verbas que produziram, sendo punidas por sua eficiência. O resultado prático disso é uma total inversão de incentivos, onde a entidade que presta serviço ruim e desperdiça recursos prevalece sobre as boas entidades públicas.

A universidade pública brasileira acaba, por isso, tendo um alto custo por aluno. Na verdade, a estimativa é de que um aluno numa universidade pública custa até três vezes mais do que um aluno na rede universitária privada[690]. Com isso em mente, o governo federal decidiu investir os recursos públicos na inserção de universitários carentes na rede privada universitária, através de um programa de investimentos e descontos tributários. O Prouni já beneficiou cerca de 3 milhões de estudantes, número esse que seria impossível de ser absorvido pela rede pública e, caso fosse, custaria pelo menos três vezes mais do que o valor investido até então.

Ironia das ironias, os dois grandes projetos sociais do Governo Lula tiveram natureza liberal e desestatizante, e, em conjunto com a manutenção do tripé macroeconômico herdado do Governo FHC, fizeram com que a indicada pelo Partido dos Trabalhadores, Dilma Rousseff, fosse eleita a Presidente da República.

O governo Dilma Rousseff (2011-2016)

O Governo Dilma Rousseff pode ser considerado o único, na "Sexta República", a não praticar nenhuma reforma estatal com vistas a amenizar os problemas constitucionais causados pelo excesso de direitos sem contrapartida fiscal. Pelo contrário, acelerou uma

---

[690] *https://jornal.usp.br/artigos/a-cobranca-de-mensalidades-nas-universidades-publicas/*

O CAPITALISMO NÃO É O PROBLEMA, É A SOLUÇÃO

agenda comportamental social enquanto extinguiu a política do "tripé macroeconômico" que funcionava no país há quinze anos. Em seu lugar, implementou o que a imprensa passou a chamar de "nova matriz econômica". A "nova matriz econômica" consistia dos seguintes pilares, que atacavam frontalmente o "tripé": (i) política de juros baixos; (ii) desvalorização cambial; e (iii) aumento dos gastos públicos.

Juros são o custo do dinheiro ao longo do tempo, uma espécie de aluguel desse empréstimo não-gratuito. Os juros para empréstimos seriam normalmente baixos se o país tivesse muita poupança, ou seja, se tivesse muito dinheiro para emprestar, o que não é a realidade brasileira, fazendo com que o custo desses empréstimos seja naturalmente alto. No entanto, a nova política econômica decidiu por uma redução artificial de juros através de bancos públicos, gerando uma corrida por empréstimos insustentáveis, tendo como consequência a má alocação de recursos e a diminuição de uma já combalida poupança nacional.

A desvalorização cambial forçada, com vistas a melhorar o ambiente de exportações, gera desabastecimento interno e reduz o valor dos produtos nacionais, visto que, com a mesma quantidade de moeda estrangeira em tempos distintos, os empresários de alhures podem levar maiores quantidades da nossa produção, mas nominalmente disfarça quedas de competitividade causadas por más políticas públicas. Foi exatamente o que ocorreu durante o Governo Dilma, gerando grave prejuízo para as contas públicas e para os mais pobres, ao verem reduzido o seu acesso a bens e serviços.

Por fim, o aumento dos gastos públicos foi substancial ao longo do Governo Dilma. Tem sido regra o resultado nominal anual deficitário de todos os governos, ou seja, o Brasil sempre terminou no "vermelho" quando se contabilizava não somente a diferença entre receita e despesa corrente mas também os custos da amortização da dívida. Contudo, quando se retirava da equação os custos da dívida, o que se chama de "resultado primário", o Brasil historicamente tinha esse resultado positivo, no "azul". A partir de novembro de 2014, o cumulado de 12 meses do resultado primário já se mostrou negativo[691], em déficit, e essa realidade nunca mais conseguiu ser contornada, muito a partir dos compromissos de gastos criados pelo Governo Dilma, o que é o exato oposto do que todos os seus governos antecessores fizeram.

Não à toa, os expedientes de "contabilidade criativa" e as "pedaladas fiscais" resultaram no seu impeachment em agosto de 2016 e a posse do seu vice-presidente, Michel Temer, como o 37º presidente da República.

O governo Michel Temer (2016-2018)

Michel Temer assumiu interinamente em 12 de maio de 2016, vindo a assumir definitivamente o cargo em 31 de agosto do mesmo ano. Trouxe como ministro da Fazenda o economista Henrique Meirelles, que, no primeiro mandato do Governo Lula, foi essencial para a manutenção do então "tripé macroeconômico" que agora retornaria para estabilizar minimamente a questão fiscal que se encontrava deteriorada.

Em um movimento de muita ousadia política, aprovou uma emenda constitucional que estabeleceu um teto de gastos para o governo federal, válido pelos vinte anos conseguintes, na prática

---

[691] *https://www.tesourotransparente.gov.br/historias/entendendo-os-graficos-resultado-primario-e-estoque-da-divida-publica-federal*

completando a reforma fiscal de Fernando Henrique Cardoso vinte anos após a criação da Lei de Responsabilidade Fiscal — que não trouxera limite geral ao gasto público, apenas limites setoriais.

Uma profunda reforma trabalhista flexibilizou as relações de trabalho no Brasil, fazendo com que o mercado de trabalho local se tornasse muito mais competitivo para a atração de empresas multinacionais, criando ainda maior segurança jurídica na contratação de empregados. Dentre as dificuldades impostas pela Constituição de 1988, a legislação trabalhista era uma das que mais emperravam o desenvolvimento do país.

Infelizmente o presidente Temer, em virtude de uma série de escândalos envolvendo sua base política mais próxima, perdeu força política para aprovar uma reforma previdenciária, que acabou por ser aprovada pelo seu sucessor com muitas concessões ao funcionalismo público, em especial a casta mais privilegiada.

Tendo a reforma trabalhista e fiscal como legado e números positivos na economia com a volta do tripé macroeconômico, Temer passa a faixa presidencial para o novo presidente eleito, Jair Bolsonaro.

CONSIDERAÇÕES FINAIS

Enquanto escrevemos esse texto, ainda é muito cedo para se avaliar se o Governo Bolsonaro (2019-...) conseguirá reverter em profundidade o legado intervencionista da gênese social-democrata da "Sexta-República" imposta pela Constituição de 1988, em um governo até agora absorvido pela pauta da pandemia de Covid-19 que se alastrou por todo o mundo em 2020 e permanece até 2021 ainda não resolvida, mesmo com os avanços da criação de diversas vacinas e coquetéis antivirais que estão sendo aplicados em toda a população.

Enquanto o governo não precisou se mobilizar quase que exclusivamente na aludida questão sanitária, houve pelo menos uma promessa, dois avanços e um retrocesso na busca por um país menos intervencionista.

A promessa foi a entrega, pelo Ministério da Economia, de um pacote de medidas, junto ao Congresso Nacional, que tem como objetivo exatamente reestruturar as instituições brasileiras para garantir maior solidez fiscal e atratividade e desenvolvimento de novos negócios. Foi nomeado como "Plano Mais Brasil", e teve como eixos de desenvolvimento: (i) reforma do pacto federativo, garantindo mais receita para estados e municípios, juntamente com maior rigor fiscal para esses entes federativos; (ii) redução das despesas orçamentais vinculadas, dando ao gestor público maior liberdade de atuação frente à realidade prática; (iii) extinção dos fundos públicos setoriais, dentro da mesma lógica das despesas orçamentais vinculadas; (iv) reforma administrativa para reduzir o quadro nacional e diminuir os privilégios dos servidores públicos frente aos demais trabalhadores nacionais; (v) reforma tributária, sem uma linha de ação definida e com várias discussões paralelas; (vi) um amplo programa de privatizações; e (vii) um amplo programa de desburocratização.

A reforma previdenciária foi o único eixo que saiu do papel, sendo aprovada em 2019, mas com muitas emendas e concessões ao funcionalismo público e tendo como principal derrota a não conversão do insustentável sistema de repartição intergeracional por um sustentável sistema de capitalização, que ainda gera poupança nacional para investimento em avanços tecnológicos e aumento da produtividade. Sendo assim, embora seja de fato um dos avanços do governo, traz um sabor amargo àqueles que sonhavam com a resolução definitiva desse grave problema fiscal que hoje é responsável pela maior quantidade de gastos orçamentários.

O segundo avanço que saiu do papel, ainda que com muito mais reflexos para o setor privado que para o público, foi o programa de desburocratização que recebeu o nome de Lei da Liberdade Econômica. Essa lei trouxe um princípio legal de que, na dúvida, as leis devem sempre ser interpretadas em favor da liberdade econômica. Também flexibilizou certas burocracias trabalhistas como a anotação em carteira de trabalho, que passa a ser eletrônica, e o uso de registro de ponto. Trouxe ainda interessantes benefícios como maior liberdade negocial entre partes; digitalização de documentos e registros públicos; extinguiu a necessidade de alvará em atividades econômicas de baixo risco; além de criar a figura do abuso regulatório contra administradores públicos que excedam a sua autoridade em regular mercados.

Não se pode deixar de destacar, no entanto, o grande retrocesso imposto pela EC 100, que passa a tornar obrigatória a execução de emendas de bancadas parlamentares de Estado ou do Distrito Federal. No momento em que cada vez mais há um esforço do governo para desvincular fundos e receitas orçamentárias, o Congresso Nacional aprovou uma emenda que vincula emendas políticas apresentadas por congressistas, o que vai na contramão da reorganização fiscal que o Brasil busca e de que precisa, e o Executivo não teve força ou interesse para impedir esse erro de acontecer.

Com as contas públicas em total descalabro, tendo as contas federais resultado primário deficitário para o ano de 2020 em 743 bilhões de reais, o tesouro nacional precisa de reformas urgentes e profundas. Isso parte de uma conscientização da classe política de que o Brasil não aguenta mais populismo e clientelismo gerado a partir de um infinito número de "direitos sociais" com dinheiro público, não importando se o governo é de direita ou esquerda. Ou esse problema é enfrentado com o rigor e o profissionalismo que os tempos exigem, ou a realidade fará com que o sonho do Brasil social-democrata de direitos que nascem em árvores acabe em um pesadelo fiscal assombroso e sem fim.

REFERÊNCIAS

Armitstead, Louise and Ben Harrington. "*Bob Geldof to Front African Private Equity Fund.*" The Telegraph (3 September 2010). Accessed 20 June 2018. www.telegraph.co.uk/finance/newsbysector/banksandfinance/private-equity/7978634/Bob-Geldof-to-front-African-private-equity-fund.html.

Asche, Helmut. "*Demografische und soziale Entwicklung: Chance oder Risiko?*" In Praxishandbuch Wirtschaft in Afrika, edited by Thomas Schmidt, Kay Pfaffenberger and Stefan Liebing, 41–52. Wiesbaden: Springer Gabler, 2017.

Baader, Roland. Totgedacht: Warum Intellektuelle unsere Welt zerstören. Gräfelfing: Resch-Verlag, 2002.

Bandau, Frank. "Soziale Ungleichheit im sozialdemokratischen Musterland Schweden." Verteilungsfrage (30 March 2016). Accessed 20 June 2018. http://verteilungsfrage.org/2016/03/soziale-ungleichheit-im-sozialdemokratischen-musterland-schweden.

Banks around the World. "The World's Top 50 Companies" (2018). Accessed 4 June 2018. https://www.relbanks.com/rankings/worlds-largest-companies.

Barbusse, Henri. Stalin: A New World Seen through One Man. London: Workers' Bookshop, 1935.

Bartley, Robert L. The Seven Fat Years: And How to Do It Again. New York: Free Press, 1992.

Bello, Omar and Adriana Bermúdez. "The Incidence of Labor Market Reforms on Employment in the Venezuelan Manufacturing Sector, 1995–2001."

In Venezuela before Chávez: Anatomy of an Economic Collapse, edited by Ricardo Hausmann and Francisco Rodríguez, 115–155. University Park: Pennsylvania State University Press, 2014.

Benoist, Alain de. On the Brink of the Abyss: The Imminent Bankruptcy of the Financial System. Budapest: Arktos Media, 2015.

Berggren, Henrik. Underbara dagar framför oss: En biografi över Olof Palme. Stockholm: Norstedt, 2010.

Berman, Jonathan. Success in Africa: CEO Insights from a Continent on the Rise. Brookline, MA: Bibliomotion, 2013.

Boeckh, Andreas, Friedrich Welsch and Nikolaus Werz, eds. Venezuela heute: Politik, Wirtschaft, Kultur. Frankfurt: Vervuert Verlagsgesellschaft, 2011.

Bookstaber, Richard. A Demon of Our Own Design: Markets, Hedge Funds, and the Perils of Financial Innovation. New York: John Wiley & Sons, 2007.

"Boykott: Venezuela kappt Exxon die Ölzufuhr." Spiegel (13 February 2008). Accessed 20 June 2018. www.spiegel.de/wirtschaft/boykott-venezuela--kappt-exxon-die-oelzufuhr-a-534931.html.

Brecht, Bertolt. "Alfabet" [1934]. In The Collected Poems of Bertolt Brecht, translated by David Constantine and Tom Kuhn, New York: Liveright, 2018.

Brewer, Mark D. and Jeffrey M. Stonecash. Dynamics of American Political Parties. Cambridge: Cambridge University Press, 2009.

Bultmann, Daniel. Kambodscha unter den Roten Khmer: Die Erschaffung des perfekten Sozialisten. Paderborn: Verlag Ferdinand Schöningh, 2017.

Burchardt, Hans-Jürgen. "Zurück in die Zukunft? Venezuelas Sozialismus auf der Suche nach dem 21. Jahrhundert." In Venezuela heute: Politik, Wirtschaft, Kultur, edited by Andreas Boeckh, Friedrich Welsch and Nikolaus Werz, 427–450. Frankfurt: Vervuert Verlagsgesellschaft, 2011.

Busch, Alexander. "Länderanalyse Chile: Gefangen in der Mittelschicht." Neue Zürcher Zeitung (22 February 2017). Accessed 20 June 2018. https://www.nzz.ch/wirtschaft/laenderanalyse-chile-gefangen-in-dermittelschicht-ld.146938.

Bylund, Per. "How the Welfare State Corrupted Sweden." Mises Institute. Accessed 31 May 2006. https://mises.org/library/how-welfare-state-corrupted-sweden.

Carini, Marco. Die Achse der Abtrünnigen: Über den Bruch mit der Linken. Berlin: Rotbuch Verlag, 2012.

Carlowitz, Philipp von. "Unternehmertum in Afrika: Eine Bestandsaufnahme." In Praxishandbuch Wirtschaft in Afrika, edited by Thomas Schmidt, Kay Pfaffenberger and Stefan Liebing, 15–30. Wiesbaden: Springer Gabler, 2017.

"Case–Shiller Index." Wikipedia (nd). Accessed 20 June 2018. https://en.wikipedia.org/wiki/Case%E2%80%93Shiller_index.

Caspari, Lisa. "Endstation Reichtum." Die Zeit (27 June 2017). Accessed 20 June 2018. https://www.zeit.de/wirtschaft/2017-06/chile-neoliberalismus-armutsgrenze-wirtschaft-reichtum.

Castro, Sergio de. "There's No Doubt They're Doing Better." In Up for Debate: Reform without Liberty: Chile's Ambiguous Legacy (nd). Accessed 20 June 2018. www.pbs.org/wgbh/commandingheights/shared/minitextlo/ufd_reformliberty_full.html.

Chang, Jung and Jon Halliday. Mao: The Unknown Story. London: Jonathan Cape, 2005.

"Citgo–Venezuela Heating Oil Program" (nd). Accessed 20 June 2018. www.citgoheatingoil.com/whoweserve.html.

Clark, A. C. The Revolutionary Has No Clothes: Hugo Chávez's Bolivarian Farce. New York: Encounter Books, 2009.

Coase, Ronald and Ning Wang. How China Became Capitalist. New York: Palgrave MacMillan, 2012.

Collier, Paul. The Bottom Billion: Why the Poorest Countries Are Failing and What Can Be Done about It. Oxford: Oxford University Press, 2007.

Cushman, Thomas. "Intellectuals and Resentment toward Capitalism." Society 49, no. 3 (2012): 247–255.

Dahrendorf, Ralf. Society and Democracy in Germany. New York: Doubleday, 1967.

Delsol, Jean-Philippe. "The Great Process of Equalization of Conditions." In Anti-Piketty: Capital for the 21st Century, edited by Jean-Philippe Delsol, Nicholas Lecaussin and Emmanuel Martin, 5–17.Washington, DC: Cato Institute, 2017.

Delsol, Jean-Philippe, Nicholas Lecaussin and Emmanuel Martin, eds. Anti-Piketty: Capital for the 21st Century. Washington, DC: Cato Institute, 2017.

Dietrich, Johannes. "Afrika liebt Champagner." Der Westen (29 April 2017). Accessed 20 June 2016. https://www.derwesten.de/panorama/afrika-liebt--champagner-id7896047.html

Dikötter, Frank. Mao's Great Famine: The History of China's Most Devastating Catastrophe, 1958–62. London: Bloomsbury, 2010.

Drazen, Allan and Vittorio Grilli. "The Benefit of Crisis for Economic Reforms." American Economic Review 83, no. 3 (1993): 598–607.

Easterly, William. The White Man's Burden: Why the West's Efforts to Aid the Rest Have Done So Much Ill and So Little Good. Oxford: Oxford University Press, 2006.

Eberle, Henrik. Mit sozialistischem Gruß: Eingaben, Briefe und Mitteilungen an die DDR-Regierung. Berlin: Edition Berolina, 2016.

Edwards, Chris. "Margaret Thatcher's Privatization." Cato Journal 37, no. 1 (2017): 89–101.

Ehringfeld, Klaus. "Venezuela droht der Kollaps." Spiegel (30 May 2017). Accessed 20 June 2018. www.spiegel.de/wirtschaft/venezuela-droht-der--kollaps-a-1149662.html.

Eltis, Walter. "The Key to Higher Living Standards." In CPS Policy Study no. 148. London: Centre for Policy Studies, 1996.

Enders, Stefan. "Investment in Afrika: Chinas und Indiens planvolle Präsenz." IHK (19 June 2017). Accessed 20 June 2018. www.subsahara-afrikaihk.de/blog/2017/06/19/investment-in-afrika-chinas-und-indiensplanvolle-praesenz.

Erhard, Ludwig. Wohlstand für alle. Düsseldorf: Econ, 1990.

European Commission, "SPECIAL EUROBAROMETER 353: The EU and Africa: Working towards closer partnership", November 2010, accessed 20 June 2016, http://ec.europa.eu/commfrontoffice/publicopinion/archives/ebs/ebs_353_en.pdf.

Feuchtwanger, Lion. Moscow 1937: My Visit Described for My Friends. New York: Viking Press, 1937.

Fleckenstein, William A. and Frederick Sheehan. Greenspan's Bubbles: The Age of Ignorance at the Federal Reserve. New York: McGraw-Hill Professional, 2008.

Flossbach, Bert and Philipp Vorndran. Die Schuldenlawine: Eine Gefahr für unsere Demokratie, unseren Wohlstand und ihr Vermögen. Munich: FinanzBuch Verlag, 2012.

Frank, Rüdiger. Nordkorea: Innenansichten eines totalen Staates, 2nd ed. Munich: Deutsche Verlags-Anstalt, 2017.

Freytag, Andreas. "Ist Afrikas wirtschaftliche Entwicklung nachhaltig?" In Praxishandbuch Wirtschaft in Afrika, edited by Thomas Schmidt, Kay Pfaffenberger and Stefan Liebing, 31–40. Wiesbaden: Springer Gabler, 2017.

Friedman, Milton. "The Chicago Boys." In Up for Debate: Reform without Liberty: Chile's Ambiguous Legacy (nd). Accessed 20 June 2018. www.pbs.

O CAPITALISMO NÃO É O PROBLEMA, É A SOLUÇÃO

org/wgbh/commandingheights/shared/minitextlo/ufd_reformliberty_full.
html.

Friedman, Milton and Rose D. Friedman. Two Lucky People: Memoirs.
Chicago: University of Chicago Press, 1998.

"Für deutsche Ohren mag es nach Überwachungsstaat klingen." Süddeutsche
Zeitung (10 September 2014). Accessed 20 June 2018. www.sueddeutsche.de/
wirtschaft/schweden-steuererklaerung-per-sms-1.1728167–2.

Gallegos, Raúl. Crude Nation: How Oil Riches Ruined Venezuela. Lincoln, NE:
Potomac Books, 2016.

Georgetown University. "U2's Bono: Budget Cuts Can Impact Social Enterprise,
Global Change" (13 November 2012). Accessed 20 June 2018. https://www.
georgetown.edu/news/bono-speaks-at-gu.html.

Gilder, George. Wealth and Poverty. New York: Basic Books, 1981.

Gillies, Peter. "Ludwig Erhard: Ökonom der Freiheit." In Peter Gillies,
Daniel Koerfer and Udo Wengst, Ludwig Erhard, 123–153. Berlin: Be.bra
Wissenschaft Verlag, 2010.

Gillies, Peter, Daniel Koerfer and Udo Wengst. *Ludwig Erhard*. Berlin: Be.bra
Wissenschaft Verlag, 2010.

Greenspan, Alan. The Age of Turbulence: Adventures in a New World. New
York: Penguin, 2007.

Gregg, Samuel. Becoming Europe: Economic Decline, Culture, and How
America Can Avoid a European Future. New York: Encounter Books, 2013.

Gwartney, James. "Freiheit und Wohlfahrt: Ein globaler Zusammenhang." In
Das Ende der Armut: Chancen einer globalen Marktwirtschaft, edited by
Christian Hoffmann and Pierre Bessard, 23–42. Zürich: Liberales Institut
Zürich, 2012.

Gwartney, James D., Richard L. Stroup, Dwight R. Lee, Tawni H. Ferrarini
and Joseph P. Calhoun. Common Sense Economics: What Everyone Should
Know about Wealth and Prosperity, 3rd ed. New York: St. Martin's Press,
2016.

Habermann, Gerd. Der Wohlfahrtsstaat: Die Geschichte eines Irrwegs.
Frankfurt: Propyläen Verlag, 1994.

Hammarberg, Daniel. The Madhouse: A Critical Study of Swedish Society.
Daniel Hammarberg, 2011.

Harberger, Arnold. "The Miracle of Chile." In Up for Debate: Reform without
Liberty: Chile's Ambiguous Legacy (nd). Accessed 20 June 2018. www.pbs.

org/wgbh/commandingheights/shared/minitextlo/ufd_reformliberty_full. html.

Hartmann, Michael. Der Mythos von den Leistungseliten: Spitzenkarrieren und soziale Herkunft. in Wirtschaft, Politik, Justiz und Wissenschaft, Frankfurt: Campus Verlag, 2002.

Hausmann, Ricardo and Francisco Rodríguez, eds. Venezuela before Chávez: Anatomy of an Economic Collapse. University Park: Pennsylvania State University Press, 2014.

Hausmann, Ricardo and Francisco Rodríguez. "Why Did Venezuelan Growth Collapse?" In Venezuela before Chávez: Anatomy of an Economic Collapse, edited by Ricardo Hausmann and Francisco Rodríguez, 15–50. University Park: Pennsylvania State University Press, 2014.

Hayek, Friedrich August von. The Constitution of Liberty:The Definitive Edition. Chicago: University of Chicago Press, 2011.

Hayek, Friedrich August von. The Intellectuals and Socialism [1949]. Reprinted from The University of Chicago Law Review (Spring 1949), The University of Chicago Press; George B. de Huszar ed., The Intellectuals: A Controversial Portrait (Glencoe, Illinois: the Free Press, 1960) pp. 371-84.

Hayek, Friedrich August von. The Road to Serfdom. London: Routledge, 2001.

Hayek, Friedrich August von. "Rules, Perception and Intelligibility." In Studies in Philosophy, Politics and Economics, 43–65. London: Routledge & Kegan Paul, 1967.

Hegel, Georg Wilhelm Friedrich. Lectures on the Philosophy of History. London: George Bell and Sons, 1902.

Heritage Foundation. 2018 Index of Economic Freedom. Washington, DC: Institute for Economic Freedom, 2018.

Heritage Foundation. "Explore the Data." In 2018 Index of Economic Freedom (2018), accessed 20 June 2018, https://www.heritage.org/index/explore.

Hermann, Rudolf. "Finanzministerin Blind im 'Budget-Maserati'."Neue Zürcher Zeitung (14 April 2016). Accessed 20 June 2018. https://www.nzz. ch/wirtschaft/wirtschaftspolitik/kraeftigeswirtschaftswachstum-schweden- auf-der-ueberholspur-ld.13596.

Hiller von Gaertringen, Christian. "Afrikas junge Unternehmer." In Praxishandbuch Wirtschaft in Afrika, edited by Thomas Schmidt, Kay Pfaffenberger and Stefan Liebing, 1–14. Wiesbaden: Springer Gabler, 2017.

O CAPITALISMO NÃO É O PROBLEMA, É A SOLUÇÃO

Hiller von Gaertringen, Christian. Afrika ist das neue Asien: Ein Kontinent im Aufschwung. Hamburg: Hoffmann und Campe Verlag, 2014.

Hoffmann, Christian and Pierre Bessard, eds. Das Ende der Armut: Chancen einer globalen Marktwirtschaft. Zürich: Liberales Institut Zürich, 2012.

Hollander, Paul. From Benito Mussolini to Hugo Chavez: Intellectuals and a Century of Political Hero Worship. Cambridge: Cambridge University Press, 2016.

Hollander, Paul. Political Pilgrims: Western Intellectuals in Search of the Good Society. Piscataway: Transaction, 1998.

Horkheimer, Max et al. „Wirtschaft, Recht und Staat im Nationalsozialismus: Analysen des Instituts für Sozialforschung 1939–1942, edited by Helmut Dubiel and Alfons Söllner, Frankfurt: Europäische Verlags-Anstalt, 1981.

Horn, Karen Ilse. Die Soziale Marktwirtschaft: Alles, was Sie über den Neoliberalismus wissen sollten. Frankfurt: Frankfurter Allgemeine Buch, 2010.

Horn, Karen Ilse, ed. Verlockungen zur Unfreiheit: Eine kritische Bibliothek von 99 Werken der Geistesgeschichte. Zürich: Frankfurter Allgemeine Buch, 2015.

Hummler, Konrad. "Von der Gier zum Anstand." In Der Liberalismus: Eine zeitlose Idee – Nationale, europäische und globale Perspektiven, edited by Gerd Habermann and Marcel Studer, 205–221. Munich: Olzog, 2011.

Hutchinson, Martin. "Rückkehr zum Vollblutkapitalismus." Handelsblatt (19 January 2010). Accessed 20 June 2018. https://www.handelsblatt.com/meinung/kolumnen/chile-rueckkehr-zum-vollblutkapitalismus/3348842.html.

Institut für Marxismus-Leninismus beim ZK der SED. Revolutionäre deutsche Parteiprogramme: Vom Kommunistischen Manifest zum Programm des Sozialismus. Berlin: Dietz Verlag, 1967.

International Monetary Fund. Global Financial Stability Report (October 2017). Accessed 20 June 2018. https://www.imf.org/en/Publications/GFSR/Issues/2017/09/27/global-financial-stabilityreport-october-2017.

ITU. Mobile-cellular subscriptions (2000-2016). Accessed 20 June 2018. https://www.itu.int/en/ITU-D/Statistics/Documents/statistics/2018/Mobile_cellular_2000-2016.xls

Jasay, Anthony de. "Über Umverteilung." In Wider die Wohlstandsdiktatur: Zehn liberale Stimmen, edited by Roland Baader, 19–56. Munich: Resch-Verlag, 1995.

Johnson, Paul M. Intellectuals: From Marx and Tolstoy to Sartre and Chomsky. New York: HarperCollins, 2007.

Jungbluth, Rüdiger. Die elf Geheimnisse des IKEA-Erfolges. Bergisch Gladbach: Bastei Lübbe (Bastei Verlag), 2008.

Kahan, Alan S. Mind vs. Money: The War between Intellectuals and Capitalism. New Brunswick: Transaction, 2010.

Kahn, Richard W. "A Tale of Two Economies." Washington Times (2 July 2013). Accessed 20 June 2018. https://www.washingtontimes.com/news/2013/jul/2/a-tale-of-two-economieschile-has-employed-free-mar.

Kappeler, Beat. "Wege und Irrwege der Entwicklungspolitik." In Das Ende der Armut: Chancen einer globalen Marktwirtschaft, edited by Christian Hoffmann and Pierre Bessard, 77–82. Zürich: Liberales Institut Zürich, 2012.

Kern, Thomas. "Südkoreas Bildungs- und Forschungssystem." In Südkorea und Nordkorea: Einführung in Geschichte, Politik, Wirtschaft und Gesellschaft, edited by Thomas Kern and Patrick Köllner, 149–167. Frankfurt: Campus Verlag, 2005.

Kern, Thomas and Patrick Köllner, eds. Südkorea und Nordkorea: Einführung in Geschichte, Politik, Wirtschaft und Gesellschaft. Frankfurt: Campus Verlag, 2005.

Knight Frank. The Wealth Report 2016 (2016). Accessed 20 June 2016. https://content.knightfrank.com/research/83/documents/en/wealth--report-2016-3579.pdf.

Koenen, Gerd. Die Farbe Rot: Ursprünge und Geschichte des Kommunismus. Munich: C. H. Beck, 2017.

Koerfer, Daniel. "Ludwig Erhard: Der vergessene Gründervater." In Peter Gillies, Daniel Koerfer and Udo Wengst, Ludwig Erhard, 12–67. Berlin: Be.bra Wissenschaft Verlag, 2010.

Köhler, Wolfgang. Wall Street in Panik. Murnau: Mankau Verlag, 2008.

Köllner, Patrick. "Südkoreas politisches System." In Südkorea und Nordkorea: Einführung in Geschichte, Politik, Wirtschaft und Gesellschaft, edited by Thomas Kern and Patrick Köllner, 50–70. Frankfurt: Campus Verlag, 2005.

Kooperation International. "Bildungslandschaft: Republik Korea (Südkorea)" (nd). Accessed 20 June 2018. www.kooperation-international.de/laender/asien/republik-korea-suedkorea/bildungs-forschungs-und-innovationslandschaft/bildungslandschaft.

Lanz, Martin. "Je mehr Wohlstand, desto weniger anteilige Ausgaben für Essen: Ein positiver Zusammenhang?" Neue Zürcher Zeitung (2 November 2017). Accessed 20 June 2018. https://www.nzz.ch/wirtschaft/je-hoeher-der-wohlstand-desto-kleiner-der-anteil-deressensausgaben-ein--uneingeschraenkt-positiver-zusammenhang-ld.1321011?mktcid=nled&mktcval=107_2017-11-2.

Lawson, Nigel. The New Britain: The Tide of Ideas from Attlee to Thatcher. London: Centre for Policy Studies, 1988.

Lee, Felix. Macht und Moderne: Chinas großer Reformer Deng Xiaoping – Die Biographie. Berlin: Rotbuch Verlag, 2014.

Lenin, Vladimir I. "What Is To Be Done? Burning Questions of Our Movement." In Lenin's Collected Works, Vol. 5, 347–517. Moscow: Foreign Languages Publishing House, 1961.

Lilla, Mark. The Reckless Mind: Intellectuals and Politics. New York: New York Review Books, 2001.

Lindbeck, Assar. "The Swedish Experiment." Journal of Economic Literature 35, no. 3 (1997): 1273–1319.

Lindbeck, Assar, Per Molander, Torsten Persson, Olof Petersson, Agnar Sandmo, Birgitta Swedenborg and Niels Thygesen. Turning Sweden Around. Cambridge, MA: MIT Press, 1994.

Lundberg, Ferdinand. The Rich and the Super-Rich: A Study in the Power of Money Today. New York: Lyle Stuart, 1968.

Luttwak, Edward N. Strategy and Politics: Collected Essays. Piscataway: Transaction, 1980.

Mahajan, Vijay. Africa Rising: How 900 Million African Consumers Offer More than You Think. New Jersey: Prentice Hall, 2009.

Makura, Moky. Africa's Greatest Entrepreneurs. Century City, CA: Penguin, 2008.

Mares, Detlev. Margaret Thatcher: Die Dramatisierung des Politischen. Gleichen: Hans Hansen-Schmidt, 2014.

Marx, Karl. A Contribution to the Critique of Political Economy, translated by S. W. Ryazanskaya. Moscow: Progress Publishers, 1859.

Mayer, Thomas. Die neue Ordnung des Geldes: Warum wir eine Geldreform brauchen, 3rd ed. Munich: FinanzBuch Verlag, 2015.

Mehrtens, Philip. Staatsschulden und Staatstätigkeit: Zur Transformation der politischen Ökonomie Schwedens. Frankfurt: Campus Verlag, 2014.

Meller, Patricio. The Unidad Popular and the Pinochet Dictatorship: A Political Economy Analysis. London: Palgrave Macmillan, 2000.

Mises, Ludwig von. The Anti-capitalist Mentality, edited by Bettina Bien Greaves. Indianapolis: Liberty Fund, 2006.

More, Thomas. Utopia, edited by William P. Weaver. London: Broadview Press, 2011.

Moses, Carl. "Der Öl-Caudillo." Frankfurter Allgemeine Zeitung (27 February 2007). Accessed 20 June 2018. www.faz.net/aktuell/wirtschaft/wirtschafts-politik/hugo-chavez-der-oel-caudillo-1118662.html.

Moyo, Dambisa. Dead Aid: Why Aid Is Not Working and How There Is a Better Way for Africa. New York: Farrar, Straus & Giroux, 2009.

Moyo, Dambisa. Winner Take All: China's Race for Resources and What It Means for the World. New York: Basic Books, 2012.

"M-Pesa Has Completely Transformed Kenya's Economy, This Is How..." CNBC Africa (4 January 2017). Accessed 20 June 2018. https://www.cnbca-frica.com/news/east-africa/2017/01/04/mpesa-economic-impact-on-kenya.

Neuber, Harald. "Billiges Heizöl für 16 US-Bundesstaaten." Amerika21 (12 December 2007). Accessed 20 June 2018. https://amerika21.de/nachrichten/inhalt/2007/dez/heizoel-fuer-usa.

Neuweg, Georg Hans. Könnerschaft und implizites Wissen: Zur lehr- und lerntheoretischen Bedeutung der Erkenntnis- und Wissenstheorie Michael Polanyis. Münster: Waxmann, 2001.

Niemietz, Kristian. "Der Mythos vom Globalisierungsverlierer: Armut im Westen." In Das Ende der Armut: Chancen einer globalen Marktwirtschaft, edited by Christian Hoffmann and Pierre Bessard, 141–159. Zürich: Liberales Institut Zürich, 2012.

Niemietz, Kristian. Redefining the Poverty Debate: Why a War on Markets Is No Substitute for a War on Poverty. London: Institute of Economic Affairs, 2012.

Niskanen, William A. Reaganomics: An Insider's Account of the Policies and the People. New York: Oxford University Press, 1988.

Niskanen, William A. and Stephen Moore. "Supply-Side Tax Cuts and the Truth about the Reagan Economic Record." Cato Policy Analysis no. 261 (22 October 1996).

Nohlen, Dieter and Hartmut Sangmeister, eds. Macht, Markt, Meinungen: Demokratie, Wirtschaft und Gesellschaft in Lateinamerika. Wiesbaden: VS Verlag für Sozialwissenschaften, 2004.

O CAPITALISMO NÃO É O PROBLEMA, É A SOLUÇÃO

Norberg, Johan. Financial Fiasco: How America's Infatuation with Homeownership and Easy Money Created the Economic Crisis. Washington, DC: Cato Institute, 2009.

Nozick, Robert. "Why Do Intellectuals Oppose Capitalism?" In Socratic Puzzles. Cambridge, MA: Harvard University Press, 1997.

Oguz, Fuat. "Hayek on Tacit Knowledge." Journal of Institutional Economics 6, no. 2 (2010): 145–165. Organisation for Economic Co-operation and Development.

PISA 2015: PISA Results in Focus (2018). Accessed 20 June 2018. https://www.oecd.org/pisa/pisa-2015-results-in-focus.pdf.

Palmer, Tom G. "Foreword." In Anti-Piketty: Capital for the 21st Century, edited by Jean-Philippe Delsol, Nicholas Lecaussin and Emmanuel Martin, xi–xvi. Washington, DC: Cato Institute, 2017.

Pascha, Werner. "Südkoreas Wirtschaft." In Südkorea und Nordkorea: Einführung in Geschichte, Politik, Wirtschaft und Gesellschaft, edited by Thomas Kern and Patrick Köllner, 87–120. Frankfurt: Campus Verlag, 2005.

Pfaffenberger, Kay. "Die Bedeutung regionaler Besonderheiten für das Geschäftsleben." In Praxishandbuch Wirtschaft in Afrika, edited by Thomas Schmidt, Kay Pfaffenberger and Stefan Liebing, 55–67. Wiesbaden: Springer Gabler, 2017.

Piketty, Thomas. Capital in the Twenty-First Century. Boston: Harvard University Press, 2014.

Pohlmann, Markus C. "Südkoreas Unternehmen." In Südkorea und Nordkorea: Einführung in Geschichte, Politik, Wirtschaft und Gesellschaft, edited by Thomas Kern and Patrick Köllner, 121–148. Frankfurt: Campus Verlag, 2005.

Polanyi, Michael. The Tacit Dimension. London: Routledge, 1966.

Poller, Horst. Mehr Freiheit statt mehr Sozialismus: Wie konservative Politik die Krisen bewältigt, die sozialistisches Wunschdenken schafft. Munich: Olzog, 2010.

Pollock, Friedrich. "Ist der Nationalsozialismus eine neue Ordnung?" In Max Horkheimer et al., Wirtschaft, Recht und Staat im Nationalsozialismus: Analysen des Instituts für Sozialforschung 1939–1942, edited by Helmut Dubiel and Alfons Söllner, 111–128. Frankfurt: Europäische Verlags-Anstalt, 1981.

Rand, Ayn. For the New Intellectual: The Philosophy of Ayn Rand. New York: Random House, 1961.

Ravier, Adrian and Peter Lewin. "The Subprime Crisis." Quarterly Journal of Austrian Economics 15, no. 1 (2012): 45–74.

Reagan, Ronald. "The President's News Conference." The American Presidency Project (12 August 1986). Accessed 20 June 2018. www.presidency.ucsb.edu/ws/?pid=37733.

"Reaktionen: Wagenknecht preist Chávez' Arbeit." Handelsblatt (3 March 2013). Accessed 20 June 2018. www.handelsblatt.com/politik/deutschland/reaktionen-wagenknecht-preist-wirtschaftsmodell-von-chvez/7887454.html.

Jason L. Please Stop Helping Us: How Liberals Make It Harder for Blacks to Succeed. New York: Encounter Books, 2014.

Rinke, Stefan. Kleine Geschichte Chiles. Munich: C. H. Beck, 2007.

Rogoff, Kenneth S. and Carmen M. Reinhart. This Time Is Different: Eight Centuries of Financial Folly. Princeton: Princeton University Press, 2009.

Rommel, Alexander. "Sozialstruktur, Armut, Ungleichheit und soziale Klassen." In Venezuela heute: Politik, Wirtschaft, Kultur, edited by Andreas Boeckh, Friedrich Welsch and Nikolaus Werz, 51–76. Frankfurt: Vervuert Verlagsgesellschaft, 2011.

Rüb, Matthias. "Telenovela über Hugo Chávez: Er konnte Menschen verführen." Frankfurter Allgemeine (1 February 2017). Accessed 20 June 2018. www.faz.net/aktuell/feuilleton/medien/el-comandante-eine-serie-ueber-hugo--chavez-14799710.html.

Rüesch, Andreas. "Wieso es in Russland wieder salonfähig ist, Stalin zu verehren." Neue Zürcher Zeitung (24 October 2017). Accessed 20 June 2018. https://www.nzz.ch/international/stalin-und-die-sehnsucht-nach-der-starken-hand-ld.1323741?mktcid=nled&mktcval=107_2017–10–24.

Sahlén, Malin and Salim Furth. "Piketty Is Misleading about the Swedish Case." In Anti-Piketty: Capital for the 21st Century, edited by Jean-Philippe Delsol, Nicholas Lecaussin and Emmanuel Martin, 97–100. Washington, DC: Cato Institute, 2017.

Sanandaji, Nima. Debunking Utopia: Exposing the Myth of Nordic Socialism. Washington, DC: WND Books, 2016.

Sanders, Bernie. Our Revolution: A Future to Believe In. New York: Thomas Dunne Books, 2016.

Schaller, Michael. Ronald Reagan. Oxford: Oxford University Press, 2011.

Schaller, Sven. "Wandel durch Persistenz (Teil 1): Eine Analyse der Wirtschaftspolitik von Hugo Chávez," Quetzal (March 2013). Accessed 20 June 2018. www.quetzal-leipzig.de/lateinamerika/venezuela/venezuela--wirtschaftspolitik-hugo-chavez-erdoel-wirtschaftsstruktur-19093.html.

Scheen, Thomas. "Ein Reformwunder mit Schönheitsfehlern." Frankfurter Allgemeine Zeitung (7 January 2017). Accessed 20 June 2018. www.faz.net/aktuell/wirtschaft/afrika-im-umbruch/ruanda-reformwunder-mit--schoenheitsfehlern-14592400.html.

Schmidt, Thomas, Kay Pfaffenberger and Stefan Liebing, eds. Praxishandbuch Wirtschaft in Afrika. Wiesbaden: Springer Gabler, 2017.

Schmieding, Holger. "Vor Thatcher war Großbritannien ein Trümmerhaufen." Die Welt (9 April 2013). Accessed 20 June 2018. https://www.welt.de/wirtschaft/article115147486/Vor-Thatcher-war-Grossbritannien-ein-Truemmerhaufen.html.

Schneidewind, Dieter. Wirtschaftswunderland Südkorea. Wiesbaden: Springer Gabler, 2013.

Schoeck, Helmut. Envy: A Theory of Social Behaviour. Indianapolis: Liberty Fund, 1966.

Schöllgen, Gregor. Gerhard Schröder: Die Biografie. Munich: Deutsche Verlags-Anstalt, 2015.

Schröder, Gerhard. Byline article for Handelsblatt (16 December 2002).

Schroeder, Klaus and Monika Deutz-Schroeder. Gegen Staat und Kapital – für die Revolution! Linksextremismus in Deutschland: Eine empirische Studie. Frankfurt: Peter Lang / Internationaler Verlag der Wissenschaften, 2015.

Schumpeter, Joseph. Capitalism, Socialism and Democracy. London: George Allen & Unwin, 1976.

Schumpeter, Joseph. Theory of Economic Development. London: Routledge, 1981.

Schwarz, Hans-Peter. Die Ära Adenauer: Gründerjahre der Republik 1949–1957. Stuttgart: Deutsche Verlags-Anstalt, 1981.

Schweizer, Thomas. "So regiert Maduro sein Land in den Abgrund." Wirtschaftswoche (25 May 2017). Accessed 20 June 2018. https://www.wiwo.de/politik/ausland/venezuela-so-regiert-maduro-sein-land-in-den--abgrund/19850212.html.

Scruton, Roger. Fools, Frauds and Firebrands: Thinkers of the New Left. London: Bloomsbury, 2016.

Sennholz, Hans F. "Über den Abbau von Armut und Ungleichheit." In Wider die Wohlstandsdiktatur: Zehn liberale Stimmen, edited by Roland Baader, 121–133. Munich: Resch-Verlag, 1995.

Shane, Scott. "A Political Gadfly Lampoons the Left via YouTube." New York Times (18 September 2009). Accessed 20 June 2018. www.nytimes.com/2009/09/19/us/19sting.html.

Sharma, Ruchir. The Rise and Fall of Nations: Forces of Change in the Post-crisis World. New York: Allen Lane, 2016.

Shiller, Robert J. Irrational Exuberance, 3rd ed. Princeton: Princeton University Press, 2015.

Sieren, Andreas and Frank Sieren. Der Afrika-Boom: Die große Überraschung des 21. Jahrhunderts. Munich: Carl Hanser Verlag, 2015.

Signer, David. "Entwicklungshilfe statt Entwicklung? Die fragwürdige Bilanz eines überholten Konzeptes." In Das Ende der Armut: Chancen einer globalen Marktwirtschaft, edited by Christian Hoffmann and Pierre Bessard, 85–98. Zürich: Liberales Institut Zürich, 2012.

Sinn, Hans-Werner. Die Target-Falle: Gefahren für unser Geld und unsere Kinder. Munich: Carl Hanser Verlag, 2012.

Sommer, Rainer. Die Subprime-Krise: Wie einige faule US-Kredite das internationale Finanzsystem erschüttern. Hanover: Heisoft, 2008

Soto, Hernando de. "Eigentumsrechte und Märkte." LI-Paper (May 2016). Accessed 29 June 2018. www.libinst.ch/publikationen/LI-Paper-De-Soto-Eigentum.pdf.

Soto, Hernando de. "Die Fiktion des edlen Wilden: Warum die Armen sicheres Eigentum brauchen." In Das Ende der Armut: Chancen einer globalen Marktwirtschaft, edited by Christian Hoffmann and Pierre Bessard, 101–123. Zürich: Liberales Institut Zürich, 2012.

Spoerer, Mark and Jochen Streb. Neue deutsche Wirtschaftsgeschichte des 20. Jahrhunderts. Munich: De Gruyter Oldenbourg, 2013.

"Staatsquote im internationalen Vergleich" (2012). Accessed 20 June 2018. https://www.tu-chemnitz.de/wirtschaft/vwl2/downloads/material/Staatsquote_2012.pdf.

Steiner, André. Von Plan zu Plan: Eine Wirtschaftsgeschichte der DDR. Berlin: Aufbau Taschenbuch, 2007.

Stiglitz, Joseph. The Great Divide: Unequal Societies and What We Can Do about Them. New York: W. W. Norton & Company, 2015.

O CAPITALISMO NÃO É O PROBLEMA, É A SOLUÇÃO

Stoisser, Hans. Der Schwarze Tiger: Was wir von Afrika lernen können. Munich: Kösel-Verlag, 2015.

"Storm over Venezuela Oil Speech." BBC News (4 November 2006). Accessed 7 November 2006. http://news.bbc.co.uk/1/hi/world/americas/6114682.stm.

Sundberg, Jacob. "Die schwedische Hochsteuergesellschaft: Eine Herausforderung an den Rechtsstaat." In Lothar Bossle and Gerhard Radnitzky, Selbstgefährdung der offenen Gesellschaft, 173–210. Würzburg: Naumann, 1982.

Tempelman, Jerry H. "Austrian Business Cycle Theory and the Global Financial Crisis: Confessions of a Mainstream Economist." Quarterly Journal of Austrian Economics 13, no. 1 (2010): 3–15.

Ten Brink, Tobias. Chinas Kapitalismus: Entstehung, Verlauf, Paradoxien. Frankfurt: Campus Verlag, 2013.

Thatcher, Margaret. The Downing Street Years. London: Harper Collins, 1993.

Thomas, Cal. "Millennials Are Clueless about Socialism (Call It the 'Bernie Sanders effect')." Fox News Opinion (20 October 2016). Accessed 20 June 2018. www.foxnews.com/opinion/2016/10/20/millennials-are-clueless--about-socialism-call-it-bernie-sanders-effect.html.

Transparency International. Corruption Perceptions Index 2017 (2018). Accessed 29 May 2018. https://www.transparency.org/news/feature/corruption_perceptions_index_2017.

United Nations Development Programme. Human Development Report 2016. New York: United Nations, 2016.

Urech, Fabian. "Das Öl hat der Regierung den Kopf verdreht." Neue Zürcher Zeitung (11 August 2015). Accessed 20 June 2018. https://www.nzz.ch/international/afrika/das-oel-hat-derregierung-den-kopf-verdreht-1.18593317.

Velten, Robert. "Die Soziologie der antiken Reichtumsphilosophie." In Reichtum und Vermögen: Zur gesellschaftlichen Bedeutung der Reichtums- und Vermögensforschung, edited by Thomas Druyen,

Wolfgang Lauterbach and Matthias Grundmann, 242–254. Wiesbaden: Verlag für Sozialwissenschaften, 2009.

Venezuela's Tragic Meltdown: Hearing before the Subcommittee on the Western Hemisphere of the Committee on Foreign Affairs House of Representatives, 115th Congress, 1st Session (28 March 2017), serial no. 115-13.

"Venezuela: Von Hunger und Sterben" [broadcast]" NDR (17 July 2017).

Voegeli, William. Never Enough: America's Limitless Welfare State. New York: Encounter Books, 2010.

Wagner, Thomas. Die Angstmacher: 1968 und die Neuen Rechten. Berlin: Aufbau Verlag, 2017.

Wasike, Nambuwani. "M-PESA and Kenya's GDP Figures: The Truth, the Lies and the Facts." LinkedIn Pulse (2 March 2015). Accessed 20 June 2018. https://www.linkedin.com/pulse/m-pesa-kenyas-gdp-figures-truths-lies-facts-wasike-phd-student-.

Weede, Erich. "Wirtschaftliche Freiheit: Hintergrundbedingungen, Auswirkungen und Gefährdungen." Wirtschaftspolitische Blätter 3–4 (2014): 443–455.

Wemheuer, Felix. Der große Hunger: Hungersnöte unter Stalin und Mao. Berlin: Rotbuch Verlag, 2012.

Wirner, Stefan. "Die deutsche Linke nimmt sich Chávez als Vorbild." Die Welt (29 November 2007). Accessed 20 June 2018. https://www.welt.de/politik/article1412494/Die-deutsche-Linke-nimmt-sich-Chavez-als-Vorbild.html.

Wittmann, Walter. Soziale Marktwirtschaft statt Wohlfahrtsstaat: Wege aus der Krise. Zürich: Orell Füssli, 2013.

Wolle, Stefan. Der große Plan: Alltag und Herrschaft in der DDR 1949–1951. Berlin: Ch. Links Verlag, 2013.

Woods, Thomas E., Jr. Meltdown: A Free-Market Look at Why the Stock Market Collapsed, the Economy Tanked, and Government Bailouts Will Make Things Worse. Washington, DC: Regnery, 2009.

World Bank, Time Required to start a Business (days), accessed on 20 June 2018, https://data.worldbank.org/indicator/IC.REG.DURS?view=chart

World Food Programme. "Zero Hunger." Accessed 20 June 2018. http://de.wfp.org/hunger/hunger-statistik.

Zeyer, René. Armut ist Diebstahl: Warum die Armen uns ruinieren. Frankfurt: Campus Verlag, 2013.

Zhang Weiying. The Logic of the Market: An Insider's View of Chinese Economic Reform. Washington, DC: Cato Institute, 2015.

Zitelmann, Rainer. Hitler: The Policies of Seduction. London: London House, 1999.

Zitelmann, Rainer. "Träume vom neuen Menschen." In Hat die politische Utopie eine Zukunft?, edited by Richard Saage, 27–33. Darmstadt: Wissenschaftliche Buchgesellschaft, 1992.

Zitelmann, Rainer. The Wealth Elite: A Groundbreaking Study of the Psychology of the Super Rich. London: LID Publishing, 2018.